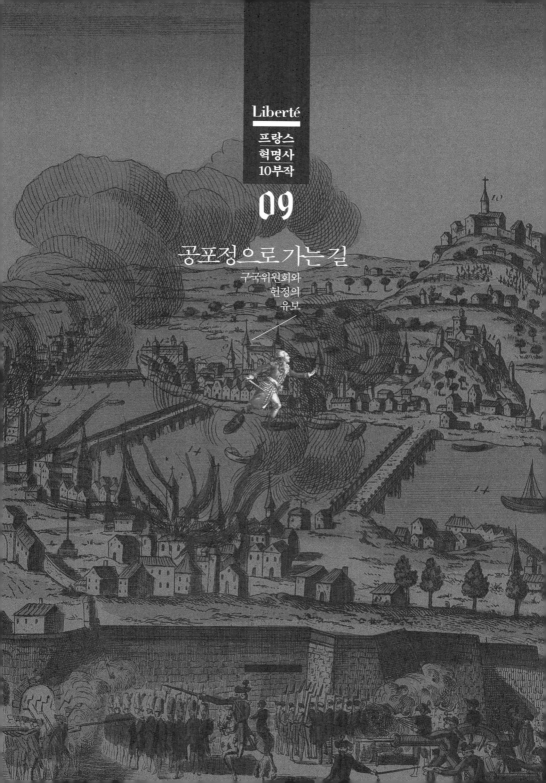

Liberté

프랑스
혁명사
10부작

09

공포정으로 가는 길
구국위원회와
헌정의
유보

Liberté ― 프랑스 혁명사 10부작 제9권
공포정으로 가는 길 ― 구국위원회와 헌정의 유보

2019년 10월 31일 초판 1쇄 발행

지은이 | 주명철
펴낸곳 | 여문책
펴낸이 | 소은주
등록 | 제406-251002014000042호
주소 | (10911) 경기도 파주시 운정역길 116-3, 101-401호
전화 | (070) 8808-0750
팩스 | (031) 946-0750
전자우편 | yeomoonchaek@gmail.com
페이스북 | www.facebook.com/yeomoonchaek

ISBN 979-11-956511-0-8 (세트)
      979-11-87700-32-6 (04920)

이 도서의 국립중앙도서관 출판시도서목록(cip)은 e-CIP 홈페이지(http://www.nl.go.kr/ecip)에서
이용하실 수 있습니다(CIP 제어번호: 2019039012).

이 도서는 한국출판문화산업진흥원의 '2019년 우수출판콘텐츠 제작지원' 사업 선정작입니다.

• '리베르테Liberté'는 '자유'라는 뜻으로 혁명이 일어난 1789년을 프랑스인들이
  '자유의 원년'이라고 부른 데서 따온 시리즈명입니다.
• 여문책은 잘 익은 가을벼처럼 속이 알찬 책을 만듭니다.

Liberté

프랑스
혁명사
10부작

09

주명철 지음

공포정으로 가는 길

구국위원회와
헌정의
유보

여문책

차

례

시작하면서 — 7

제 1 부 　구국위원회

　　1　군대조직과 30만 징집법 — 23
　　2　파리의 상황 — 43
　　3　특별형사법원 또는 혁명법원 — 62
　　4　뒤무리에의 반역 — 84
　　5　구국위원회 — 128

제 2 부 　권력투쟁과 공포정

　　1　권력투쟁과 마라의 재판 — 151
　　2　파리의 청원 — 193
　　3　지롱드파의 몰락 — 220
　　4　반혁명 — 264
　　　　제1공화국 헌법 — 270
　　　　앙라제의 공격 — 279

연방주의 — 285

　　마라의 죽음 — 295

　　연맹주의가 연방주의를 누르다 — 299

5　공포정 — 307

　　8월 10일 기념식과 공화력 1년 헌법 선포 — 308

　　총동원령 — 312

　　반혁명혐의자법 — 315

　　특별형사법원의 쇄신 — 324

　　공화력과 시간의 세속화 — 324

　　혁명정부 — 328

6　마리 앙투아네트와 지롱드파의 처형 — 332

연표 — 347

지난 2015년부터 프랑스 혁명사 10부작을 완간하는 해로 설정한 2019년이 왔다. 다행히 예정한 대로 제9권을 내놓게 되었다. 3·1민주혁명과 대한민국 임시정부 수립 100주년이 되는 뜻 깊은 해를 맞이해, 이번에는 한국 서양사 학계에서 쓰는 일본어 번역어의 문제점을 짚고 그 대안을 찾아보고자 한다.

30여 년 전부터 '심성사'라는 말이 한국에 등장했다. 프랑스 학계의 사회문화사 영역에서 쓰기 시작한 '망탈리테의 역사histoire des mentalités'를 일본에서 '心性史'로 번역했는데, 그것을 훈민정음 덕택에 (번역이 아니라) 그냥 '심성사'로 읽어서 썼던 것이다. 우리나라에서 '심성'이라는 낱말을 새롭게 쓴 첫 사례라고 생각하는데, 이 말을 처음 수입한 학자가 원어의 뜻을 정확히 알고 옮겼는지는 확인하지 못했다. 그 뒤에 나는 이 말을 '집단정신자세의 역사'라고 옮겨서 썼지만, 서양사 연구자들은 '심성사'라고 쓰다가 '집단'을 붙여 '집단심성'이라고 쓰기도 했다. 우리나라 서양사 연구자들이 일본 학자와 함께 토론하면서 '심성사心性史'를 학술용어로 등재하기로 합의한 사실은 없는 것으로 알고 있다. 아직도 서양사 학자들이 일본 학계의 신세를 지고 있다니, 나는 무척이나 자존심 상한다.

'망탈리테mentalités'는 사회집단이 공유하는 정신세계를 뜻한다. 프랑스에서는 '정신적 태도attitude mentale'를 뜻하는 이 말은 특정 시대의 사회에 속한 개인이 삶과 죽음, 세계에 대한 가치체계를 물려받거나 학습하여 무의식과 의식의 모든 단계에서 특정 문제를 해석하고 대응하는 일정한 방식을 가진다는 사실을 증명하기 위해 등장한 용어다. 그리고 무엇보다도 사회문화사를 서술하기 위한 학술용어다. '심성'도 원래 이런 뜻을 포함한다고 주장할수 있겠으나, 남이 정의한 내용을 '심성'에 투사해서 한두 마디 덧붙이기란쉽다. 스스로 번역할 힘이 있는지 확인해보지 않고 무조건 일본 학계의 권위를 믿어버린 우리 학계의 원로와 그들의 영향을 받은 젊은 학자들을 보면서, 나는 말뚝에 쇠사슬로 다리를 묶어 키운 코끼리를 떠올린다.

영어·독일어·프랑스어를 해독할 수 있지만 일본어를 더욱 익숙하게 쓰는 서양사 학자들이 물려준 풍토에서 후학들이 아직 벗어나지 못하고 있다. 이렇게 말한다고 해서, 우리가 일본의 번역어에 의존해 학문을 발전시켰다는 사실을 완전히 부정하고, 하나도 고맙지 않다고 말하려는 의도는 없다. 일본을 통해 서양사를 공부한 세대가 아닌 후학들이 일종의 '식민사관'에서 벗어날 때가 되었다는 점을 증명하고 싶을 뿐이다. 일본어 번역이 원뜻을 제대로 살렸는지 비판하지 않고 무조건 받아들일 때 심각한 오류를 범할 수 있음을 보여주고 싶다. 다행히 오늘날 중·고등학교 세계사 교과서를 보면 변화가 나타나고 있다. 예를 들어 면죄부라는 말을 면벌부로 바꾼 것은 대표적 사례다. 서양 중세에 저승을 천국과 지옥만으로 구분할 때 지옥이 너무 고통스럽기 때문에 연옥을 발명하고, 거기서 받는 벌을 면해주는 증서를 팔았다. 그러므로 연옥에서 벌을 받는 영혼을 빨리 천국으로 보내주는 증서를 면죄부라 부르기보다 면벌부라 불러야 옳다. 프랑스 혁명에서 '자유·평등·박애'도 엉뚱하다. 식민지를 가진 제국주의 국가가 '박애'를 외칠 리 없음을 생각한다면, 그리고 사전을 한 번만 찾으면 절대 '박애'라고 옮기기 어려운 말이다. 다행히 우리는 '자유·평등·우애(또는 형제애)'로 바꾸었다.

　　그동안 나는 일본의 학술용어를 가져다 쓰는 일에서 벗어나고자 노력했다. 프랑스 혁명사의 훈민정음식 용어가 원뜻과 개념을 올바로 담지 못한 경우 바꾸자고 제안했지만, 아직 뜻을 이루지 못했다. 지금부터 몇 가지 사례를 집중적으로 다뤄보자.

　　아직도 '삼부회'를 쓰는 교과서가 많다. 일본학자가 이 말을 번역할 때의 심정을 추리해보기로 하자. 삼부회三部會는 Etats-Généraux를 옮긴 말인데, 'Etats'는 구체제가 신분사회였기 때문에 3신분을 나타낸다. 'Généraux'는 전체를 뜻하는 말이다. 이 10부작 시리즈의 제1권『대서사의 서막』에서 전국신분회라고 읽는 말을 일본학자가 三部會라 옮긴 이유는 수긍할 만하다. 각 신분별로 모이는 회의실Chambre을 법원에서 '부部'라고 부르기 때문에 그 뜻을 살렸다고 추론할 수 있다. 번역할 때 직역과 의역이 있는데, 三部會는 의역이라 하겠다. 그에 비해 전국신분회나 지방신분회는 직역에 가깝다. 일본에서 번역한 말인 三部會보다 신분회가 좀더 직관적이다. 번역어는 되도록 직관적으로 원뜻을 이해하게 만드는 편이 좋다. 三部會가 엉뚱한 번역어가 아니라 할지라도, 신분회가 좀더 직관적으로 원뜻을 살리는 말이라고 생각한다. 사실 전국신분회라는 말은 내가 대학원에 다닐 때 배운 말이다. 당시에 선생님은 '시행착오'라는 말이 원래 '시행과 착오trial and error'를 뜻한다는 사실을 일깨워주셨다. 도전과 실패를 통해 배운다는 뜻이다. 우리가 일상생활에서 쉽게 쓰는 번역어를 원뜻과 비교하면 전혀 다른 뜻으로 둔갑했음을 알 수 있으며, 제대로 알고 써야 한다는 말씀이다. 그러면서 삼부회보다 전국신분회를 제시하셨다. 그때부터 우리는 되도록 원뜻을 살리는 번역어를 찾고, 일본에서 가져온 말을 다시 한번 곱씹는 버릇을 길렀다.

일본인이 번역하고 우리나라 학자들이 가져다 쓰는 성직자 민사기본법은 정말로 엉뚱한 번역이다. 민사기본법은 Constitution civile의 번역어임을 알 수 있다. 일본인이 civile을 민사民事로 옮긴 이유는 납득할 수 있다. 실제로 프랑스의 구체제에서는 군사軍事·종교宗教·민사民事의 세 분야를 구분했기 때문이다. 그럼에도 우리나라에서는 통상적으로 민사民事는 형사刑事와 구별할 때 쓰는 말이라서, 그보다는 민간民間 또는 문민文民이라는 말이 덜 어색하다. 군사정권을 끝낸 우리는 민사정부가 아니라 민간정부, 문민정부를 세우지 않았던가? 또 민사는 그렇다 치더라도, Constitution은 누가 봐도 헌법憲法인데 기본법基本法이라니. 사료를 제대로 읽지 않고 번역하려는 사람은 이것이 절대로 헌법일 리 없다고 생각했을 터. 그는 고민 끝에 사전에서 다른 뜻인 기본법을 찾아냈다고 생각한다. 그가 사료를 읽었다면 1790년 제헌의원들이 1,000년 이상의 전통을 가진 가톨릭교와 종교인의 문제부터 해결하려고 노력한 과정을 이해했을 것이다. 구체제의 가톨릭교는 국교였고, 종교인은 성직자로서 제1신분이었다.

그러나 구체제를 좀더 합리적인 체제로 바꾸려고 최초로 성문헌법을 제정하는 과정에서 가장 큰 문제가 신분제를 타파하고 종교인을 일종의 공무원처럼 시민사회의 일원으로 규정하는 일이었다. 그러한 체제를 규정한 헌법이 바로 이 10부작의 제3권『진정한 혁명의 시작』에서 읽은 대로 성직자시민헌법聖職者市民憲法이다. 일본인이 '민사'라 옮긴 말 대신 '시민'은 civile을 옮긴 것이다. 우리가 문명사회나 시민사회를 가리킬 때 쓰는 말이기 때문이다. 일본에서 聖職者民事基本法이라고 쓰든 말든 상관없지만, 우리나라에서 아직도 그 번역어를 우리 음으로 읽고 후학에게 가르치는 현실은 낯 뜨겁다. 1790년의 제헌의원들이 당당하게 헌법이라 부른 것을 일본에서 엉뚱하게 번역했고, 일본어에 능통한 한국의 역사가가 반자동적으로 가져와서 쓰는 데 그치지 않고 대물림하는 현실, 부끄럽지 않은가?

우리나라에서 나온 프랑스 혁명사의 번역서나 저서를 읽은 독자는 공안 위원회에 대해 기억할 것이다. 대부분의 책에서는 그 위원회 이름을 왜 공안 위원회라고 번역했는지 설명하지 않기 때문에 독자는 그냥 그렇게 알고 있을 뿐이다. 바로 이번 책(제9권)에 등장하는 중요한 개념이므로 여기서 관련 사료를 소개해서 올바른 번역이 얼마나 중요한지 강조하고 싶다. 여러분은 '공안정국'이라는 말에 익숙할 것이다. 그 말을 잠시 잊기로 하고, 1번과 2번을 읽은 뒤 어느 쪽이 공안위원회를 설명하는 것인지 맞혀보기 바란다.

1번 위원회

이 위원회는 정치 분야에서 외교관계를 이끌고, 행정 분야를 감독한다. 또한 육군과 해군을 징집하고 조직한다. 군인을 훈련시키고 기강을 확립한다. 육군과 해군의 원정계획을 수립하고 명령하며 집행을 감독한다. 식민지의 방어, 항구 건설, 해안 방어, 국경요새 건설과 방어, 군사시설 건설, 무기 제조, 대포 주조, 화기·병기·화약·초석·탄약 보관, 육군과 해군의 병기창·지도·해도 보관, 육군과 해군의 기록 보관, 군사적 역참(짐수레와 군마)·군인 병원·모든 종류의 식료품 유통과 수입, 광산·창고·주둔지·야영지의 군수품·군복·장비를 관장한다. 사람과 물자를 징발할 권한을 행사한다. 최소한 일곱 명의 위원이 결정했을 경우, 위원회가 감독하는 군관계자agens militaires를 체포하거나 방면할 수 있다. 그러나 다음에 정하는 규칙에 따라 2번 위원회와 함께 논의를 거쳐야만 혁명법원에 넘길 수 있다.

이 위원회가 감독하는 민간인 관리의 경우, 2번 위원회와 함께 논의를 거쳐야만 체포하거나 혁명법원에 넘길 수 있다.

(이 위원회는 5개 분과로 나눈다.)

각 분과는 자기 분과에 적합한 의원들을 위원회에 제안해 국민공회에서 임명하게 하지만, 위원회는 직접 분과위원을 임명할 수도 있다. 각 분과는 자기가 맡은 분야에서 규정을 위반한 자를 심리청구하고 체포하거나 방면할 수 있다.

이 위원회는 매일 저녁 8시에 모여 5개 분과의 보고를 듣고 중요한 사안을 토론한다. 위원회가 발송할 문서는 매일 정오와 저녁 8시에 서명한다.*

2번 위원회

위원 30명의 이 위원회는 무엇보다도 국가의 전반적 안보la sûreté générale de l'Etat를 감시하는 역할을 한다. 이러한 목적을 달성하기 위해 (……) 특히 다음의 네 가지 목표를 수행할 수 있다.

1. 파리에서 국가의 적을 감시하고, 체포해서 신문하며, 음모를 적발하고, 주모자와 하수인을 알아낸다.
2. 위조지폐범을 찾아내고 추적한다.
3. 시민이 외국의 밀정으로 고발한 자, 어떤 방식으로든 공공질서를 어지럽힌 자를 체포한다.
4. 끝으로 왕실비를 받은 자, 즉 전왕에게 매수당한 자도 감시한다.**

---

* 『1794년 프랑스 국민연감Almanach national de France pour l'année 1794』. 1793년의 연감에서는 단 한 줄로 "이름만 가지고도 그 역할의 중요성을 알 수 있다Son titre seul indique l'importance de ses fonctions"라고 설명한다. 괄호 안의 내용은 요약이다.

여러분은 위에서 설명한 1번 위원회와 2번 위원회 중에서 어느 쪽을 자신이 생각한 공안위원회와 가깝다고 생각하는지 실로 알고 싶다. 그 답을 일일이 확인할 수 없으니, 여기서는 먼저 일본 학자가 어떻게 번역어를 창조創造했는지 추론해보자. 일본에서 公安委員會를 처음 옮긴 사람의 마음이 되어 원어(Comité de Salut public)를 들여다보자. 관련 사료를 읽지 못한 상태에서 자신과 독자를 위해 프랑스 혁명사 개설서를 옮겨야 할 때, 먼저 사전을 찾아보고 영미권에서는 어떻게 번역하는지 참조했을 것이다. 그렇게 해서 'Comité de Salut public'과 'Committee of Public Safety'를 바탕으로 결국 사전적 의미의 공공안전公共安全을 얻어내고 나서 公安委員會를 만들었을 것이다. 위에서 '헌법'의 경우에 프랑스어와 영어는 모두 같은 글자(constitution)로 표기하기 때문에 엉뚱하게 창조할 수밖에 없었겠지만, 이번 경우에는 영어 번역어(safety)가 생겼기에 조금은 쉬웠을 것으로 추론할 수 있다. 그다음이 문제다. 우리나라의 학자는 일본 책을 읽고 그들이 '창조'한 말을 '발견'하기만 하면 번역 끝이다. 자발적인 예속이다. 게다가 그(들)의 제자와 후학은 고민하지 않고 스승의 권위에 복종한다. 이에 대해 한마디 하지 않을 수 없다. 선승들은 "부처를 만나면 부처를 죽이라"고 했고, 18세기 계몽주의자들은 소르본에 우상이 즐비하다고 했다. 권위의 우상을 무조건 숭배하지 말라는 뜻이다. 그래야 학문의 오류를 수정하고 발전시킬 수 있다.

이번에는 국민공회의 역사를 짚으면서 구국위원회를 설치하는 과정을

※※ 『1793년 프랑스 국민연감Almanach national de France pour l'année 1793』. 1794년의 연감에서 첫 문장은 "이 위원회는 공화국 전체의 치안(또는 공안)을 책임진다Ce comité a la police générale de la République"라고 규정한다. (……)는 일부 생략한 부분이다.

살펴보자. 1792년 8월 10일에 제2의 혁명이 일어났다. 입법의회는 군주정을 정지하고 새 헌법을 만드는 일을 국민공회에 맡겼다. 국민공회는 처음부터 왕정을 폐지하고 공화국을 선포했다. 그리고 10월부터 여러 가지 위원회를 만들었으며, 일본인이 公安委員會로 이해하고 이 책에서는 구국위원회救國委員會라고 주장하는 것을 1793년 4월에 만들었다. 위에서 소개한 1번, 2번 위원회의 설명 가운데 1번의 설명이 1793년 4월에 만든 위원회(Comité de Salut public), 2번의 설명이 1792년 10월 1일에 만든 위원회(Comité de sûreté générale)다. 2번 사료를 읽고 공안위원회의 설명이라고 생각한 독자는 이 책에서 왜 이 번역어의 문제를 길게 언급하는지 이해할 수 있으리라. 또 이 10부작의 제8권에서 2번에 해당하는 위원회를 공안위원회로 옮기고 싶지만, 혼란을 피하려고 안보위원회라 옮긴다고 설명한 이유도 납득할 수 있으리라.

일본어 번역자가 2번 위원회의 존재를 알고 1번 위원회의 이름을 번역했다면 안이하게 公安委員會라고 옮길 수 있었을까? 또 우리나라에서 최초로 공안위원회라는 말을 쓴 사람이 2번 위원회의 존재를 알았다면 과연 선뜻 그렇게 이름을 붙일 수 있었을까? 일본 학자나 그를 참고한 한국 학자는 모두 개설서를 번역하는 수준에 머물러 있었다. 원사료를 읽으면서 국민공회가 설치한 위원회의 역사를 추적했다면 도저히 일어날 수 없는 수준의 '창조' 행위를 했기 때문이다. 눈밭에 찍는 첫 발자국이 뒷사람의 길이 된다.

위에서 읽은 2번 위원회를 안보위원회Comité de sûreté générale로 부른 이유를 함께 생각해보기로 하자. 1792년 10월 2일에 30명으로 출발한 안보위원회는 원성을 듣기 시작했다. 1793년 1월 7일에 코레즈의 샹봉Aubin de Bigorie Chambon은 안보위원회의 위원들이 개인적 복수를 위해 권한을 남용하고, 이러한 폐단이 지속되면 선량한 시민들의 반감을 살 것이기 때문에 위원회를 쇄신해야 한다고 말했다. 그는 날마다 제3의 혁명이 필요하다는 말을 듣는다고 하면서, 새 위원회가 각 도에 한 명씩 의원을 배정해서 지방의 사정을 전보다 더 빨리 정확하게 파악하도록 개선하자고 제안했다. 이제르의 제니시외Jean-Joseph-Victor Génissieu는 최소한 열 명이 모여야 체포를 논의할 수 있고, 위원 3분의 2 이상이 찬성해야 체포할 수 있게 하자고 말했다. 모르비앙의 르아르디Pierre Lehardy가 4일마다 안보위원회가 그동안 발행한 체포명령과 이유를 보고하도록 하자고 말하자, 어떤 의원이 위원회의 의사결정 과정을 기록하고 체포명령을 내린 위원들의 서명을 받아야 한다고 거들었다. 노르의 뒤엠Pierre-Joseph Duhem은 이 모든 발의가 반혁명을 더 쉽게 만들 뿐이라는 이유로 반대했다. 극좌파 의원들이 "옳소!"를 연발하는데 뒤엠은 더는 음모자가 존재하지 않을 때 안보위원회가 필요한지 아닌지 따져도 늦지 않다고 하면서, 국민공회가 의결할 사항을 다음과 같이 정리했다.

1. 안보위원회 위원을 두 배로 늘린다. 위원 3분의 2 이상의 찬성이 있을 때 체포명령을 내리고 등기부에 기록하며, 이러한 결정을 내리는 회의의 정족수는 최소 열여덟 명이다.
2. 안보위원회는 8일마다 체포명령에 대해 국민공회에 보고한다.
3. 국민공회는 형사법원의 구성과 관련한 제안을 입법위원회에 보낸다.

그렇게 해서 이틀 뒤인 1월 9일에 안보위원회 위원 열다섯 명과 예비위원 열다섯 명의 명단을 확정 발표했다. 1월 21일, 루이 카페를 처형한 날에도 국민공회는 쉬지 않고 일했다. 최고행정회의*가 형 집행보고서를 제출하기 직전에 파브르 데글랑틴은 안보위원회에 대해 위원을 열두 명으로 줄이고 호명투표를 통해 완전히 새로 뽑자고 발의했다. 의원들은 호명투표를 다음 날 실시하고, 위원 열두 명과 예비위원으로 여섯 명을 지명했다. 3월 25일에는 안보위원회를 강화하기 위해 여섯 명을 추가로 뽑았다. 그리고 4월 9일에 캉탈의 카리에Jean-Baptiste Carrier가 안보위원회의 위원을 추가로 임명해달라고 요청했다. 그는 안보위원회가 맡은 일이 너무 많기 때문에 네 명을 추가로 임명해주기를 원하고 있으며, 또 뤼앙과 몽토가 파견의원으로 자리를 비웠기 때문에 두 명을 대신할 위원도 필요하다고 발의했다. 이처럼 안보위원회는 국내 치안을 위해 중요한 사건을 추적, 조사하고 위험인사를 체포하는 일을 맡았다.

이제는 1번 사료가 설명하는 위원회(Comité de salut public)를 구국위원회로 불러야 할 적절한 이유를 알아보기로 한다. salut는 안녕·안전·구원을 뜻하는 말이다. 특히 1,000년 이상의 가톨릭 국가인 프랑스에서는 구원의 뜻이 가장 강했다. 프랑스 혁명기에는 하늘에서 구원받는다는 개념을 세속적으로 확대해서 이 땅에서 구원받는다고 생각했다. 공화국은 민주주의를 실현하고 이 땅의 모든 사람을 구원한다는 이상을 실현해줄 것이며, 국민 또는 인민은 공화국을 구원해야 자유를 확립할 수 있다고 생각했다. 그런데 '종교적인 구원'도 어원을 따지면 '세속적인 구원'에서 차용한 말임을 잊지 말아야 한다. 혁명기 사람들은 로마공화정에서 많이 배웠으니, 종교적 구원 이전의 'salut'가 어디서 왔는지도 생각해야 한다. 이 문제를 해결할 가장 중요한

---

* 제8권 제1부 3장 "파리 코뮌" 참조.

참고문헌은 키케로Marcus Tullius Cicero의 『법에 관하여de legibus』인데, 거기서 키케로는 "인민의 안녕·안전·구원이 최상의 법이다Salus populi suprema lex est"라고 주장했다. 위기를 맞은 로마공화정을 구하려는 키케로가 주장할 만한 얘기다.

뒤무리에는 3월 12일에 국민공회에 보낸 편지를 이 구절로 시작했다(Le salut du peuple est la loi suprême). 이 경우도 'salut'가 안녕·안전·구원 중 하나를 뜻한다. 위기가 닥쳤을 때는 구원의 뜻으로 쓸 수 있다. 그런데 영어 번역자도 과연 이 모든 경우를 생각하고 safety라고 옮겼을까? 구원이라 생각했다면 salvation이나 relief로 옮겼을 것이다. 아무튼 일본어 번역자도 별다른 고민을 하지 않고 구원을 제외한 것 같다. 독자 중에 公安委員會에서 구원을 추론할 수 있는 분이 있을까? 오히려 공안위원회라는 말은 2번 사료가 설명하는 위원회에 적합하다. 그러므로 1번 사료가 설명하는 위원회를 달리 불러야 한다. 그 설명을 읽으면 자연스럽게 군사나 국방이 가장 먼저 떠오른다. 실제로 1번 위원회는 '국방위원회'를 대신해서 생긴 위원회다. 이제부터 그것이 변화하고 발전하는 과정을 살펴보자.

1792년 7월부터 일상생활에서 자주 등장한 말이 있다. "나라를 구하자 sauvez la chose publique/patrie"라는 말이다. 이 말의 명사형이 '공화국/조국의 구원'이다. la chose publique은 라틴어인 res publica를 직역한 말로서 '공공의 것'을 뜻하는 동시에 '공화국'의 어원이다. 그러므로 혁명기의 salut는 종교적 구원을 세속적으로 전유해서 쓴 말이며, public은 공화국을 뜻한다. 당시 사람들이 '공화국을 구하는 위원회'라고 이해한 이 위원회를 구국위원회로 옮기는 것이 타당한 이유다. 물론 수많은 경우 salut를 안녕·안전으로 옮길 수 있고, 맥락에서 볼 때 구원보다 더 적절한 번역어로 대체할 수 있는 사례가 있음을 부인하지 않겠다. 그럼에도 문제의 위원회에 대해서는 구원의 뜻을 살려 구국위원회라 옮겨야 한다. 그 이유는 구국위원회를 설립하는 과정을 살펴보면 자연스럽게 드러난다. 3월 18일에 바레르가 구국위원회를 설립하자고 제안한 뒤, 26일에 의장인 드브리는 새 국방위원회, 일명 구국위원회commission de salut public의 구성원 명단을 제출해서 의원들의 승인을 받았다. 이처럼 구국위원회는 1번 위원회의 설명처럼 국방위원회에서 발전한 것임을 알 수 있다.

　국민공회는 영국과 급격히 사이가 나빠지는 상황에서 1793년 1월 1일에 국방위원회Comité de défense générale를 구성했다. 더욱이 3월부터 뒤무리에 장군의 패배와 반역에 대응하다가 긴급조치로 구국위원회Comité de salut public를 두어 최고행정회의·파견의원들과 긴밀히 연락하면서 긴급조치를 내리게 했다. 우리는 국민공회가 공화국을 선포한 뒤 6개월 동안 국내외의 적들과 싸우면서 국방위원회를 좀더 효율적이고 강력한 구국위원회로 발전시키는 과정을 볼 수 있다. 그런데 이 위원회의 활동을 보면서 아직도 공안위원회라는 이름을 고집하는 사람을 보면 진정한 '공안위원회 학파'로 불러도 좋겠다.

　이름은 이름일 뿐이며, 이름과 실존은 우연히 관계를 맺었을 뿐이라고 믿는 것은 개인의 자유다. 그러나 자동차나 기차는 안보위원회나 구국위원회와 완전히 다른 방식으로 붙인 이름이다. 자동차를 기차로, 기차를 열차로 불러도 좋을 만큼 그것이 지정하는 교통수단과 이름은 느슨한 관계를 맺었지만, 혁명기에 특별한 목적에 맞게 설립한 위원회의 이름은 그 성격과 실제 활동을 반영한다. 이처럼 역사 속에서 특별한 목적을 가지고 만드는 기구의 이름은 실존을 규정한다. 그래서 역사학에서 이름의 연원을 생각하는 일을 소홀히, 함부로 해서는 안 된다. 公安委員會를 번역한 일본인은 고심했을지 모르겠으나, 우리나라의 서양사 학자는 일본 책을 읽으면서 우연히 공안위원회를 찾아냈다. 그리고 혁명기에 어떤 과정으로 그 위원회를 설립했는지 깊이 알아보지도 않고 후학에게 그 말을 가르쳤으며, 그렇게 해서 일종의 학파가 생겼다. 그 학파의 창시자는 사료를 쉽게 접하기 어려웠을 테지만, 오늘날에는 모든 연구자가 서울대학교 도서관이 1989년 즈음부터 소장한 프랑스혁명사 사료를 읽거나 또는 프랑스국립도서관에서 제공하는 인터넷 자료를 쉽게 읽을 수 있다. 그럼에도 '공안위원회 학파'는 30년 이상의 전통을 지키고 있다. 그저 안타까울 뿐이다. 아무런 선입견 없이 이 책을 읽는 상식적인 독자는 이제부터라도 공안위원회가 아니라 구국위원회로 이해하기 바란다.*

이 책을 마무리하는 시점에 일본의 경제침략에 대해 대한민국 정부와 시민사회가 침착하고 단호하게 대응하고 있다. 군국주의 일본과 민주주의 대한민국의 공방을 세계사의 맥락에서 보면 답이 나온다. 민주주의를 이긴 군국주의는 없었다. 그리고 '촛불혁명'은 세계인의 교범이 되었다. 대서양 혁명의 틀에서 프랑스 혁명을 볼 수 있듯이, 홍콩의 시위는 '촛불혁명'의 자식이다. 홍콩 시민의 평화시위는 중국의 무자비한 탄압 명분을 무색하게 만든다. 과거의 잘못을 인정하는 일본 시민들도 조직적으로 '촛불혁명'을 학습하여 군국주의를 타파하고 진정한 근대국가로 나아가면 좋겠다.

---

* 김대보 박사는 2017년 파리1대학에서 공부를 끝낼 즈음 지도교수 세르나Pierre Serna에게 이 말의 뜻을 어떻게 생각하는지 물었고, 세르나 교수는 구국위원회의 성격을 "인민과 조국을 구하는 모든 조치를 취할 수 있는 위원회"라고 설명했다고 전한다.

구국
위원회

제 1 부

1
군대조직과 30만 징집법[*]

국민공회는 첫 회의를 시작한 뒤부터 루이 16세를 처형하는 날까지 왕정을 청산하는 일이 가장 중요한 과제인 것처럼 매진했다. 1793년 1월 말부터 국민공회는 국내외의 긴급현안에 더욱 집중할 수 있었다. 무엇보다도 공화국을 설립하는 일이 시급했다. 정부를 조직하고 행정관리와 군대도 정비하며, 국가안보가 걸린 전쟁을 치르는 동안 생필품과 개인의 안전을 책임져야 했다. 유럽이 힘을 합쳐서 프랑스를 무찌르려 하고, 기근 때문에 파리에서 수시로 폭동이 일어나고, 리옹·바르·브르타뉴에서 내전의 조짐이 나타나는 가운데, 루이 카페의 처형에 찬성한 축과 반대한 축이 더욱 심하게 분열했음에도, 의원들은 국민공회를 압박하는 긴급현안과 위험에 어떻게든 대처할 방안을 찾아야 했다.

2월 1일 금요일에 국민공회는 영국과 네덜란드에 선전포고했고, 국가 재정에 대한 보고를 들은 뒤 8억 리브르의 아시냐를 발행하기로 의결했다. 2일에는 전쟁부를 조직하고, 4일에 파슈Jean-Nicolas Pache의 후임으로 뵈르농빌Pierre Riel de Beurnonville 장군을 전쟁장관으로 임명했다. 6일에는 해군장교 임

---

[*] 이 시점에 국민공회가 법을 제정하는 과정에서 발생하는 용어상의 문제를 짚고 넘어가자. 국민공회에서 법안을 통과시켰을 때 '법령décret'이라 불렀다. 국민공회는 이 법령을 3일 이내에 최고행정회의에 보내면 법무장관과 관계 장관이 서명하고 국새를 찍어 반포했다. 이렇게 해서 법률loi이 되었다. 그리고 제헌의회와 입법의회에서는 법안을 발의한 당일에 논의하지 않았지만, 국민공회에서는 국가 위기 상황을 반영하여 당일에 토론하고 의결할 수 있었다.

명안을 채택하고 14일에 해군부를 조직했다. 15일과 16일에 헌법위원회가 마련한 헌법안을 보고받았다. 18일에는 해군장관에 몽주를 임명하고, 22일에는 군대조직에 대한 작업을 마무리했다. 이제부터 국민공회가 혁명을 살리기 위해서 내린 조치를 하나하나 살펴보자.

2월 1일 금요일에 안보위원회를 대표해서 타른의 라수르스Marc-David-Albin Lasource는 『주르날 프랑세』*의 발행인 니콜Nicole을 체포했다고 보고했다. 신문에서는 '9월의 망나니들' 때문에 파리가 무법천지이며, 사람들이 예견했듯이 자코뱅파가 날마다 더욱 무서운 당파가 되어가고 있기 때문에 두려워 못 견디는 사람들이 떼 지어 파리에서 떠난다고 썼다. 신문은 바지르와 샤보같이 피에 굶주린 사람들이 감시위원회에서 활동하기 때문에 망명자가 늘어난다고 쓰기도 했다. 또한 오렌지와 올리브를 많이 생산하는 니스 백작령 주민들이 프랑스에 합병되어 85번째 도가 되고 싶다고 했지만, 국민공회 의장이 그들의 진심을 받아들이지 않았다고 해석했다.

라수르스의 보고를 들은 어떤 의원이 마라Marat의 신문에 비하면 아무것도 아니라고 반발했다. 라수르스는 오직 안보위원회가 조사하라고 명령하는 대상만 읽는다고 맞받았다. 또 다른 의원이 그렇다면 공평하게 지난 6개월 동안 나온 모든 신문을 대상으로 조사하라고 촉구했다. 그러나 라수르스는 니콜의 경우 안보위원회가 충분히 검토해서 체포하라고 명령했으며, 마라의 경우 아주 조용히 지낸다고 말했다. 라수르스는 법무장관이 니콜을 기소해야 한다고 주장했다. 언론의 자유에 관한 토론이 시작되었다. 론에루아르의

---

* 원제는 "Journal français ou Tableau littéraire et politique de Paris"(파리 신문 또는 파리의 정치와 문학)이다.

의사 출신 랑트나François Lanthenas는 언론의 자유를 지키면서, 마라나 니콜 같이 좌파나 우파에게 물의를 일으키는 신문에 편견 없이 적용할 법을 만들자고 했다.

> 언론의 자유라는 신성한 원칙과 문제의 신문기자를 고발하는 행위를 어떻게 조화시킬 것인지 의문이 듭니다. 중상비방에 대한 법을 이미 폐지했습니다. 상황에 따라 그 법을 부활시켜서는 안 됩니다. 차라리 이러한 목적을 위해 두루 적용할 수 있는 법을 만들어야 합니다.

그러나 법을 적용하거나 적용받는 사람이 더 문제였다. 마라는 국민공회 안팎에서 욕도 많이 먹었지만 정국을 주도하는 세력의 보호를 받았으니 니콜보다 안전했다. 그럼에도 의원들은 논란 끝에 니콜을 풀어주라고 의결했다.

갑자기 루아레의 루베 드 쿠브레Jean-Baptiste Louvet de Couvrai가 "전쟁, 전쟁입니다! 오로지 전쟁뿐입니다. 영국인들은 준비를 끝냈습니다!"라고 외쳤다. 의원들은 국방위원회에 영국과 네덜란드에 대한 공화국의 정치 상황을 보고하라고 의결했다. 그것은 영국의 왕과 네덜란드 총독의 적대행위를 고발하고, 공화국이 그들에게 선전포고하는 법안이었다. 지난 1월 1일에 의원들은 아일랜드의 밀을 싣고 오던 배를 영국이 템스 강에서 억류했다는 보고를 듣고 국방위원회를 설립해 영국의 태도를 지속적으로 관찰하고 분석하도록 의결했다. 브리소는 국방위원회가 마련한 보고서를 읽었다.

영국이 전쟁을 원한다는 것은 의심의 여지가 없었다. 그동안 영국은 유럽 열강들과 합심해서 프랑스에 대해 적의를 드러냈다. 프랑스 입법의회가 최고행정회의를 구성하자 영국의 왕은 그것을 인정하지 않는다는 뜻으로 파리 주재 대사를 불러들였다. 영국 내각은 프랑스 왕권을 정지한 조치에 불만을 품고 런던 주재 프랑스 대사와 교류하지 않았다. 국민공회가 활동한 이래 영국은 국민공회의 권한을 인정하지 않았고 거의 국교를 재개하지 않았다. 영국은 프랑스공화국에서 파견한 대사를 인정하지 않았다. 심지어 프랑스 시민들이나 공화국의 관리들이 영국에 주문한 곡식이나 무기의 거래를 방해했다. 또한 곡식을 싣고 프랑스로 향한 배를 억류하면서 1786년에 맺은 조약*을 깼다.

두 나라의 교역을 더욱 효과적으로 방해하기 위해 영국 의회는 아시냐의 유통을 금지하는 법까지 제정했다. 1월에는 프랑스 시민들의 여행을 심하게 규제하기 시작했다. 게다가 1783년의 조약**도 어겼다. 영국은 프랑스에 적대적인 망명객들과 반도들의 재산을 공개적으로 보호해주었고, 그들과 일상적으로 통신하면서 프랑스 혁명에 반대했으며, 프랑스 식민지의 반혁명 지도자들을 환대했다. 해상에서 양국의 해군이 충돌한 적이 없었는데도, 영국 내각은 해군의 대대적인 무장과 육군의 증강을 명령했다. 나아가 프랑스 혁명의 원칙을 지지하는 사람들을 집요하게 추적하고 박해하기 시작했다.

프랑스 정부는 영국과 외교관계를 유지하려고 다방면으로 노력했지만, 영국 내각은 적의를 누그러뜨리지 않았고, 에스코 강(스헬더 강)으로 함대를 파견해 벨기에에서 프랑스의 작전을 방해했다. 루이 카페를 처형했다는 소식을 들은 영국 왕은 프랑스 대사에게 8일 안으로 떠나라고 명령했고, 육군

---

* 프랑스와 영국의 무역협정으로 에덴레느발조약Traité Eden-Rayneval, Eden Agreement이라 한다.

** 1783년 9월 3일, 프랑스와 영국은 베르사유에서 조약을 맺고 전쟁을 끝내기로 합의했다. 같은 날 파리에서는 프랑스와 에스파냐가 평화조약을 맺었다. 각각 베르사유평화조약과 파리조약이다.

과 해군을 강화하도록 의회에 요청했다. 영국이 신성로마제국 황제, 프로이센 왕과 은밀히 공조해왔다는 사실이 지난 1월에 체결한 조약인 제1차 대프랑스동맹La Première Coalition으로 확실히 드러났다. 또한 영국은 네덜란드와 동맹을 맺었다. 네덜란드 총독은 중립을 표방했음에도 사실상 영국과 프로이센의 명령에 복종했으며, 프랑스의 반대를 무릅쓰고 망명객들을 환대하고 아시냐 위폐범들도 풀어주었다. 더욱이 그는 자국 함대에 영국 함대와 합동작전을 명령하고 전비를 지원했다. 그는 프랑스의 수출을 방해하는 대신 프로이센과 오스트리아가 물자를 원만히 조달할 수 있도록 도왔다. 이런 상황에서 프랑스가 전쟁을 피하기 어렵다는 보고를 들은 의원들은 만장일치로 다음과 같이 의결했다.

1조. 국민공회는 영국의 왕과 네덜란드 총독의 적대감과 공격의 행위를 보면서 국민의 이름으로 그들에게 전쟁을 선포한다.
2조. 국민공회는 최고행정회의에 그들의 공격을 물리치고 프랑스공화국의 독립·존엄성·이익을 지키기 위해 필요한 모든 힘을 동원하도록 명령한다.
3조. 국민공회는 최고행정회의에 공화국의 해군을 동원하도록 허가한다. 국민공회는 국가를 구하기 위해 필요한 모든 조치를 취하는 동시에, 이와 관련해서 예전에 명령한 모든 조치를 철회한다.

국민공회는 대외전쟁을 확대해야 하는 상황으로 내몰리면서 더욱 다급해졌다. 더욱이 막강한 해군국을 상대로 선전포고를 했으니 걱정이 컸다. 당장 부슈뒤론의 바르바루Charles-Jean-Marie Barbaroux가 문제를 제기했다. 제헌의원 출신인 코르시카의 살리세티Christophe Saliceti가 말했듯이 코르시카의 방어를 강화해서 지중해의 무역로를 안전하게 지켜야 한다. 이 섬은 남부 프로방스 연안과 마주보고 있기 때문에 24시간 안에 오갈 수 있다. 특히 섬의 서쪽은 들쑥날쑥한 만을 여럿 가지고 있어서 적국 함대에 빼앗기면 레반트 지방과 교역을 하지 못한다. 또한 코르시카에는 삼림자원이 풍부하기 때문에 툴롱·브레스트·로슈포르 같은 항구도시의 조선소에 목재를 공급할 수 있다. 해발 2,000미터 이상의 산악지대에서 자라는 참나무·소나무·전나무는 가장 큰 배의 돛대로 쓸 수 있을 만큼 잘 자란다. 섬의 북쪽에서는 그만큼 큰 나무를 구하기 어렵지만, 단단한 목재를 많이 얻을 수 있기 때문에 코르시카와 툴롱 사이의 뱃길을 잘 지켜야 한다. 바르바루는 사르데냐도 코르시카처럼 적국에 유리한 지점이 될 수 있으므로 시급히 점령해야 할 텐데 해군장관이 사르데냐 정벌에 너무 굼뜨다고 한탄했다. 그는 군인뿐만 아니라 민간인의 식량을 조달하는 문제도 언급했다. 국내에서 곡식을 자유롭게 유통시키는 것만으로는 부족하기 때문에 안전하게 수입하는 문제도 고려해야 한다고 말하고 나서 코르시카 개발과 곡식 수입에 관한 법안을 발의했다.

방데의 구피요Jean-François-Marie Goupilleau de Fontenay는 정부가 손을 놓고 있지 않았다고 반박한 뒤, 석 달 전부터 사르데냐를 정벌하는 명령을 내렸다고 지적했다. 지롱드의 부아예 퐁프레드Jean-Baptiste Boyer-Fonfrède는 바르바루의 제안을 지지했다. 그는 국방위원회가 코르시카에 대해 마련한 안을 발표했다. 코르시카는 제헌의회의 의결로 프랑스에 합병되었지만 지난 20여 년간 사방에서 소요사태가 일어났다. 해전이 일어날 때, 그곳이 평화롭지 않다면 군수물자를 조달하거나 프랑스 함대가 정박할 항구를 확보하기 어렵다. 그러므로 의원들을 파견해서 질서를 되찾고 방어책을 강화해야 한다. 국방위원회는 살리세터, 메지에르의 토목학교 수학교수 출신인 아르덴의 페리 Claude-Joseph Ferry, 입법의원 출신인 오트루아르의 델셰Joseph-Etienne Delcher 를 파견하자고 제안했다. 의원들은 국방위원회의 안대로 세 명을 코르시카 의 파견의원으로 임명한 뒤, 바르바루가 발의한 안을 수정해서 통과시켰다.

1조. 국민공회는 프랑스 본토에 가장 가까운 항구를 가진 코르시카 도의 국유림을 개발하고, 선박 건조에 필요하고 적합한 목재를 툴롱의 병기창 으로 옮기도록 허가한다.
2조. 국고에서 2,500만 리브르를 내무장관에게 지급해 외국 곡식을 수입 하는 데 쓰도록 한다.

재정위원회의 캉봉Pierre-Joseph Cambon은 전비를 마련하기 위해 8억 리브 르를 발행해야 하는 근거로 재정상태를 설명했다. 그는 1793년의 지출을 예 상하기 어렵다고 말했다. 승리할 경우에는 지출을 상당히 줄일 수 있겠지만, 당분간 황무지를 개간하고 새로 아시냐를 발행해서 예산을 확보해야 한다고 역설했다. 그는 1월 26일까지의 재정상태를 요약했다.

"지금까지 발행하기로 한 아시냐는 모두 31억 리브르입니다. 그 가운데 실제로 30억 6,945만 40리브르를 발행해서 사용했습니다. 그중에서 8억~ 9억 리브르를 빚을 갚는 데 썼습니다."

실제로 발행해서 사용한 30억여 리브르 가운데 과실생산과 국유지에 서 얻은 수입을 가지고 6억 8,200만 리브르의 아시냐를 소각했기 때문에 시 중에는 23억 3,746만 40리브르의 아시냐만 유통된다. 캉봉은 새로 아시냐 를 발행할 법을 제안하는 근거로 거의 18억 리브르에 가까운 국유재산을 나열했다.* 그 밖에 나라를 등지고 적대행위에 가담한 역적들의 재산도 국가가 활용할 수 있는데, 그 재산은 얼추 20억 리브르에 가깝지만 깎고 깎아서 10억 리브르로 평가했다. 또 전국의 546개 디스트릭트에서 응답하지 않은 200개를 뺀 나머지의 행정관들이 보고한 내용을 근거로 볼 때 망명객 1만 6,930명의 재산이 27억 6,054만 8,592리브르에 달한다. 이러한 비율을 200개 디스트릭트에 적용한 뒤, 546개 디스트릭트의 망명객의 수와 재산을 평가한다면, 모두 2만 9,000명에 48억 리브르라고 추산할 수 있다. 거기에 모든 도시에 부동산을 남기고 떠난 망명객도 4만 명 정도가 되므로, 총 7만 명가량이 외국에 망명했다고 볼 수 있다. 따라서 이들의 동결재산을 최소한 48억 리브르로 계산하는 것은 지나치지 않다. 공화국이 이 재산을 동결시켰음에도 국가에 모두 귀속시킬 수는 없다. 망명객들이 진 빚을 갚아줘야 하기 때문이다. 이렇게 빚을 제하고 나면 부동산 가운데 최소 30억 리브르와 동산 2억 리브르 이상을 국가가 활용할 수 있다. 내무장관 롤랑은 외국 군주와 제후가 프랑스에 소유한 부동산을 언급했고, 그것을 관리하는 비용을 프랑스가 떠안았다고 말했지만 정확히 그 규모를 계산하지 않았다. 이런 점에서 그들이 프랑스에 갚아야 할 보상금이 있다. 또한 옛날 종교인 단체에 속한 삼림과 부동산의 가치가 43억 리브르에 달하는데, 거기서 최소한 30억 리브르를 기대할 수 있다.

캉봉은 이 막대한 재원을 이용해서 전비를 마련할 수 있다고 낙관했다. 그는 국가가 압류한 부동산을 빨리 팔아서 국방은 물론 적대국의 인민들을

---

* 삼림자원 12억 리브르, 왕실비로 배정했던 재산 2억 리브르, 성직록 1억 리브르, 봉건적 권리의 상환가치 2억 800만 리브르, 새로 합병한 지방(몽블랑·루베즈·보클뤼즈)의 자원 3,000만 리브르.

해방시킬 수 있다고 주장했다. 혁명기에도 특권층이 계속 저항했지만 역설적으로 인민의 대의명분을 지키는 데 일조했듯이, 외국의 인민들도 해방된 뒤에는 프랑스 혁명을 지지하는 사례를 보면서 더욱 힘이 난다고 말했다. 이같은 사례를 몽블랑·니스·보클뤼즈의 주민들이 잘 보여주었다. 자유로운 나라를 세운 미국인들은 프랑스 정부가 빌려준 돈을 서둘러 갚고 있다. 그들은 아시냐 제도를 이용해서 투기로 돈을 벌 수 있겠지만 그러한 이익을 도모하지 않는다. 벨기에의 경우 특권층이 아직도 영향을 끼치고 있지만 임시정부는 벌써 6,400만 리브르를 프랑스에 제공했고 군인 4만 명을 보내려고 준비를 한다. 이처럼 프랑스가 폭정에서 해방시켜 자유를 찾게 해준 인민들이 프랑스에 진 빚을 갚는다고 보면, 그 액수를 정확히 판단하기란 어렵지만 상당히 많을 것이 분명하다. 그러나 그처럼 불확실한 돈을 포함시키지 않더라도, 현재 상황에서 아시냐를 발행할 때 담보로 내놓을 수 있는 재산은 46억 리브르에 달한다. 이러한 근거로 재정위원회는 이번 전쟁의 경비를 충당하기 위해 8억 리브르의 아시냐를 새로 발행할 수 있다는 결론을 얻었다. 이 담보를 제외하고도 38억 리브르의 자본이 남아 있기 때문에 전쟁을 계속 수행하고, 옛날 전제정 시절에 쓴 온갖 국채를 상환하는 데 쓸 수 있다. 의원들은 캉봉이 제안한 법안을 수정해서 통과시켰다.

2월 2일 토요일에 국방위원회의 보고자 파브르 데글랑틴은 북부와 동부의 전방을 방문해서 조사할 위원들을 임명하는 안을 보고해 통과시켰다.

1조. 국민공회는 의원 중에서 아홉 명을 뽑아 북부와 동부 전선으로 파견하여 군대의 현황을 파악하고 필요한 경우 곧바로 방어조치를 취하도록 명령한다. 파견의원들은 국가안보에 대한 모든 조치를 취하고, 이러한 목적에 필요한 인원과 물자를 징발하는 한편, 시민정신·열의·능력이 부족한 민간관리나 군인을 해임할 수 있다.

2조. 아홉 명의 파견의원들을 세 명씩 세 조로 나눈다. 각조는 브장송부터 랑도Landau까지, 사를루이부터 지베Givet까지, 샤를쉬르상브르부터 칼레와 됭케르크까지 전선으로 가서 활동한다.

3조. 파견의원의 각조는 오직 군수품의 제조와 조달, 요새 안팎의 방어에 집중해서 활동한다. 각조의 파견의원 세 명은 필요하고 유익한 조치를 함께 토의한 뒤 그 결과에 서명하고 명령한다. 그리고 국민공회에 집행 결과를 보고한다.

4조. 파견의원들은 필요한 경우 토목기사나 기술자들의 협력을 받아 임무를 신속하게 처리할 수 있다.

곧이어 전시에 군대를 더욱 효율적으로 동원하기 위해 전쟁부를 개편하는 문제를 논의했다. 입법의원 출신인 알비트Antoine-Louis Albitte l'aîné는 전쟁부를 작전·군수·무기·군법·회계*의 다섯 개 부처로 나누고 각부 책임자도 임명하자고 제안했다. 부슈뒤론의 르베키François-Trophime Rebecquy는 전쟁장관부터 당장 해임하자고 제안했고, 상봉이 재청했다. 극좌파 의원들이 몹시 술렁거렸다. 지롱드파의 지지를 받던 내무장관 롤랑이 격무에 시달리다 1월 22일에 스스로 사임하겠다고 한 뒤, 일주일도 안 된 29일에 오트가론 도의 대표가 국민공회에 나와서 전쟁장관 파슈를 고발했다. 롤랑의 추천을 받

---

* la marche des armées, des habillements, des armements, des lois et de la justice militaires, le payeur de l'armée.

파리의 거리에서 극빈자들이 쓰레기더미나 개천까지 뒤져 넝마와 재활용품을 모으는 모습(프랑스국립도서관BNF 소장).
1793년에도 민중의 생활고는 나아질 기미가 보이지 않았다.
파리의 식료품 가게가 약탈을 당하는 등 사회불안이 끊이지 않자 국민공회는 5월 4일에
'최고가격제법'을 제정해 민심을 달래려 노력했다.

1793년 1월 21일, 루이 16세가 마침내 단두대에서 생을 마감했다(BNF 소장).

로베스피에르와 마라의 초상을 넣어 제네바에서
제조한 회중시계(제네바 '시계와 칠보 박물관' 소장).

"자유가 아니면 죽음이다!"
(작자 미상의 채색 판화)

코뮌의 감시위원회 또는 혁명위원회가 시민정신 증명서를 검사하는 모습(BNF 소장).

뒤무리에는 한때 영웅이었으나 차후 반역자로 몰리는 신세가 된다(베르사유 궁 소장).

뒤무리에가 국민공회 파견의원들과 전쟁장관을 체포하는 모습(BNF 소장).

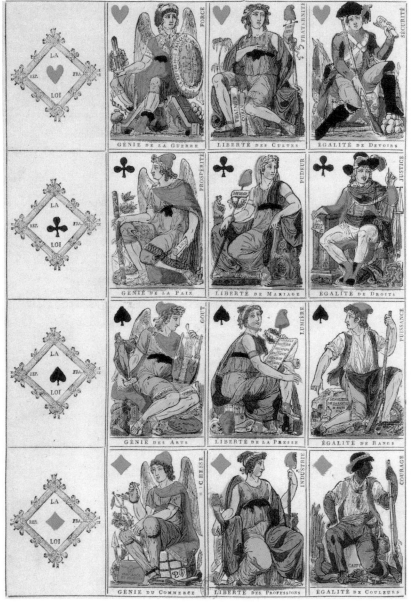

공화국의 주제를 담은 카드로 사회주의 창시자의 한 사람인 클로드 앙리 드 생시몽^{Claude-Henri de Saint-Simon}이 그렸다. 계몽주의 철학과 민주공화주의의 모든 주제를 담으려고 노력했음을 볼 수 있다. 하트/클럽/스페이드/다이아몬드의 무늬를 세로로 법, 가로로 프랑스공화국의 약자로 둘렀다. 맨 윗줄 하트의 왼쪽부터 전쟁의 신, 종교의 자유, 의무의 평등을, 클럽의 왼쪽부터 평화의 신, 결혼의 자유, 권리의 평등을, 스페이드의 왼쪽부터 예술의 신, 출판의 자유, 사회적 평등을, 다이아몬드의 왼쪽부터 상업의 신, 직업의 자유, 인간 평등을 나타낸다(BNF 소장).

아 전쟁장관이 된 파슈가 피레네군을 와해시켰다는 것이다. 그날도 의원들은 파슈를 당장 해임하자고 말했지만, 지롱드파는 파견의원의 보고를 들은 뒤에 결정하자고 제안해서 겨우 미룬 상태였다.

국방위원회는 파슈에게 남서부 지방에서 불만이 많은 이유에 대해 의견을 말하라고 했다. 파슈는 국민공회가 피레네군에 돈과 물자를 제때 지급하지 않았기 때문에 군대의 기강이 무너졌다고 대답했다. 의원들은 파슈가 자기 책임을 국민공회로 떠넘긴다고 생각했다. 샹봉은 파슈를 당장 해임하라고 거듭해서 촉구했다. 지롱드의 가로Pierre-Anselme Garrau는 전쟁부 개편이 우선이라고 맞섰지만, 중도파 의원들은 빨리 파슈를 해임하라고 요구했다. 르베키는 "공화국이 전쟁에 지기를 원하십니까? 그렇다면 파슈를 유임시키십시오"라고 극단적인 혐오감을 드러냈다. 설왕설래 끝에 의원들은 전쟁장관을 당장 교체하고, 전쟁장관에게 각각의 부서를 가진 여섯 명의 보좌관을 두는 법안을 상정했다.*

2월 3일에 의장 라보 드 생테티엔은 국방위원회가 넘겨준 북부전선과 동부전선 파견의원의 명단을 발표했다. 입법의원 출신인 부슈뒤론의 가스파랭Thomas-Augustin de Gasparin, 보즈의 쿠에François Couhey, 엔의 드브리 Jean-Antoine-Joseph Debry를 북부전선으로, 모젤의 앙투안François-Paul-Nicolas Anthoine, 아베롱의 라콩브Joseph-Henri Lacombe, 코레즈의 리동Bernard-François

---

* 제1처장은 정규군·의용군·군사경찰·퇴역병·상이군인의 봉급이나 연금을 책임진다. 제2처장은 군수품을 책임지고, 제3처장은 포병·공병의 봉급과 물자를 지원하며, 제4처장은 군기·군법·작전을 총괄하고, 제5처장은 장성급 지휘관들과 통신하면서 병력을 소집하고, 상륙시키거나 주둔시키는 명령을 내리며, 제6처장은 인사문제를 총괄한다.

Lidon을 모젤로, 모젤의 엔쓰Nicolas Hentz, 샤랑트의 뒤부아 드 벨가르드 Antoine Dubois de Bellegarde, 입법의원 출신인 멘에루아르의 슈디외René-Pierre Choudieu를 동부전선으로 파견한다고 했다.

코레즈의 샹봉은 적임자를 임명했다고 말하면서도, 앞으로는 파견의원을 국방위원회가 아니라 의원들이 직접 뽑도록 하자고 제안했다. '인민의 친구' 마라는 리동이 루이 카페의 목숨을 살려주려고 집행유예에 찬성했기 때문에 국민의 지지를 받지 못하는 인물이라고 공격했다. 이는 국민공회에서 노골적으로 권력투쟁의 불씨를 살리는 발언이었다. 의원들이 대거 일어나 마라를 성토하고 아베 감옥으로 보내라고 아우성을 쳤다. 입법의원 출신인 손에루아르의 마쥐예Claude-Louis Masuyer는 마라같이 미친 사람의 말에 너무 신경 쓰지 말고 의사일정대로 회의를 진행하자고 제안했다. 그러나 지롱드의 부아예 퐁프레드는 제헌의회 시절에 의원 모욕사건을 예로 들면서 국민공회도 원칙을 세워야 한다고 발의했다. 의원들은 논란 끝에 파견의원 아홉명을 국방위원회가 아니라 전체 회의에서 임명하기로 의결했다.

2월 4일 월요일에 국민공회는 니스를 85번째 도로 합병하고 알프마리팀 Alpes-Maritimes으로 부르는 법을 통과시켰다. 5일에는 파슈의 후임으로 전쟁장관이 된 뵈르농빌이 국민공회에 나가 의원들에게 인사했다. 뵈르농빌은 1792년 3월부터 랭군의 대원수 뤼크네의 부관으로 복무하다가 5월에 여단장으로 승진하고 북부군의 원정에 참여했다. 그리고 뒤무리에 장군 휘하에서 몰드Maulde 기지를 수비했다. 그는 의원들이 자신에게 전방을 지키기보다 정부에서 군인들을 위해 일하라고 내린 명령을 충실히 이행하겠다고 다짐했다. 그러나 자기가 아무리 조국을 사랑하고 열심히 봉사하더라도 의원들이 도와주지 않으면 소용없다고 강조했다. 또한 군대에는 과거부터 내려온 병폐가 만연해서 대대적인 수술이 필요하지만, 시간이 짧으니 장애를 극복하려면 모든 노력과 수단을 집중해야 한다. 군대의 목적은 오직 승리하는 데 있으니 그들을 지원해야 한다고 역설했다.

"저는 장관직을 받아들이면서 여러분께 두 가지만 부탁드립니다. 첫째, 제가 모든 노력을 쏟아부은 뒤에도 여러분의 기대에 부응하지 못할 때, 다시 전방으로 돌아가 조국의 적들과 싸울 수 있게 허락해주십시오. 둘째, 소중한 가족이 위험에 처할 경우, 그리고 제가 동료들과 함께 열심히 일해서 모든 것을 바람직한 상태로 되돌려놓으면, 소중한 가족의 용기를 북돋으러 떠날 수 있게 허락해주십시오."

뵈르농빌이 '소중한 가족'으로 부른 사람들은 그가 전선에 두고 온 병사들이었다. 그는 국민의 명령으로 장관직을 맡았지만, 언제라도 전방으로 떠날 각오를 했다. 그는 시골의 농부이며 목수의 아들로 태어났다. 부모는 아들이 종교인이 되기를 바랐지만, 1766년에 아들은 열네 살짜리 군인이 되었고 자신의 길을 잘 선택했음을 증명했다. 그는 전투에서 두 번이나 부상당했고, 해외원정에도 세 번 참여하면서 두각을 나타냈다. 우리나라에서 군복을 입고 정치하는 안보장사꾼들에게 그의 얘기를 들려주고 싶은 마음이 든다.

2월 7일 목요일에 남부군의 장군 출신이며 군사위원회 소속인 아르덴의 뒤부아 크랑세Edmond-Louis-Alexis Dubois-Crancé가 군대조직안을 보고했다. 1792년 12월 1일의 정규군 병력은 모두 98개 연대였다. 1개 연대 병력은 750명씩의 2개 대대이므로 14만 7,000명이 정원인데, 점검해보니 3만 4,122명이 모자랐다. 원래 계획대로 의용군 517개 대대를 1793년 2월 초까지 완전히 편성해서 정규군과 합친다면 거의 40만 2,000명을 전방에 투입할 수 있었다.

그런데 겨울에도 전쟁이 지속되는 동안 의용군 가운데 혹독한 추위와 굶주림을 견디기 어려워 집으로 가려는 사람이 늘었다. 그래서 뒤부아 크랑세는 병력이 실제로 큰 변화를 겪었을 테지만, 정확히 어디서 얼마가 늘었거나 줄었는지 제대로 파악할 수 없으므로 다시 한번 자세히 점검할 필요가 있다고 말했다. 그는 이러한 사실을 근거로 전반적인 사항을 정리했다. 국민공회는 1793년의 정규군과 의용군을 합쳐 보병 병력 50만 2,800명에게 봉급을 지급할 수 있도록 의결했다. 지난 11월에 의용군 1개 대대 병력을 800명으로 잡았고, 기병·포병까지 합치면 모두 80만 명을 예상할 수 있었다. 그러나 12월 1일까지 정규군의 손실이 3만 4,122명이었으며, 지금은 필시 4만 명을 넘었을 것이다. 또한 의용군 가운데 귀향한 사람들이 생겼기 때문에 이 숫자도 줄어서 대대마다 평균 100명도 남지 않았다. 게다가 그동안 기병·경보병·포병의 손실까지 있었다. 그래서 정규군 10만 명과 의용군 20만 명, 모두 30만 명을 징집해야 예정대로 80만 병력을 확보할 수 있을 것이다.

그러나 현재 이처럼 병력이 모자랄 때가 오히려 모든 병폐를 개선하고 기강을 확립해 공화국 체제에 적합한 군대로 거듭날 수 있는 기회다. 바로 지금이 그들에게 권리를 마음껏 누리게 만들어줄 때다. 구체제의 뿌리를 철저히 뽑아서 군대에 성실히 복무하는 자와 그렇지 않은 자 이외의 구별을 없애야 한다. 군인이 직접 지휘관과 경영자를 뽑는 평등의 원칙을 되돌려놓아야 한다. 프랑스공화국의 모든 군인이 평등한 권리를 누리고 조국의 진정한 자식이 되게 만들어야 한다. 그래서 군사위원회는 그동안 여러 가지 절박한 상황에서 나온 조치가 일사불란한 체계의 군대를 만드는 데 장애물이 되었기 때문에 국가의 모든 노력을 가장 적절하게 기울일 수 있는 방법을 찾아 질서를 회복하고 모든 필요성에 부응하는 정확한 형식을 마련해야 한다고 생각했다. 군대조직이 점점 비효율적으로 방대해지면서 운영비를 탕진하는 경향이 있으니 불필요한 참모부들을 대거 정비해서 지출을 줄여야 한다.

그 대신 정규군과 의용군의 정원을 빨리 채워야 한다. 정규군이 그나마 의용군보다 좀더 전문성이 있고 더 적극적으로 임무를 수행하기 때문에 그들의 정원부터 채워야 한다. 그러나 정규군의 부족한 병력 4만 명을 모집하기란 사실상 불가능하다. 따라서 정규군과 다른 체제를 가진 의용군을 정규군에 합치려면 법을 고쳐야 한다. 의용군의 500여 대대를 완전히 보충하면 정규군에 편입할 수 있는 4만 명을 확보할 수 있다. 군사위원회는 정규군 1개 대대와 의용군 2개 대대를 하나로 합치는 계획을 세워봤는데, 그렇게 하면 군사조직을 무너뜨리지 않은 채, 비효율적으로 수만 많았던 참모부를 줄이는 효과를 얻을 수 있다. 또 모든 군인의 형제애를 더욱 북돋워주는 동시에 기강을 확립하고, 순수한 시민정신과 애국심을 함양할 것이다. 3개 대대(정규군 1개 대대에 의용군 2개 대대)와 대포 여섯 문을 가진 포병 중대가 모여 1개 연대demi-brigade를 이룬다. 여태껏 장군들은 대대·연대·여단·사단의 편제를 활용해 작전을 지휘했지만, 앞으로는 이처럼 지극히 단순한 편제로 효율적인 지휘를 할 수 있다. 더욱이 이 같은 편제에서 병력을 더욱 쉽게 보충할 수 있다. 앞으로 의용군을 정규군과 차별하지 않을 것이기 때문이다. 군사위원회는 이러한 계획을 장성들에게 들려주고 의견을 물었다. 그들은 거의 모두 찬성했다. 그러나 주의할 점은 정규군을 의용군처럼 만들지 말고, 의용군을 정규군의 수준으로 만들어야 한다는 것이다.

뒤부아 크랑세는 2월 7일부터 22일 사이에 토론을 거쳐 표결에 부칠 '군대조직법(안)Loi sur l'organisation des armées'을 보고했다. 그러나 중대한 문제를 다루는 일을 어디 예정대로만 끝낼 수 있는가. 더욱이 국내외에서 예상치 못한 일이 툭툭 불거지는 혁명 전시 상황이었으니. 24일 일요일에 의장은 전쟁위원회가 제출한 징병법안을 보고한다고 고지했다. 의원들은 가르Gard의 오브리François Aubry가 상정한 법안을 듣고 통과시켰다.

국민공회는 폭군들이 연합해서 자유를 위협한다고 모든 프랑스인에게 선언하면서 다음과 같이 명령한다.

1조. 18세부터 40세까지 모든 프랑스 시민은 30만 명을 완전히 모을 때까지 징집의 대상이다.

2조. 최고행정회의(정부)와 공화국 군대의 장성들은 시민 30만 명을 징집할 수 있다. 장성들은 징집 결과를 최고행정회의에 보고한다. 최고행정회의는 각 도별로 징집한 수를 국민공회에 보고한다.

이 법은 "제1장 30만 동원법과 이 법의 실천방법, 제2장 군복·장비·무기·식량, 제3장 기병·포병의 완성"을 규정했다.

2월 14일 목요일에는 해군을 재편하는 논의를 시작했다. 바레르는 헌법·국방의 합동위원회가 마련한 해군부 재편안(해군장관은 한 명이며, 처장 여섯 명이 보좌한다)을 상정해서 통과시켰다. 제1처장은 항구·선박 건조와 정비·무장·훈련과 작전·포병·연안공격·무기제조, 그리고 민간 선박과 셰르부르 항만 공사를 관장한다. 제2처장은 해군의 모든 군수물자·도형수·병원·이동병원을 관장하고 일반경비의 예산을 세운다. 제3처장은 각급 수병·무역항·무역선·해양학교·등대·사나포선私拿捕船(적국의 배를 공격하고 나포할 권리를 가진 민간 소유 선박)을 관리한다. 제4처장은 해군과 식민지 회계·예산분배와 관련한 통신을 담당한다. 제5처장은 아프리카·인디아 등지에 있는 모든 식민지와 상관商館을 관리하고, 식민지에서 장교와 수병·포병의 문관을 임명하고 관리하며, 식민지 운영에 관한 모든 계획을 수립하고 검토한다. 제6처장은 해군의 모든 무관·문관의 인사문제를 관장한다. 손에루아르의 기예르맹 Claude-Nicolas Guillermin은 해군·식민지의 합동위원회가 마련한 법안을 상정했다. "1791년 9월 28일과 10월 12일의 군항軍港 운영에 관한 법"을 수정하자는 목적이었다. 그날 저녁회의에서 입법의원 출신인 파드칼레의 카르노 Lazare-Nicolas-Marguerite Carnot는 외교위원회가 마련한 모나코공국을 프랑스에 합병하는 법안을 상정해서 통과시켰다.

2
파리의 상황

정치적 중심지인 파리의 식량문제는 시정부뿐만 아니라 국민공회의 골칫거리였다. 2월 7일 목요일에 이제르의 레알 André Réal은 재정위원회를 대표해서 의원들에게 파리의 식량문제에 대해 보고했다. 그는 파리 시정부가 언제나 곡식과 밀가루를 적절한 가격에 풍부하게 공급하려고 1792년에만 387만 5,930리브르의 적자를 보았다고 설명했다. 파리 시정부가 곡식과 밀가루를 비싸게 사서 상인과 제빵사에게 싸게 공급했기 때문이다. 적자를 메우고 앞으로 적자를 발생시키지 않으려면 반드시 빵값을 올리거나 특별세를 걷어야 한다.

인민이 뽑은 행정관들은 빵값을 올리면 안 된다고 생각했다. 가장 필요한 식료품값이 비싸기 때문에 생활고에 허덕이는 빈민층을 더욱 고단하고 화나게 만들 것이기 때문이다. 사실상 혁명이 그들에게 해준 것이 별로 없음에도 그들은 혁명에 희망을 걸고 희생을 감수했다. 그러나 그들의 형편은 나아지기는커녕 오히려 수만 늘었다. 그래서 1월 하순에 파리 코뮌은 1792년의 적자를 메우는 목적으로 400만 리브르를 특별세로 걷는 법을 통과시켰다. 특별세는 동산과 부동산에 매긴다. 부동산세는 1리브르에 1수 6드니에의 비율*로 매기며, 동산세는 부유층과 중간층의 재력을 고려해서 매기고 하층을 면제해준다.

파리 도는 이 법을 지난 1월 26일에 승인했다. 레알은 재정위원회가 이 법을 검토한 결과 적절한 조치로 생각했다고 보고했다. 레알이 상정한 법안에는 부동산 세율을 7.5퍼센트로 매기는 내용과 함께 동산 세율에 대한 내용도 있다. 추정수입이 900~3,000리브르에 3퍼센트, 그다음부터 차례로 더 많이 부과해서 최고 15만 리브르 이상에 5퍼센트까지 매긴다. 한두 명이 반대했지만, 의원들은 원안대로 통과시켰다.

8일에는 '공화국의 수호자들'이라는 이름의 청원자들이 국민공회에서 발언했다. 마르세유 구의 선거인 루시용Roussillon이 그들을 대표해서 말했다. 시민들과 연맹군이 왕정을 폐지하는 데 큰 역할을 했으며, 자유의 적들을 벌벌 떨게 만들었다. 그러나 적들은 더욱 무모하게 날뛴다. 르펠티에 드 생파르조 의원의 가슴을 칼로 찔러 죽이고, 수많은 의원을 위협한다.

모든 폭군이 연합해서 우리를 타도하겠다고 나섰습니다. 우리가 그들과 싸우려고 하는 동안 당신들은 지난 9월 2일과 3일의 주모자들을 추적하

---

* 1리브르는 20수, 1수는 12드니에다. 따라서 세율은 7.5퍼센트다.

는 명령을 발동했습니다. 그렇다면 샹드마르스의 학살의 주모자들도 추적하십시오. 반혁명 청원서를 작성한 파렴치한 사람들도 추적하십시오.

'공화국의 수호자들'은 국민공회에서 '9월 학살자'(세탕브리죄르)*를 추적하는 명령을 통과시킨 데 대해 항의했다. 이 과정을 잠시 돌아보자. 1월 19일부터 20일 새벽 3시까지 루이 카페를 사형시키는 법을 통과시키고 산회했던 의원들은 여덟 시간 뒤인 11시 가까이 회의를 시작했다. 지롱드의 장소네Armand Gensonné는 "9월 2일과 3일에 혁명의 역사에 감옥의 추악한 장면을 보태준 떼강도와 식인종을 법의 준엄한 심판에 맡기자"면서 법무장관 가라Garat에게 살육과 강도질을 부추기고 저지르고 공모한 자들을 추적하는 임무를 주자고 제안했다. 극좌파 의원들이 논의를 미루자고 주장했지만, 다수가 찬성했다. 의원들은 9월 학살자들뿐 아니라 8월 9일과 10일에 왕의 편에서 제2의 혁명을 방해한 자들도 함께 추적하자고 의결했다. 루시용은 이 법의 집행을 멈춰달라는 취지로 말했다. 루시용은 파리 민중이 가족을 위협하는 요소를 미리 제거한 뒤 안심하고 전방으로 떠나려 했을 뿐이지만, 7월 17일의 샹드마르스 학살자와 동조자들이 오히려 파리 민중을 '9월 학살자'로 규정했다고 말했다.

"사람들은 누구를 추적하고 싶었습니까? 파리의 주민과 연맹군입니까? 그렇다면 80만 명을 벌해야 합니다. 아니면 귀족주의자와 중도파가 말한 대로 돈에 팔린 한 줌의 강도들입니까? 그렇게 쳐도 인민은 그들의 공모자가

---

* 제8권 제1부 5장 "9월 학살" 참조. 1792년 9월 초의 학살 주모자들을 나쁜 뜻으로 부르는 말이다.

됩니다. 왜냐하면 강도들이 감옥에서 처형할 때 인민은 그들을 막지 않고 보고만 있었기 때문입니다."

루시용은 파리 민중을 공화국의 적들이 세운 반혁명의 발판 위에 올려놓지 말아달라고 호소했다. 그는 '공화국의 수호자들'이 국민공회에 나온 이유가 적들의 가면을 벗기려는 데 있다고 주장했다. 그는 적들이 의원들을 속여서 통과시킨 소송법을 철회해달라고 청원했다. 그 법 때문에 모Meaux에서는 인민을 죽이려던 역적들에게 맞섰다는 이유로 평범한 가장 50여 명이 옥에 갇히고 처형될 지경이라고 덧붙였다.

"우리는 법에 복종해야 합니다. 그러나 나쁜 법이라면 그것을 거부하고, 인민을 구원해줄 최상위법을 갈구해야 합니다."

의원들은 이 문제를 놓고 토론을 거친 끝에 표결에 부쳐서 통과시켰다.

"국민공회는 9월 2일과 3일의 사건에 관련한 소송법을 일시 보류하고 입법위원회가 3일 동안 연구한 뒤 보고하도록 의결한다."*

12일 화요일에 파리의 48개 구 대표단이 국민공회에 생필품 문제를 호소하려고 나타났다. 연설을 논리적으로 따라가면 단순하다. 인민이 프랑스공화국의 국민이 되었다고 해서 모든 조건을 충족한 것은 아니다. 그들은 행복해야 한다. 행복은 무엇보다 빵에서 나온다. 빵이 없으면 법도 없고, 자유와 공화국도 존재할 수 없다. 의원들은 곡식의 자유로운 유통에 대한 법을 제정했지만 아직도 병폐가 사라지지 않았다. 아무리 좋은 법을 제정해도 생필품 문제를 근본적으로 해결할 수 없다는 말이 있다. 그것은 독재만이 문제를 해

---

* 의원들은 이 문제를 다루지 않다가 결국 7월 19일에 파기했다.

결할 수 있다는 뜻이다. 그렇다고 해서 독재를 할 수는 없다. 단지 의원들이 국민공회에 나온 이유를 잘 생각해야 한다. 그들의 임무는 인민을 구하는 데 있다. 그 임무를 올바로 수행하려면 법을 남용하는 자, 가난한 사람을 이용해서 욕심을 채우는 자를 엄벌해야 한다.

"파리 48개 구 대표인 우리는 84개 도의 이름으로 (……) 다시 한번 묻습니다. 생필품에 대한 여러분의 원칙이 과연 목적을 달성했습니까? 여러분이 법을 제정했지만, 과연 우리의 살림이 나아졌습니까? 인민은 풍요 속에서도 배가 고프다고 아우성입니다. 그들의 마음을 어루만질 방법은 없습니까?"

잠시 돌이켜보면, 의원들은 지난 8일에 생필품에 관한 9개조 법을 통과시켰다.

> 곡식, 밀가루, 건채소乾菜蔬를 국외로 반출하지 못한다. 어기는 자는 사형에 처하고 재산을 몰수한다. 모든 시정부는 1791년 1월과 5월에 제정한 법을 준수해 국경에서 20킬로미터 이내의 모든 항구에서 선적품을 세심히 조사한다. 곡식을 싣거나 내리는 장소에는 반드시 법이 정한 무관세 통관 허가증을 부착해야 한다. 국내에서는 모든 곡식·밀가루·건채소를 자유롭게 유통할 수 있다.

9일에는 마른의 튀리오Jacques-Alexix Thuriot가 제안한 대로 "공화국의 예산으로 곡식을 매입한 임무를 띤 행정관리가 직접 또는 간접으로 개인적으로 곡식을 판매할 경우 2년간 수감한다"는 조항을 전날에 통과시킨 법에 추가하기로 의결했다. 파리의 대표는 여기에 다음과 같은 조항을 덧붙여달라고 요구했다.

곡식을 팔아 이윤을 남기는 관리는 6년간 수감한다. 곡식 1캥탈의 무게를 100리브르(약 50킬로그램)*로 통일한다. 경작자나 상인은 밀 250리브르(약 125킬로그램) 한 자루에 25리브르 이상 받을 수 없으며, 초범은 6년간 수감하고 재범은 사형에 처한다. 지난 2월 2일 국민공회가 모든 도 지도부에 국내의 창고를 감시하라는 임무를 내렸듯이, 국경지대의 창고를 특별히 감시하는 명령을 내린다. 국민공회만이 최고가격제를 실시한다.

'최고가격제le maximum du prix du quintal'란 약 50킬로그램인 1캥탈의 곡식을 10리브르 이상 받지 못하게 규제하는 제도다. 이 제도를 시행하면 빵값도 일정하게 묶어서 서민의 생활을 안정시킬 수 있다. 이 말이 끝나자 대표단의 앙들레Claude Hendelet가 "나는 생필품위원회의 부의장으로서, 내 선거인의 이름으로, 또한 전국의 모든 형제의 이름으로"라고 말문을 열자 의원들이 격렬히 술렁거렸다. 어떤 의원은 "이 사기꾼을 당장 아베 감옥에 넣으시오"라고 외쳤다. 입법의원 출신인 솜의 루베Pierre-Florent Louvet가 "프랑스에는 국민공회가 두 개이며, 국민의 대표가 또 하나 있습니까?"라고 반발했다. 의장은 "누구도 실제로 모든 도의 권력을 위임받지 않고서 대리인 행세를 해서는 안 됩니다. 당신이 위임받은 권한은 어디 있습니까?"라고 물었다.

그러자 곧바로 의원들이 대표단의 자격에 대해 의심했다. 마라는 그들이 파리 48개 구의 진정한 대표단이라면 파리 시장을 앞세우고 왔어야 한다고 말했다. 의원들은 마라의 말을 듣고 놀라면서도 그 말이 옳다고 지지했다. 의

---

* 무게는 여성명사(la livre)이며, 화폐단위는 남성명사(le livre)이니 혼동하지 말기 바란다.

원들은 격론을 벌였다. 튀리오는 국민공회가 지금까지 잘못 알고 있는 사실을 바로잡아야 한다고 운을 뗐다. 의원들은 48개 구 대표들이 '공화국의 수호자들'을 대신해서 왔다고 믿지만, 정작 '공화국의 수호자들'의 대표는 튀리오에게 편지를 써서 자기 단체는 물론 '양성 우애협회la société Fraternelle des deux sexes'가 아무 상관없다고 말했다는 것이다. 그러므로 48개 구 대표단이 85개 도의 이름을 들먹이는 것은 자격 사칭이었다. 의원들은 대표단 문제를 안보위원회에 넘기기로 했다. 대표단의 자격조차 의심스러운데, 그들이 자유로운 유통을 막는 제도를 주장했으니, 의원들이 '최고가격제'를 지지할 것을 어찌 기대할 수 있겠는가. 17일 일요일에 콩트라 소시알 구 의장 마르텔Martel은 12일의 청원을 완전히 취소하는 구의회 결정을 국민공회에 제출했고, 의원들은 안보위원회로 그 의견서를 넘겼다.

2월 24일 일요일에 외르에루아르의 르사주Denis-Toussaint Lesage는 파리의 생필품과 질서에 대해 발언했다. 그는 파리 주변에는 밀이 풍부하기 때문에 파리에 밀이 부족하다는 말을 믿을 수 없지만 사실상 시민들이 빵이 부족해서 불안해한다고 말했다. 그는 당장 파리 시장과 검찰관에게 생필품 현황을 보고하도록 명령하자고 요구했다. 튀리오는 귀족주의자들이 생필품을 이용해서 불안감을 부추긴다고 말했다. 그는 르사주처럼 파리에 떠도는 소문을 듣고 놀랐으며 사실을 확인하려고 백방으로 뛰어다녔다고 말했다. 그러나 국민공회에서 생필품 부족과 불안에 대해 얘기하는 것은 경솔하며, 민중에게 부정확한 소문을 퍼뜨리지 않으려면 여러 위원회가 합동으로 생필품 공급문제를 연구할 필요가 있다고 주장했다. 그는 파리에는 필요한 만큼 밀가루가 있지만 나쁜 사람들이 필요 이상으로 사재기를 하기 때문에 부족한 것처럼 보일 뿐이니 헛소문으로 시민들을 불안하게 만들어서는 안 된다고 강조했다. 그는 돈 있는 사람만이 사재기를 하며, 그렇게 해서 서민을 못살게 만들고 사회불안을 조성한다면서 혁명 전부터 뿌리 깊은 '귀족의 음모론'을 다시 들먹였다. 우파 의원들이 그 말을 부정하면서 술렁댔다. 의원들은 튀리오의 말대로 농업·안보·재정의 합동위원회에서 생필품 공급문제를 연구하도록 의결했다.

며칠 전부터 비정상적인 품귀현상에 화가 날 대로 난 아낙들이 그날 빵가게로 몰려갔다. 또한 센 강에 비누를 실은 배가 들어오자 세탁부들이 몰려가 미친 듯이 비누를 차지하려고 서로 다투었다. 그들은 자기네가 주고 싶은 값을 던져주고 비누를 가져갔다. 그들은 거기서 국민공회로 달려가면서 "빵을 달라! 비누를 달라!"고 외쳤다. 의장이 그들에게 증언대에 서도록 허락했다. 비서인 뫼르트의 말라르메François-René-Auguste Mallarmé가 그들의 청원서를 대신 읽었다. 세탁부들은 식료품뿐만 아니라 빨랫비누 값도 올라서 가장 가난한 사람들이 깨끗한 내의를 입지 못한다고 하소연한 뒤 이렇게 말했다.

식료품은 부족하지 않습니다. 그것은 풍부합니다. 사재기와 투기 때문에 귀해졌을 뿐입니다. 여러분은 폭군의 머리를 법의 칼로 쳐냈습니다만, 어째서 대중의 피를 빠는 거머리들의 머리를 치는 일을 서두르지 않는지요. 우리는 사재기를 일삼는 자들과 투기꾼들을 사형시키라고 요구합니다.

의원들은 세탁부의 청원을 상업·재정의 합동위원회가 검토하라고 의결하고 화요일에 이 문제를 다루기로 했다. 세탁부들은 물러가면서 "우리는 모레까지 기다리지 않겠다. 당장 내일 답을 달라"고 외쳤다. 이어서 파리 아낙들이 증언대에 들어서서 남편과 친척을 전방으로 떠나보낸 자신들이 슬퍼

할 틈도 없이 매점매석 행위에 날마다 불안하다고 호소했다. 입법의원 출신인 노르의 뒤엠은 상업·농업·재정의 합동위원회가 재무장관을 만나 필수품의 값을 낮추는 방법을 마련하고 있으므로 이튿날 보고를 듣도록 하자고 발의해서 통과시켰다. 에로의 파브르Claude-Dominique-Côme Fabre는 농업·안보·재정의 합동위원회가 내무장관·파리 시장·파리 도의회 의장·검찰총장과 회동한 결과를 긴급 보고하면서, 파리는 생필품을 두 달치나 확보했으며, 또 파리의 식료품 창고와 중앙시장, 파리 인근에는 한 달 동안 소비할 수 있는 밀가루가 도착하고 있다고 말했다. 그러나 합동위원회는 파리 시정부가 빵값을 12수로 유지하려면 긴급히 돈을 끌어다 쓰고 나서 세금을 추가로 걷어야 한다는 결론을 얻었다.

세탁부들이나 여느 아낙들이 국민공회에 청원하기 전부터 파리의 생필품 문제는 의원들과 파리 시정부의 골칫거리였다. 파리 시장은 전쟁장관에서 물러난 파슈였다. 그는 2월 14일에 48개 구에서 1만 5,191명이 투표한 결과 1만 1,881표를 얻어 2위보다 1만 표 이상 압도적인 차이로 당선되었다. 그는 그날 밤 9시에 파리 코뮌에 나가 맹세한 뒤 시장업무를 시작했다. 예전 시장처럼 그도 생필품을 안정적으로 확보하고 공급하는 일에 가장 먼저 매진해야 했다. 그러나 국민공회, 파리 도 지도부와 시정부가 진단했듯이 빵이나 비누가 부족한 것은 사재기 때문이었다. 시정부는 빵값을 어떻게든 12수로 안정시키려고 애썼다. 그런데 그것만이 해결책은 아니었다.

세탁부들은 한 달 전까지 1리브르(약 500그램)에 14수에서 16수 사이에 거래하던 빨랫비누 값이 32수까지 치솟았다고 하소연했다. 가장 가난한 세탁부들은 먼저 파리 코뮌으로 가서 눈물로 호소했다. 그들은 일감이 줄어들어 생계를 유지하기가 더욱 어려워졌으니 대책을 마련해달라고 사정했다.

그러나 파리 코뮌은 그들에게 국민공회로 가서 청원하라고 대답했다. 새로 꾸린 파리 시정부는 국민공회가 예산을 배정해서 밀가루를 싼값에 공급할 수 있도록 법적 조치를 해주는 한편, 사재기를 금지하고 투기꾼을 엄벌해야 이러한 품귀현상을 정상화할 수 있다고 믿었던 것이다. 프뤼돔은 『파리의 혁명』(190호)에서 이 상황을 "배가 고파서 보채는 아기에게 어미는 즉시 젖을 물리게 마련인데" 국민공회는 이틀 뒤인 화요일에 대책을 내놓겠다고 말했다고 비판했다.

25일 월요일 아침 6시부터 아낙들이 빵가게 앞으로 몰려갔다. 구 위원들이 거기로 나와 빵을 분배하면서 질서를 유지하려고 노력했지만 허사였다. 사람들은 8시에는 식료품 가게로 몰려갔다. 또 초燭를 파는 가게에서는 거푸집을 부수고 기름덩어리까지 가져갔다. 그들은 생크디아망Cinq-Diamans 길*과 롱바르Lombards 길의 가게들을 먼저 공격했다. 9시가 되기 전에 벌써 여러 곳을 무차별 공격하기 시작했다. 남성이 여성보다 먼저 가서 식료품상에게 말했다. "설탕·커피·비누가 있지요? 당신은 곧 몰려올 사람들이 정한 값에 물건을 내놓아야 할 거요. 그렇지 않으면 무사하지 못할 거요." 여성들이 가게나 창고로 몰려 들어갈 때 남성이 한둘 섞인 경우도 있었다. 그들은 창고부터 뒤졌다. 허리춤에 권총을 보란 듯이 찔러 넣고 다니는 여성도 여럿을 볼 수 있었는데, 자세히 보면 변장했지만 수염을 밀지 않은 남성이 대부분이었다. 그들은 설탕 1리브르에 20~25수, 흑설탕은 8~10수, 빨랫비누나 초는 12수를 내고 가져갔다. 그들이 물건을 가져갈 때마다 마음대로 매긴 값이라

---

* rue는 길, avenue는 거리, boulevard는 대로로 옮긴다.

도 치렀다면 그나마 다행이었다. 돈을 내는 대신 자기가 지닌 물건을 주고 상품을 가져가기도 했다. 더욱이 수많은 상품을 돈도 내지 않고 뺏어갔다.

생자크 길의 식료품상은 단도를 지니고 혼자 물건을 지켰다. 만일 그의 아내가 아이들 손을 잡고 남편을 말리러 오지 않았다면 필시 사달이 났을 터. 가게로 몰려간 사람들도 그 모습을 보고 폭력을 쓰지 않았다. 생루이 섬의 식료품상은 약탈을 당할 바에 차라리 한 사람당 1리브르씩만 가지는 조건으로 물건을 나눠주었다. 사람들은 구멍가게까지 무차별 약탈했다. 더욱이 서민이 평소 구경하기 힘든 물품까지 약탈했다. 계피나 바닐라는 120수짜리의 비싼 물건이었지만 30수만 주고 샀다. 암청색(인디고 블루) 염료는 30분의 1에 불과한 값인 20수만 내고 가져갔으며, 정향·차·모카커피도 마구 뒤져갔다. 화주火酒·주정酒精도 약탈했다. 아마 그들은 그렇게 해서 그러한 물건을 처음 맛보게 되었거나 싸게 팔았을 것이다.

파리 시내에서 일찍부터 약탈을 하고 있을 때, 국민공회는 오전 10시 18분에 의장 뒤부아 크랑세가 개회를 선언했다. 그리고 오후 3시가 되어서야 비로소 안보위원회의 바지르Claude Basire가 의원들에게 "파리에서 사람들이 조금 술렁거렸다"고 보고하고 나서, 안보위원회가 파리 시장·도 검찰총장·내무장관의 말을 듣고 "파리 시정부는 질서를 회복하는 데 필요한 모든 조치를 취할 수 있다"는 안을 상정했다. 튀리오는 마침 내무장관 가라가 국민공회에 출석했으니 그의 얘기를 들은 뒤에 의결하자고 제안했다. 법무장관으로서 임시로 내무장관을 겸한 가라는 남프랑스의 반혁명운동을 먼저 진압해야 한다고 말했다.

사실 파리와 리옹뿐만 아니라 보르도와 디종에서도 소요사태가 일어나고 있었다. 더욱이 1787년에 영국과 맺은 무역협정 때문에 일감이 확 줄어버린 숄레Cholet의 방직공들이 30만 징집법으로 본격적으로 촉발할 방데의 난에 기꺼이 나설 만큼 민심이 부글부글 끓고 있었다. 그러므로 내무장관의 눈으로 볼 때, 파리의 소요만 중요한 것은 아니었다. 그러나 의원들은 파리의 주민들부터 달래야 한다고 생각했다. 가라는 화제를 바꿔 파리 시정부가 요구하는 예산을 가불해주면 파리의 생필품 문제를 해결할 수 있을 것이라고 장담했다. 그는 지난 7일에 400만 리브르를 걷는 특별법을 통과시키고 이미 100만 리브르를 파리 시정부에 지급했는데, 이 기회에 나머지 300만 리브르를 지불해서 빵값을 안정시키라고 촉구했다. 더욱이 파리 코뮌의 말을 전하면서, 1793년치 세금을 걷을 때도 400만 리브르의 특별세를 추가로 걷어야 적어도 6개월 동안 안정적으로 빵을 공급할 수 있다고 했다. 의원들은 곧바로 이 문제를 논의해서 통과시켰다. 의원들이 파리에서 벌어지는 약탈에 대해 근본적인 대책을 마련하느라 애썼지만, 급한 불을 끄는 문제에는 달리 신경을 쓰지 못했다. 브리소는 『프랑스의 애국자』(1,295호)에서 이렇게 말했다.

어제 자정까지 약탈을 계속했다. 여러 군데의 순찰대들이 힘을 합쳐 큰 창고에서 도적떼를 몰아내려고 노력했지만 자정에도 완전히 끝내지 못했다. 주모자 몇 명을 잡았고, 그중에서 대령 출신이 있음을 확인했다.

국민공회가 파리에서 일어나는 일을 마치 먼 남쪽 지중해 연안에서 일어나는 일처럼 안이하게 취급하고 있는 동안 시정부나 국민방위군은 무엇을 했을까? 파리 코뮌은 11시가 되어서야 세 시간 전부터 무정부상태가 되었다는 사실을 알았다. 시장 파슈와 검찰관보 레알은 일시적인 혼란으로 믿었다. 그들은 몇몇 집단의 말을 듣고 잘못 판단했다. 파리 코뮌평의회는 시시각각 나쁜 소식을 받았지만 한바탕 토론의 말잔치를 끝내고 아무 소득도 없이 회의를 끝냈다. 시장이나 평의회는 별다른 조치를 취하지 않고 낮참을 먹으러 나가면서 코뮌의 집 맞은편 창고에서 약탈하는 장면을 직접 봤다. 그럼에도 국민공회에서 3시부터 논의한 결과에 따라 필요한 조치를 취하려고 4시가 되어서 회의를 열었다. 그리고 한바탕 격론 끝에 겨우 5시에 북을 쳐서 비상 사태를 알렸다.

그때 국민방위군 사령관 상테르는 베르사유에서 용기병 중대를 검열하고 있었다. 물론 그는 아침에 출발하기 전에 파리의 질서를 유지하도록 일상적인 명령을 내렸다. 그러나 낮에 순찰대가 돌아다녔지만 병력도 많지 않았고, 5시 이후에야 순찰을 더욱 강화했다. 북을 친 뒤에야 롱바르 길, 생크디아망 길의 입구에 기마대의 보초를 세웠다. 그러나 보초가 약탈자에게 할 수 있는 일이란 없었다. 6시에도 순찰대가 어디 있는지 알기 어려웠다. 몇몇 초소의 장교들이 군중을 해산시키려고 노력하다 다쳤다. 국민공회의 안보위원회는 6,000명에게 '자르댕 드 레갈리테le jardin de l'Egalité'(평등궁의 정원)*로 출동할 준비를 하라고 명령했다. 그러나 무력행사를 하기 전에 북을 쳐서 경고하기로 결정했다.

파리 코뮌평의회에서는 모든 위원이 한마디씩 했다. 방청객은 즉각 질서를 회복하는 조치를 내놓은 위원에게 응원의 함성을 질렀다. 그럼에도 평의회는 병력을 소집하는 명령밖에 내린 것이 없었다. 종교인으로 성직자 시민헌법에 앞장서서 맹세했던 루Jacques Roux만이 '약탈자'로 비난받는 시위자

---

* 필리프 도를레앙이 필리프 에갈리테로 이름을 바꾼 뒤, 팔레 루아얄을 팔레 에갈리테(평등궁)로 불렀다. 그곳의 정원은 여전히 시위대가 모이는 단골 장소였다.

들에 대해 우호적인 얘기를 했다. 그는 "식료품상들은 오랫동안 비싸게 팔아 모은 돈을 서민에게 되돌려주었을 뿐이다"라고 말했다. 서민이 진짜 품귀현상의 제물이 될 때도 있었지만, 사재기 때문에 생긴 가짜 품귀현상의 제물이 된 경우가 많았음은 사실이다. 가난한 사람들은 이래저래 착취의 대상이다. 그들은 참고 참다가 마침내 분노를 표출한다. 왕정 시대에도 서민은 반란을 일으켰다. 그럼에도 서민의 행위를 언제나 정당화시킬 수는 없었다. 개중에는 거의 빼앗듯이 싼값에 사거나 진짜 빼앗은 물건을 되파는 사람도 있었다.

약탈행위는 이튿날에도 일어났다. 아낙들은 물총을 가지고 다니면서 자기 앞을 가로막는 순찰대의 눈에 쏘고 도망치기도 했다. 서민의 약탈을 보면서 혹자는 9월 학살과 연결시켜 비난하기도 했다. 두 사건은 무질서와 혼란을 일으켰다는 점에서 공통점이 있을지 모른다. 그러나 그 책임을 모두 서민에게 지우기란 어렵다. 법을 만들거나 집행하는 사람, 여론을 움직이는 사람들에게 일차적인 책임이 있기 때문이다. 9월 학살은 '적'의 피를 흘리게 만들었지만, 2월 25일의 약탈은 투기꾼과 다름없는 행위였다는 점에서 분명히 차이가 있다고 평가하는 사람도 있었다. 그리고 약탈행위가 일어났다 해도 전체적인 혼란이나 피를 보는 사건은 아니었다. 자코뱅협회에서 콜로 데르부아Jean-Marie Collot d'Herbois는 25일의 사건을 일으킨 자들이 '롤랑 전하Sa majesté Roland'와 그 패거리라고 하면서, 언제나 파슈를 끌어내리려고 안달이던 자들이 서민을 부추겨 일으킨 일이라고 평가했다.

"롤랑은 그 어떤 악당보다 더 죄인입니다. 나는 그가 영국에 1,200만 리브르를 빼돌렸다는 증거를 확보했습니다. 브리소파의 가면을 벗기고, 곧바로 롤랑을 조사합시다. 나는 다음 일요일(3월 3일)에 이 전임 장관을 기소할 법을 제정하라고 요청하겠습니다. 내겐 기소조항이 열 가지나 있습니다만, 단 한 가지만 가지고도 그의 머리를 사형대에 바치게 만들 수 있습니다."

2월 25일의 사건이 일어난 원인이 시중에 아시냐 지폐가 넘쳐나기 때문인지, 생필품의 공급이 충분한데도 사재기가 기승을 부리기 때문인지, 귀족주의자들이 서민을 부추겼기 때문인지, 아무튼 대외전쟁을 치르면서 혁명을 완수해야 하는 국민공회로서는 적절한 해법을 찾아야 했다. 그러나 처방을 내린다 해도 당장 효과를 거두기는 어려웠다. 더욱이 다른 기관들도 서민이 바라는 일을 하지 못했다.

『파리의 혁명』(190호)에서는 국민공회와 파리 시정부, 도 지도부가 힘을 합쳐 한 가지 조치만이라도 취했으면 좋았을 것이라면서 다음과 같이 말했다. 관리들이 중요한 가게와 창고를 방문해서 식료품 값에 영향을 끼치는 비누·초·설탕에 대한 정보를 얻고, 거래장부·영수증철과 대조한 뒤 공정가격을 정했다면 서민을 만족시키고 도매상과 소매상들도 안전하게 지켜줄 수 있었을 것이다. 가장 근본적인 식료품의 가격을 낮춘다고 선언했다면 25일의 사건을 막을 수 있었을 것이다. 그 사건을 여러 각도에서 본 사람들은 이 '사후약방문'이 적합하다고 수긍했을까?

26일 화요일에 국민공회에서 오트피레네의 바레르는 전날 사건의 주모자와 선동자를 추적해서 처벌하자고 촉구했다. 뫼르트의 살Jean-Baptiste Salle이 마라를 고발하자, 코레즈의 페니에르Jean-Augustin Pénières는 마라가 『인민의 친구』에서 상점을 약탈하고 투기꾼을 붙잡으라고 선동한 구절을 읽었다. 의원들은 마라를 성토하기 시작했다. 그가 약탈을 부추겼으니 고소해야 한다, 그는 미쳤다, 그를 고소해도 그를 옹호하는 패거리가 무죄방면할지 모른다, 라고 마구 떠들었다. 마라는 변명하려 들지 않았고, 오히려 우파 의원들을 범죄자라고 맞받았다. 의원들은 마침내 샤랑트의 몰드Pierre-Jacques Maulde 가 발의한 안을 통과시켰다.

국민공회는 파리에서 식료품 문제로 어제 일어난 소요·약탈 사건과 관련해서 마라의 글을 고발한 건을 논의한 끝에, 고발 건을 일반법원에 송치하는 한편, 법무장관에게 그 주모자와 선동자를 추적해서 3일에 한 번씩 보고하도록 명령한다.

혁명기에 서민은 자유와 평등이라는 말이 삶의 질을 높여주리라고 기대하면서 전보다 더 많은 희생을 강요하는 현실을 견뎠다. 그러나 정치적 평등을 실현함에 따라 상대적인 박탈감을 더욱 절실히 느꼈다. 급기야 자신들의 문제를 해결해주리라 믿었던 국민공회와 시 정부에 불만을 표출했다. 그들은 자기 힘으로 스스로를 구하기 위해 들고일어났다. 그것이 처음이 아니었듯이 마지막도 아니었다. 그들도 경험으로 배우고 행동방침을 세울 줄 알았다. 시간이 흐를수록 그들은 더욱 효과적인 방식으로 권력이건 재물이건 가진 자들을 압박하고 자기 의지를 관철하는 방법을 찾아냈다. 비록 실패해서 더 큰 좌절을 맛보는 한이 있다 할지라도. 3월에 확전擴戰과 국내의 반혁명 운동의 확산과 함께 파리 서민의 봉기는 입법가들 사이의 권력투쟁과 맞물리면서 혁명의 상황을 더욱 긴급하게 몰아가지 않으면 안 된다는 위기의식을 한층 더 고조시켰다.

자코뱅협회는 3월 1일부터 본격적으로 회원의 성분을 가려서 단체를 '정화'하는 문제를 논의했다. 지난 1월에 루이 카페를 심판할 때 국민공회의 판결을 전국의 기초의회에서 승인받아야 한다는 데 찬성한 사람과 절대로 함께 활동할 수 없다는 뜻이었다. 1월 15일 밤 11시 조금 전에 모두 749명 가운데 28명이 결석하고 12명이 기권한 투표를 집계한 결과 423명이 반대했고 286명이 찬성했다.* 그러니까 286명에 속한 회원, 이른바 '브리소파의 불순한 잔당restes impurs de la faction brissotine'을 협회에서 몰아내는 투표에 대한 논의였다. 결국 장봉 생탕드레가 "개인적인 장단점을 논의하지 말고, '국민의 재가를 받아야 한다'에 찬성한 사람, 협회의 진정한 원칙에서 벗어난 사람을 제명합시다"라고 제안했고, 회원들은 그대로 의결했다. 그 결과 국민공회 의원 50명만이 4월부터 3개월 동안(2/4분기)의 새로운 신분증을 발급받았다. 몽타뉴파와 지롱드파·브리소파의 권력투쟁이 협회를 '정화'시켰던 것이다. 국민공회에서도 이 싸움은 더욱 치열해질 것이며, 그것은 파리의 48개 구민들의 행동과 자매협회들의 지지에 달렸다. 그래서 로베스피에르**가 읽고 통과시킨 "파리 자코뱅협회가 자매협회"에 보내는 글***은 새롭게 태어난 본부가 전국의 지지를 호소하는 글이었다. 그 내용을 따라가보자.

파리의 서민은 4년 동안 가난을 면치 못하고 지난 4개월 동안 지속적으로 모욕을 감수했음에도 한순간도 평상심을 잃지 않았다. 그럼에도 자유의 적들은 나라 안팎에서 끊임없이 반혁명의 기회를 노린다. 그동안 파리에서 그러한 운동의 징후가 생필품의 부족을 핑계로 나타났다. 누군가 밀가루

---

* 제8권 제2부 6장 "루이의 재판" 중 '제2차 호명투표―루이의 판결에 대해 기초의회에서 국민의 재가를 받을 것인가?' 참조.

** 앞으로 동생을 지칭하지 않는 경우, 형 막시밀리엥 드 로베스피에르를 뜻한다.

*** "자유와 평등의 친구들 협회가 모든 자매협회에 드리는 말씀Adresse de la société des amis de la liberté et de l'égalité, séante aux Jacobins à Paris, aux sociétés affiliées".

가 바닥날 것이라는 헛소문을 퍼뜨렸다. 실제로 빵가게에서 일시적으로 빵을 구할 수 없었다. 음모를 꾸민 자들이 빵을 사재기한 것보다, 시민들이 소문 때문에 두려운 나머지 너도나도 생필품을 구하려고 뛰어다녔기 때문이다. 라파예트 추종자, 귀족주의자, 음모자들이 애국자나 가난한 서민의 옷을 입고 인민에게 너무나 생생한 가난, 그에 못지않은 독점과 투기에 대해 공공장소에서 불만과 분쟁의 씨를 뿌리고 다녔다. 심지어 국민공회에 의심스러운 대표단을 파견해 현실을 부풀려가면서 무리한 청원을 했다. 그리고 실제로 아낙들을 부추겨 비누·설탕·식료품이 비싸다고 청원하게 한 뒤, 그들을 이끌고 파리 시내의 여러 가게에서 물건을 아주 싸게 사거나 강제로 가져갔다.

소요사태가 발생한 이튿날부터 시정부와 도가 부지런히 감시하고, 시장과 사령관이 열렬한 애국심을 발휘한 덕에 공공정신이 되살아나고 파리의 질서를 회복했다. 그들의 음모가 실패했음에도, 그리고 국민공회에서 애국자 의원들이 다수파가 되었음에도, 그들은 아직도 희망을 버리지 않았다. 그들은 작가와 신문기자들과 연합해서 신문이나 통신문에 중상비방을 실어 퍼뜨린다. 그들은 자코뱅협회, 국민공회, 몽타뉴파 의원들을 비난하고, 민중이 가난한 것이 루이 16세를 죽였기 때문이라고 공공연히 떠들고, 한걸음 더 나아가 "루이 17세 만세!"라고 외쳐댄다. 그럼에도 파리의 민중은 폭군들을 제거할 줄 알면서도 식료품상을 뒤지지 않는다. 83개 도의 연맹군과 하나가 된 파리의 민중은 왕정을 뒤엎었으며 2년 전에는 바스티유를 쓰러뜨렸다. 그러나 그들은 롱바르 길의 은행을 공격한 적이 없다.

"우리는 언제나 한결같이 1789년의 자코뱅이며, 8월 10일의 자코뱅이며, 그에 못지않게 신성한 날의 자코뱅임을 잊지 마십시오. 우리는 폭군을 심판하고 죽여 공화국을 탄생시켰습니다. 만일 의심이 든다면 부디 오셔서 자코뱅협회 회원들과 적들을 관찰하시기 바랍니다. 오시면 기꺼이 형제로 안아드리겠습니다. 우리 함께 새로운 맹세로써 폭군과 모사꾼들에 맞섭시다. 자유의 적이 우리를 공격하기 위해 연맹군인 척했지만, 막상 진정한 연맹군 앞에서 사색이 되었습니다. 그들은 여러분 앞에서도 사색이 될 것입니다."

3월 3일 일요일에 파슈는 파리 코뮌의 대표단을 이끌고 국민공회로 갔다. 그는 국민공회가 엄격한 법을 제정해 사악한 투기꾼을 엄벌해달라고 하면서, 특별히 다음과 같이 당부했다.

1. 정부의 어떤 부서 장관도 어떤 이유로든 생필품 공급에 간섭하지 말 것.
2. 은銀 매매법을 철회하고, 직접 또는 위임하여 은을 판매하거나 은괴를 만든 자를 사형에 처할 것. 범죄를 고발한 자에게는 그에 상응하는 상을 줄 것.
3. 국유재산을 처분한 만큼 시중에 유통하는 다량의 아시냐 지폐를 회수하고, 부동산 투자에 대한 영수증으로 변환할 것.
4. 금리(또는 연금)도 영수증으로 상환하며, 정부는 아시냐를 환수할 때마다 상환액에 상응하는 아시냐를 유통시키지 말 것.

한마디로 파리 시정부는 생필품의 투기, 정화正貨의 부족, 아시냐의 과도한 유통이 사회불안의 원인이라고 분석했으며, 그 대책을 마련해달라고 요구했다. 의장이 회의에 참석하라고 허락하자, 대표단은 몽타뉴파의 곁에 앉았다. 그들이 지적한 세 가지 폐단을 고치는 방법이 있었다. 법으로 상인의 재산을 확실히 보장해주면 시장에 생필품이 돌아올 것이다. 정화가 부족하지만 새 체제를 안정시키는 일에 대한 불확실성이 사라지고 평온한 상태가 돌아오면 아시냐에 대한 불신도 사라지면서 정화가 다시 나타날 것이다. 과도하게 풀린 아시냐의 경우, 부자들에 대해 위협을 가하는 말을 삼가고, 재산 보유가 범죄가 아니라고 생각하면 국유재산을 구매하게 될 것이며, 국고에 아시냐가 들어올 것이다. 그러나 항상 말은 쉽다. 현실이 생각한 대로, 말한 대로 나타난다면 혁명이 급진화할 이유란 존재할 수 없으리라.

3

특별형사법원 또는
혁명법원[*]

2월뿐만 아니라 3월에도 시국은 어수선했다. 혁명이 역경에 처하면서 지롱드파가 더욱 지지를 잃었고, 장군들을 의심하는 분위기가 팽배했으며, 지방에서 반혁명운동의 우울한 소식이 계속 들리는 가운데, 단 몇 명이 능숙하게 손을 쓰면 파리를 혼란에 빠뜨릴 수 있을 것 같았다. 적대국과 왕당파의 하수인들이 이러한 기회를 만들고, 또 이용하려고 호시탐탐 노렸다. 더욱이 파리에는 외국에 망명했다가 여권을 발급받아 슬그머니 돌아온 사람이 있었다. 망명자 1만 5,000명에서 2만 명 정도

---

* 국민공회는 1793년 10월 29일에 특별형사법원의 이름을 혁명법원Tribunal révolutionnaire으로 부른다고 의결했다. 3월 10일 전과 후에 일상적으로 혁명법원을 얘기할 때, 공식 명칭은 늘 특별형사법원이었음에 유의해야 한다. 당대 사람들은 공문서에서는 공식 명칭을 썼지만, 일상대화에서는 두 명칭을 혼용했다.

가 여권을 받는 방법을 파악한 것으로 추정할 수 있었다. 그들 중에는 적국의 첩자도 있었다. 어떻게든 파리로 돌아온 망명객들이 반혁명운동에 동원될 가능성이 높았다. 그동안 자코뱅협회에서는 상퀼로트의 이익을 대변하는 회원이 늘어났고, 그들이 몹시 과격하게 발언하면서 분위기를 이끌어나갔다.

과격파인 '앙라제Enragés'에 속한 바를레Jean-François Varlet는 발판을 들고 다니다가 알맞은 곳에 놓고 올라서서 적극적으로 행인을 선동했다. 데피외 François Desfieux나 1791년에 '샹드마르스 학살사건'이 일어난 날 라파예트의 말고삐를 잡아 세웠던 '미국인' 푸르니에Fournier l'américain도 한몫했다. 그들은 국민공회에서 지롱드파를 몰아내야 혁명을 구할 수 있다고 생각하고 계획을 꾸몄다. 3월 6일 수요일에 데피외가 벨기에 지방에서 프랑스군의 작전이 성공했다는 소식을 듣고 '물 들어올 때 노를 저어야 한다'고 말한 것도 혁명을 급진화하려는 취지였다.

"좋은 소식을 이용해서 좋은 법을 만들 기회를 얻어야 합니다. 이 기회에 혁명법원tribunal révolutionnaire을 세워야 합니다."

이미 1792년 8월 10일에 '제2의 혁명'을 일으킨 파리 코뮌은 입법의회에 강력히 요청해서 17일에 혁명법원을 세워 11월 29일까지 운영한 적이 있다.* 이제 공포정의 주요 도구인 두 번째 혁명법원을 설립하자는 논의가 자연스럽게 나오기 시작했다. 어떤 회원은 '8월 17일의 혁명법원'이 왜 뿌리를 튼튼히 내리지 못했는지 진단했다. 그것은 판결을 내릴 때 형법전에서 정한 형식을 점점 무시했으며, 국민공회는 형식상의 결함을 보면서도 판결을 집

---

* 제8권 제1부 5장 "9월 학살" 참조.

행하는 것을 보아 넘겼다. 그러다가 마침내 혁명법원의 판결을 파기했다. 게다가 9월 학살사건이 일어나자 모든 감옥의 수감자 등록부가 사라졌기 때문에 10월 1일까지 공백이 생겼다. 그것이 제1차 혁명법원을 폐지한 이유다.

로베스피에르는 여러 사람이 저마다 공공의 행복을 사랑하는 마음으로 대응방안을 제시했는데, 단 한 가지 목적에 집중해서 그러한 제안을 모을 필요가 있으며, 따라서 무엇보다도 상황을 정확히 진단하는 일부터 하자고 말했다. 그는 음모자들을 오랫동안 규탄하더니 "자유의 승리를 방해하는 것은 무엇이며, 음모자들의 범죄와 인민의 불행을 지속시키는 자는 누구입니까?"라고 물었다. 그는 공직을 남용해서 공화국 국고를 탕진하는 자들이 중상비방문 작가들을 매수해서 여론을 독점한다고 지적하고, 그 같은 일을 막아야 한다고 역설한 뒤 이렇게 말했다.

"통신위원회Comité de correspondance는 8월 10일부터 여론을 조작하기 위한 음모에 전국의 모든 자매협회가 어떻게 대응했는지, 또한 공화국을 분열시켜 내란을 일으키고 폭군들의 손에 넘겨주려는 도당에 대해 그들이 긴밀히 협력해서 적절히 대응했는지 밝혀야 합니다."

3월 8일 금요일에 외르에루아르의 들라크루아Jean-François Delacroix는 당통과 함께 벨기에 지방의 군대를 시찰하고 돌아온 결과가 전쟁장관 뵈르농빌이 말하는 현실과 다르다고 보고하면서 자세한 사항은 기밀이기 때문에 우선 국방위원회에서 밝히겠다고 말했다. 당장 얘기하라고 요구하는 사람들과 먼저 국방위원회에서 보고하라는 사람들이 맞섰다. 도르도뉴의 라마르크François Lamarque가 다른 의원 두 명과 함께 아르덴의 중부군을 시찰한 결과를 보고했다. 1만 5,000명이 9만 명 이상의 적을 막아야 하는데, 탄약은 말할 것도 없고 거의 헐벗은 상태로 궤멸 직전이었다. 그래서 파견의원들은 그 사실을 국민공회에 즉시 알렸지만, 국방위원회는 그런 중대한 사실을 경솔하게 공표했다고 파견의원들을 질책했다. 파견의원들은 국민 2,700만 명 가운데 시민 300만 명을 무장상태에 둔 현실에서 위험을 숨겨서는 안 된다고 국방위원회에 회답했고, 그 뒤에 파견의원들이 바라던 대로 10만 명이 적을 무찌르겠다고 전방으로 달려갔다.

라마르크는 이런 사정에 비춰볼 때 들라크루아가 국방위원회에 비밀리에 보고하는 것보다 국민공회에 공개적으로 보고하는 편이 낫다고 말했다. 그는 전쟁장관의 보고가 정확하지 않으니 들라크루아의 말을 들을 필요가 있다고 강조했다. 오트피레네의 바레르Bertrand Barère는 국내외의 적들이 다 아는 사항을 애국자들에게 굳이 감출 필요가 없으므로 들라크루아가 의원들 앞에서 아는 대로 소상히 밝혀야 한다고 말했다. 들라크루아가 발언하기 전에 뵈르농빌은 전방의 장군들이 보낸 편지를 제출해서 자기 말의 정당성을 증명하겠다고 말했다.

들라크루아는 전쟁장관을 존경하고 전적으로 믿기 때문에 그의 말을 반박해 신뢰를 떨어뜨릴 의사가 없음을 밝히고 나서, 자기가 본 대로 솔직히 진술하겠다고 말했다. 파견의원들은 엑스라샤펠(아헨)에서 20여 킬로미터 떨어진 평원에 주둔한 선발부대를 장군들과 함께 시찰했다. 주둔군은 한군데 모여 있지 않고 띄엄띄엄 있었기 때문에 유사시 한데 모으기 어려웠다. 나무가 거의 없는 평원에 주둔한 군에 기병대가 없다는 것이 문제였다. 파견의원들은 벨기에 지방을 시찰할 때 리에주에 주둔한 미랑다 장군이 북쪽의 마스트리트를 포격한다는 소식을 들었다.* 그들은 자신들을 안내했던 장군들이 선발부대를 한군데로 모아 엑스라샤펠에서 오는 적군을 막아야 했음에도 그렇게 하지 않아서 적들이 그들 사이를 뚫고 깊숙이 침투할 수 있었음을 알게 되었다. 명백한 작전 실패였다. 적은 300명 정도의 전초기지를 지나면서 저항을 받지 않았으며, 그 뒤에는 두 갈래로 나눠 프랑스군 사이로 진격하면서 거의 총 한 방도 쏘지 않았다. 더욱이 프랑스의 장군들은 한동안 적군의 규모나 진격 방향을 파악하지 못했다.

이 보고를 들으면서 의원들은 몹시 분개했다. 적군은 두 갈래로 나눠 마스트리트와 프랑스의 전초기지를 공격했다. 프랑스군은 혼비백산해서 리에주로 도주했다. 파견의원들은 지난 3월 4일 월요일에 이 상황을 모두 파악하고 리에주에 모여 대응방안을 논의했다. 들라크루아는 발랑스Comte de Valence 장군과 함께 병사들을 찾으러 나섰다. 5,000~6,000명에 가까운 병사들은 지휘관을 찾으면서 그럭저럭 리에주로 몰려들었지만, 그동안 적은 엑스라샤펠에 주둔했다. 들라크루아는 미랑다 장군의 마스트리트 포격이 실패한 이유를 적군에 대한 정확한 지식이 부족했고, 부족한 탄환을 늦게 보급받았지만 규격이 맞지 않았으며, 지휘관들이 서로 소통을 원활히 할 수 없었다는 데서 찾았다. 그는 좀더 자세한 이야기를 공개하면 적군에 전략을 노출시킬 우려가 있으므로 당통과 함께 국방위원회에서 따로 보고하겠다고 말했다.

로베스피에르는 프랑스군이 시련을 겪었지만 공화국을 설립한 뒤부터 국난을 극복한 과정을 상기시키고, 국민공회가 정국을 주도해서 국가의 힘을 하나로 모아야 한다고 역설하면서 들라크루아의 말을 지지했다. 들라크루아는 곧바로 모든 군인의 휴가를 철회하고, 모든 장교에게 일주일의 말미를 주어 정위치로 복귀하도록 하며, 부사관·의용군·병사들도 하루 7리외씩

---

* 리에주·마스트리트·엑스라샤펠은 지도에서 삼각형을 이루며 직선거리로 약 25킬로미터·30킬로미터·40킬로미터 떨어져 있다.

의 속도로 원대에 복귀하도록 명령하는 한편, 전쟁장관에게 휴가 중인 장교의 현황과 휴가를 승인한 이유를 국민공회에 보고하라고 명령하는 안을 발의해서 통과시켰다. 우아즈의 부르동François-Louis Bourdon은 휴가 중인 의원들도 국민공회로 복귀하는 안을 발의해서 통과시켰다. 이번에는 당통이 한마디 했다. 프랑스인은 역경에 처할 때 더욱 힘을 내는데, 지금이 바로 그 순간임을 모든 프랑스인에게 알려야 한다는 취지였다.

"여러분이 벨기에에 있는 형제들을 구하려 달려가지 않는다면, 또 뒤무리에 장군과 그의 병사들이 네덜란드에서 포위당해 무기를 내려놓아야 한다면, 상상할 수 없는 큰 불행이 닥칠 것은 뻔합니다. 국가가 풍전등화이며, 60만 명이 도륙을 당하기 직전입니다."

시민들이여, 1분도 허비할 수 없다. 전국에 두루 통용할 조치는 국방위원회가 '내일'(9일) 제안할 예정이기 때문에 시급한 문제부터 따져야 한다. 징집법만 믿고 그대로 있다면 국가의 운명은 어찌 되겠는가! 또 징집법을 집행하려면 시간이 필요하다. 그 결과를 기다린다면, 임박한 위험에 적절히 대응할 수 없다. 지난해에 파리가 솔선수범해서 나라를 구했듯이, 이번에도 파리가 앞장서야 한다. 아무리 훌륭한 법을 만든다 해도 열정적으로 전쟁을 수행해야 한다.

"국민공회는 임시조치로 의원들을 오늘 저녁에 파리의 모든 구로 파견하도록 합시다. 파견의원들은 무장시민을 소집해서 자유를 지키는 맹세를 시키고 자유의 이름으로 벨기에를 지키러 달려가라고 독려합시다. 이처럼 유익한 충동의 반향은 전국에 퍼질 것이며, 우리 군대는 즉시 증원군을 받을 것입니다."

사르트의 필리포Pierre Philippeaux는 당통의 제안을 전국의 모든 도로 확

대해서 표결에 부치자고 제안했다. 여러 의원이 제각기 수정안을 내놓고 토론한 뒤, 파리의 48개 구와 모든 도에 의원들을 파견해서 벨기에의 전황을 알리고 의용군을 모아 자유·평등을 위해 목숨을 바쳐 싸우겠다고 맹세한 뒤 전방으로 달려가도록 독려하는 명령을 통과시켰다.

노르의 뒤엠은 혁명을 방해하는 고약한 중상비방자들을 국민공회에서 내쫓아야 한다고 강조했다. 그는 의원이 된 삼류 기자들이 공공정신을 타락시키고 자신을 뽑은 선거인들에게 여타 의원들이 임무를 소홀히 한다고 비방하는 데 전념하기 때문에 "이 추악한 존재들을 국민공회에서 추방"하자고 제안했다. 그는 "출판의 자유는 반혁명의 자유가 아닙니다"라고 주장해서 몽타뉴파의 지지를 받았다. 그날 자코뱅협회에서는 『뒤셴 영감』의 발행인이며 전쟁부에서 활약하던 에베르Jacques-René Hébert가 연단에 올라 군대에 남아 있는 라파예트 추종자들을 숙청하지 못한다면 공화국과 자유를 포기해야 한다고 열변을 토했다. 그 뒤를 이어 앵드르Indre의 르죈Sylvain-Phalier Lejeune이 '우파' 의원들을 공격했다. 그는 수많은 삼류 문사들이 연합해서 끊임없이 중상비방문을 시중에 뿌리고 있으며, 브리소·고르사스 같은 신문발행인이 파리에서 온갖 음모를 꾸미고 유럽의 여러 나라 내각과 힘을 합쳤다고 고발했다. 그는 브리소가 그 중심에 있다고 적시하고, 특히 가데와 장소네, 그 추종자들이 인민에게 루이의 사형에 대해 선처를 호소함으로써 분열을 조장하고 여론을 타락시켰다고 비난했다.

이처럼 자코뱅협회에서는 지도자들이 날마다 지롱드파를 규탄하면서 혁명을 이끌어갈 집단을 급진적으로 정화하려고 노력했다. 그래서 혁명이 폐지한 특권계급 출신에게는 민간이건 군인이건 공직을 맡기지 말자는 제안도 전폭적으로 지지했다. 이론상 절대적 평등에 한걸음 더 다가섰다. 어떤 국민공회 의원이 회원들에게 호소했다. 그는 국민공회 회의에 늦게 참석하거나 무관심하고, 게으르고 밥을 너무 오래 먹으며, 특히 의장과 비서를 선출할 때 적극적으로 참여하지 않는 의원들을 자코뱅협회에서 제명하자고 제안했다. 전날인 7일 저녁의 국민공회 의장 선거에서 지롱드의 장소네Armand Gensonné 를 막지 못한 데 대한 후회를 표현한 제안이었다. 384명이 투표했기 때문에 장소네는 과반수를 8표 넘긴 201표를 얻어 튀리오를 31표 차로 눌렀다. 자 코뱅협회 회원들은 제안을 수정해서 해당 의원들을 견책하고 회의록에 기록 하는 동시에, 국민공회 회의에 별다른 이유 없이 잇따라 불참하는 의원도 같 은 벌을 주기로 했다. 그들 생각에 혁명을 철저히 수행하려면 자기가 맡은 일 을 성실히 해야 했다.

3월 9일 토요일에 공병장교 출신인 파드칼레의 카르노는 국방·전쟁 합 동위원회가 마련한 안을 보고했다. 의원들은 공화국의 모든 도에 의원을 파 견해서 조국을 구하는 데 필요한 병력을 모집할 필요성을 설명하는 법을 통 과시켰다. 국민공회 의원 중에서 82명을 뽑아 각 도로 한 명씩 파견하는데, 파리 도는 물론 코르시카, 몽블랑, 제마프처럼 최근에 공화국 영토가 된 곳은 빼기로 했다. 이미 그곳의 공화국 군대에 파견의원이 나가 있었기 때문이다. 파견의원은 전쟁수행에 필요한 모든 조치를 취할 수 있었다. 그들은 병력과 무기를 차출하고, 농사나 생업에 쓰지 않는 말이나 노새도 징발할 수 있었다. 도 당국은 파견의원에게 군에 징발할 수 있는 모든 자원에 대한 현황을 알려 줘야 했다. 끝으로 8조에서는 파견의원이 질서를 회복할 필요가 있으면 도 행정까지 일시적으로 정지시키고, 반혁명혐의자를 체포할 권한을 가졌다고 규정했다.

다음으로 당통이 연단에 올라 의미심장한 연설을 했다. 그는 총력안보를 위해 국민공회가 의원들을 각 도로 파견하는 것도 중요하지만 그에 못지않게 국민화합이 중요하다고 역설했다. 그는 "가난한 사람들을 존중하면, 가난한 사람도 풍요로운 사람을 존중할 것"이라고 강조하면서, 빚 때문에 사람을 가두는 일은 건전한 풍속·인권·자유의 원리에 어긋나기 때문에 당장 풀어줘야 한다고 강조했다. 의원들은 당통의 제안을 받아들여 채무로 인한 수형자를 풀어주기로 의결했다. 로의 장봉 생탕드레는 한걸음 더 나아간 안을 발의했고, 의원들은 그 안을 수용했다.

"그(당통)는 빚 때문에 갇힌 사람들을 풀어주자고 요구했습니다. 나는 그가 제시한 대로 우리가 철학의 영원한 원리를 인정한다면, 빚 때문에 인신을 구속하는 제도를 폐지한다는 원칙을 법으로 제정하자고 제안합니다."

파리의 각 구에 다녀온 의원들은 조국이 얼마나 위험한 상황에 처했는지, 따라서 의용군이 얼마나 절실한지 설명한 뒤 구민들의 청원을 듣고 돌아왔다. 루브르Louvre 구는 국민공회에 직접 대표단을 보내서 "국가의 적과 국사범들이 더는 무모한 행동을 하지 못하도록 종심법원un tribunal sans appel을 설치해달라"고 청원했다. 캉탈의 카리에는 '혁명법원tribunal révolutionnaire'의 설치를 요구하는 이 청원을 입법위원회가 내일까지 검토해서 보고하게 하자고 제안했다. 의장*이 표결에 부쳐 '혁명법원'을 설치한다는 원칙을 통과시켰다.

라망슈La Manche의 르카르팡티에Jean-Baptiste Le Carpentier는 '혁명'의 뜻을 규정해야 한다고 제안했다. 피레네조리앙탈의 비로토Jean-Baptiste Birotteau

---

* 장소네는 8일에 의장직을 수행했지만, 9일의 오전회의에 이제르의 제니시외Jean-Joseph-Victor Génissieu와 저녁회의에는 라보 드 생테티엔에게 의장직을 맡겼다.

는 '음모자conspirateurs, intrigants'를 벌한다는 뜻을 담아야 한다고 주장했다. 모든 낱말의 뜻은 누가 어떤 맥락에서 쓰느냐에 따라 달라진다. '음모자'라는 말도 마찬가지다. 몽타뉴파 의원들이 격하게 반발했다. 지롱드파를 대변하는 비로토가 자신들을 겨냥한다고 생각했기 때문이다. 사실 몽타뉴파는 '음모자'와 '온건파'를 같은 부류로 보았다. 그들은 지롱드파를 '음모자'로 보았던 것이다. 의원들은 논란 끝에 음모자들과 반혁명분자들을 심판할 '특별형사법원un tribunal criminel extraordinaire'을 설치하는 원칙에 합의했다. 그러나 누가 주도권을 잡느냐에 따라 음모자나 반혁명분자들이 달라질 수 있다. 의원들은 입법위원회가 최종심 판결을 내리는 이 법원의 조직안을 10일에 보고하도록 의결했다.

같은 시각, 파리 시내의 인쇄소에 사람들이 몰려가 집기와 인쇄기를 부수었다. 그것은 전날 국민공회에서 뒤엠 의원이 "중상비방으로 혁명을 방해하는 벌레들"이라고 비난했고, 또 자코뱅협회에서 르죈이 브리소나 고르사스 같은 '엉터리 신문기자'가 공공정신을 파괴하고 반혁명을 일으킨다고 적시했던 발언과 관련 있다. 파리 코뮌의 서기 부시오Boussiaux가 9일 밤 "7시에 200여 명이 총칼로 무장하고" 고르사스의 집을 공격했다고, 국민공회에 긴급히 알렸다. 센에우아즈의 고르사스 의원은 권총 한 자루를 품고 아내를 데리고 강북의 티크톤 길rue Tiquetonne에 있는 집에서 무사히 빠져나갔지만 아직 그가 안전한지 아닌지 알 수 없었다. 우파 의원들은 "이것이 파리의 자유다"라고 빈정거렸고, 몽타뉴파 의원들은 몹시 반발했다. 마라는 당장 진상을 조사해야 한다고 주장했다.

의원들은 시장에게 명령하느냐 조사위원들을 파견하느냐를 놓고 한바탕 설전을 벌였다. 엥의 메를리노Jean-Marie-François Merlino가 고르사스의 집에 다녀왔다고 하면서 발언권을 주면 자세히 보고하겠다고 말했지만 묵살당했다. 그날 밤에 인쇄업자이며 『라 크로니크 드 파리La Chronique de Paris』의 발행인 피에베Joseph Fiévée도 공격받았다. '미국인' 푸르니에, 폴란드 태생인 라주스키Lazouski, Lazowski가 이 두 인쇄소를 공격한 사람들을 이끌었다. 나중에 푸르니에는 한 사람만이라도 자기를 도왔다면 페티옹의 머리를 날려버릴 수 있었다고 아쉬워했다. '미국인'과 단짝인 라주스키는 '제2의 혁명'에 열렬히 가담했고, 9월 학살에서 종교인을 죽였으며, 파리로 이감하는 오를레앙 감옥의 수인들을 9월 9일에 베르사유에서 학살한 주인공이었다. 그는 고르사스의 인쇄소를 공격한 뒤 도망쳐 아미엥에서 국민공회를 공격하는 글을 퍼뜨리다가 체포되었지만, 몽타뉴파와 특히 마라의 지원을 받아 무사했다.*

'미국인' 푸르니에와 함께 바를레와 샹피옹Champion이 코르들리에 협회에서 의결한 '봉기위원회comité d'insurrection'의 명령서라는 것을 만들어가지고 카트르 나시옹 구를 시작으로 모든 구를 찾아다녔다. 네 명이 함께 다녔다고 하는데, 나머지 한 명은 마르탱Martin이었다. 그러나 마르탱은 『파리의 혁명』에서 자신의 이름을 거론한 것에 항의해서 정정기사를 싣게 만들었다. 그 밤의 사건이 있은 뒤 브리소는 『파트리오트 프랑세』(프랑스 애국자)를 발행하는 일에서 표면상으로나마 손을 뗐고, 지레 뒤프레Joseph-Marie Girey-Dupré가 12일부터 신문을 맡았다. 국회의 신문인 『모니퇴르 위니베르셀Moniteur Universel』을 소유한 팡쿠크Charles-Joseph Panckoucke와 『파리의 혁명』 발행인 프뤼돔도 지인들의 도움을 받아 간신히 인쇄소를 지킬 수 있었다. 그들은 다

---

* 4월 28일에 라주스키의 장례식이 라레위니옹 광장에서 열렸고, 파리 코뮌은 그의 딸을 입양했다.

음과 같은 내용의 '명령서'를 제시했다.

자유를 원하십니까? 조국을 구하고 싶으십니까? 우리가 하는 말을 들어
보세요! 벨기에 침공은 국민공회를 마비시키고 공화국을 분열하는 사악
한 도당의 작품이 분명합니다. 조국의 수호자들이 들고일어났습니다. 우
리는 롤랑·브리소·장소네·가데·페티옹·바르바루·루베의 역겨운 수작
을 계속 폭로하겠습니다. 자유를 사랑하는 프랑스인에게 그들의 가면을
벗겨 보여드리겠습니다.

그들의 주장은 다음과 같이 이어졌다. 일부 애국자들이 혁명법원을 새로
세우고 장관들을 해임하자고 하는데, 그것은 그릇된 처방이다. 그것은 국민
공회에서 구심점을 찾는 살인자들을 직접 공격하지 못하기 때문이다. 그래
서 조국의 수호자들이 들고일어났다. 이 상황에서 효과를 가질 만한 최상의
방책이 있다. 국민주권의 일부를 이루는 파리 도가 이제부터 온전한 국민주
권을 행사하도록 하고, 이를 위해 모든 구와 캉통을 소집해서 파리 도의 선거
인 회의에 비상권한을 주도록 한다. 선거인 회의는 공화국의 입법가 자격을
잃은 자들을 소환해야 한다. 폭군의 생명을 보전하고 폭정을 회복하는 데 투
표한 의원들을 국민공회에서 몰아내야 한다. 그들은 망명객과 왕당파와 공
모해서 공화국의 모든 적과 손을 잡았기 때문이다.

'미국인' 푸르니에 일행은 피니스테르 구위원회에서 가짜 명령서를 제시
하고, 자정에 경종을 울리고 대포를 쏴달라고 요구하면서, 다른 구에서도 동
조할 것이라고 말했다. 그들은 자신들이 자코뱅협회 소속이라고 말했다. 위
원회가 명령서를 검토해보니 다른 구의 관인이 없었다. 네 명은 피니스테르

구위원회에서 도망치듯 뛰어나갔다. 그들은 그라빌리에 구위원회를 속일 수 있었지만, 결국 마라의 방해를 받아 좌절했다. 그들은 무장한 사람들을 이끌고 파리 코뮌에 가서 울타리를 봉쇄하고 경종을 울리면서 파리가 봉기했다고 선언하라고 요구했다. 법은 국민공회가 공식적으로 봉쇄를 결정할 때까지 사람들이 자유롭게 통행할 수 있다고 정해놓았으므로, 파리 코뮌은 울타리를 봉쇄하려는 시도를 막아야 했다. 그래서 국민방위군 사령관에게 자유통행을 보장할 조치를 취하라고 명령하는 한편, 국민공회, 48개 구, 국민방위군 참모부에 그 명령을 전달했다. 그들이 인쇄소를 공격하거나 울타리를 봉쇄하려고 동분서주한 이유는 궁극적으로 10일에 파리에서 봉기를 일으키려는 데 있었다. 그날 알오블레Halle au Blé(밀 시장)에서는 큰 잔치판이 벌어질 예정이었기 때문에, 거기에 모인 사람들을 선동하면 봉기에 성공할 수 있다고 판단했던 것이다.

사실 중앙시장의 아낙들은 공공연히 "아침에 무사히 눈을 뜰 수 있을지 모르고 사느니 차라리 왕을 갖는 편이 낫다"고 말했는데, 이들이야말로 선동자들이 노리는 불만세력이었다. 선동자들은 벨기에 침공을 불경한 자들의 소행이라고 선전하고, 뒤무리에 장군을 저주하는 동시에 지롱드파에게 온갖 혐오감을 불러일으켰으며, 혁명법원에 의지해봤자 별 수 없을 것이라고 비웃었다. 끝으로 그들은 선거인의 믿음을 저버린 의원들을 국민공회에서 몰아내야 한다고 외쳤다. 그러나 48개 구는 모두 전방으로 보낼 병력을 뽑는 일에 전념했기 때문에 선동자들의 의도대로 움직이지 않았다. 그럼에도 그들은 10일에 파리 코뮌에서 자신들이 간밤에 가지고 다닌 명령서를 읽었다. 파리 코뮌은 그것을 채택해주지 않았고, 반란을 일으키려는 무리가 있음을 48개 구에 경고했다.

3월 10일 일요일에 지롱드의 가로는 입법위원회가 혁명법원을 조직하는 방식을 연구해서 보고하도록 의결한 사실을 언급했다. 그는 각 도에 파견하는 82명의 의원들이 출발하기 전에 국가안보에 중요한 조치를 취하는 것을 보도록 하자고 강조한 뒤, 모든 청원을 저녁회의에서 받기로 하고, 낮에는 혁명법원에 대해 집중적으로 토의하자고 제안해서 지지를 받았다. 그러나 외르에루아르의 르사주는 입법위원회가 어제부터 회의를 시작해서 열심히 논의했지만 아무래도 내일 정오까지는 준비하기 어렵다고 말했다. 도르도뉴의 라마르크가 발끈했다. 그는 당장이라도 지금까지 준비한 내용을 보고하라고 입법위원회를 몰아세웠고, 몽타뉴파의 지지를 받았다. 캉탈의 카리에는 한술 더 떠서 입법위원회가 국민공회의 명령을 제대로 이행하지 않았으니 위원을 다시 임명하자고 제안했고, 이에 몽타뉴파가 지지했다. 혁명법원을 시급히 설치하기 바라는 세력이 누구인지 분명하다. 바랭의 방타볼Pierre Bentabole은 당장 입법위원회 위원으로 아홉 명을 뽑아 한 시간 뒤에 조직안을 보고토록 하자고 제안했다. 장봉 생탕드레는 일종의 절충안을 내놓았다. 그는 입법위원회가 생각한 기준을 발표시킨 뒤, 위원 한 명이 대표로 안을 만들어 토론에 부치자고 제안했고, 의원들은 그 안을 받아들였다.

혁명법원 조직법안을 기다리는 동안 한바탕 소동이 일어났다. 아르데슈의 가몽Frnaçois-Joseph Gamon은 국가안보와 국민공회에 중대한 위협을 고발하겠다고 나섰다. 그는 자신이 '어제'(9일) 회의를 시작했을 때 방청석을 가리키면서 여성이 한 명도 없음을 지적했고 자신이나 의원들에 대한 음모를 고발했음을 상기시켰다. 이어서 그는 그 이유를 설명했다. '어제' 아침에 여러 사람이 국민공회 입구에 나타나 보초들에게 여성을 증언대에 입장시키지 말라고 말했고, 보초들이 말을 듣지 않자 직접 여성들을 위협해서 물러나게 만들었다고 하면서, 모든 사람이 나라를 지키려고 전방으로 가는 중대한 시기에 내란이나 약탈을 부추기는 사람들이 있다고 개탄했다. 노르의 뒤엠은 여성이 조국의 수호자들을 위해 집에서 옷과 각반을 만드는데 무슨 소리냐고 물었다. 가몽은 랑드의 르프랑Jean-Baptiste Lefranc이 증인이라고 말했다. 르프랑은 누군가 여성이 국민공회를 공격하려 하니까 절대로 들여놔서는 안 된다고 말하는 소리를 듣고 10시에 회의관리위원회*에 알렸다는 것이다.

이내 회의장이 술렁거렸고, 수많은 의원이 가몽의 말은 거짓이라고 외쳤다. 방타볼은 가몽에게 발언권을 주지 말라고 요청했고, 마라와 가로가 앞다투어 연단에 올라 가몽을 다그쳤다. 마라는 나라를 위험하게 만드는 행위를 하지 말라고 꾸짖었다. 르프랑은 의원으로서 이름을 걸고 그러한 사실이 없다고 분명히 말했다. 장봉·생탕드레·당통·로베스피에르가 서로 밀치듯이 발의하겠다고 나섰다. 오트가론의 쥘리엥Jean Julien이 그들을 지지했다. 마른의 튀리오는 가몽이 국회를 속였다고 주장했다. 뒤엠, 센앵페리외르의 알비트는 "우리는 사실을 알아야 한다"고 주장하고, 당통은 고발자(또는 밀고자)의 얘기를 들어보자고 제안했다. 가몽은 당통이 말했듯이 고발자란 입법의회에서 최초로 "조국이 위험하다"라고 외친 사람이라고 맞받았다.** 몽타뉴파 의원들이 거짓말하지 말라고 외쳤다.

가몽은 잠시 말을 더듬더니 "고발자란 오늘 자유의 친구들의 입을 막으

---

* 회의관리감독·비서·인쇄위원회comité des commissaires inspecteurs de la salle, du sécrétariat et de l'imprimerie.

** 제7권 제2부 9장 "조국이 위험하다"에서 1792년 7월 5일에 국가비상사태에 관한 법을 제정하는 과정을 참조할 것.

76

려고 무진장 노력하는 자이기도 합니다"라고 말했다. 의장이 완곡하게 개입했지만, 가몽은 가장 사악한 멍에를 벗겨서 조국을 해방시키려는 자신을 아무도 막지 못한다고 우겼다. 가몽은 카페를 운영하는 여성 파이엥citoyenne Payen이 회의관리위원회에 출석해서 증언한 내용을 소개했다. 파이엥은 손님들의 말을 들었는데, 남성들만이 방청석을 차지한 뒤 몇몇 의원의 머리를 자르려는 계획을 세웠기 때문에 여성을 방청석에 들여놓아서는 안 된다는 내용이었다. 가몽은 법무장관에게 명령해서 그 남자들을 추적해야 한다고 주장했다. 이처럼 3월 9일과 10일에 일부 음모자들은 '반란 코뮌'을 세우고 국민공회를 숙청하려는 계획을 세웠지만 이 무정부주의자 또는 탈권위주의자 반란은 실패했다.

프뤼돔은 『파리의 혁명』(192호)에서 파리 코뮌과 최고행정회의(특히 전쟁장관 뵈르농빌)가 감시활동을 부지런히 했고, 피니스테르 도의 연맹군이 국민공회를 잘 지켜주었으며, 더욱이 파리의 모든 구가 반대하고 감시를 게을리하지 않았기 때문에 봉기가 실패했다고 분석했다.

의원들이 안보조치에 대해 논의하고, 전쟁장관이 제출한 자료를 읽고 토론하는 동안 입법위원회의 르사주가 혁명법원 조직법안의 요점을 보고했고, 잇따라 외르의 랭데Robert-Thomas Lindet가 다른 안을 정리해서 보고했다.

특별법원의 판사 아홉 명은 국민공회가 임명한다. 그들은 어떠한 형식의 명령도 받지 않는다. 그들은 모든 수단을 써서 증거를 확보할 수 있다. 판사 한 명은 언제나 고발을 접수한다. 법원은 국민공회가 명령한 사건을 심판한다. 법원은 시민정신이 부족해서 자기 임무를 소홀히 한 사람, 그릇된 행동·글·의견으로 악영향을 미친 사람, 구체제에서 차지한 위치로 전제정의 특권을 상기시키는 사람을 직접 기소할 수 있다.

다수의 몽타뉴파 의원들은 한층 더 급진적인 랭데의 안을 당장 심의하자고 요청했지만, 우파·중도파 의원들은 반대했다. 지롱드의 베르니오Pierre-Victurnien Vergniaud가 의미심장하게 말했다.

"베네치아의 종교재판보다 1,000배나 무서운 법원을 설치하자고 제안하는데, 우리는 죽으면 죽었지 동의할 수 없습니다. 정 그렇다면 두 가지 안을 놓고 토론해봅시다."

수많은 의원이 토론을 그만하자고 외쳤고, 멘에루아르의 라레블리에르레포Louis-Marie La Révellière-Lépeaux는 호명투표를 실시하자고 제안했다. 로의 몽메유Hugues-Guillaume-Bernard-Joseph Monmayou는 특별법원을 두려워할 자는 오직 반혁명분자뿐이라고 선언했다. 이제르의 아마르Jean-Pierre-André Amar는 특별법원이 인민을 구할 유일한 방법이며, 만일 설치하지 않으면 인민이 봉기해서 적들을 직접 무찔러야 할 것이라고 말했다. 에로의 캉봉은 특별법원에 혁명적 권한을 주려는 것을 공격할 마음이 없지만, 국민공회가 뽑은 아홉 명에게 그러한 권한을 주는 것이 현명한지 의심한다고 말했다. 인민이 선거로 대표를 잘못 뽑듯이, 의원들도 모사꾼을 판사로 뽑을 가능성이 있으며, 더욱이 판사들이 매수당해서 혁명적 권한을 남용할지 모르기 때문에 국회가 그 권한을 가져야 한다고 말했다. 또 설전이 벌어졌다.

파리의 비요바렌은 캉봉의 의견에 동의하면서 특별법원 판사를 8월 17일의 법원 판사처럼 구민들이 뽑도록 하자고 제안했다.* 의원들은 파리 시민들이 뽑는 판사들이라고 이해했기 때문에 흔쾌히 동의하지 못했다. 비요바렌은 의원들이 술렁거리는 소리를 듣고 자신이 말한 구민들이란 "공화국의 모든 구민"이라고 해명했다. 의원들은 저녁 6시 반에 오전회의를 끝내기 조금 전에야 비로소 랭데의 안을 우선 다루기로 합의하고 한 시간의 휴식을 취했다. 휴식시간을 이용해서 방타볼은 자코뱅협회에 가서 국민공회의 하루 일과를 보고했다. 그의 말에서 특별법원의 필요성이 잘 나타났다. 9월 학살 같은 혼란을 막으면서 국가가 그 같은 일을 대신해야 한다는 논리다.

"혁명법원을 애국자들로 구성해야 합니다. 우리가 외국의 폭군들을 물리치는 동안 우리의 아내와 자식들의 목을 졸라 죽일 반역자들을 겁먹게 하기 위해, 혁명법원을 인정사정없이 신속하게 가동해야 합니다."

국민공회에서 들라크루아가 의장대행으로 저녁회의를 개회했다. 의원들은 저녁에 예정했던 청원을 다음 날 받기로 하고 특별법원 문제를 논의하기로 했다. 의원들이 제1장의 3개조를 차례로 심의하고 통과시킨 뒤, 뒤엠은 특별법원 조직법을 더 깊이 논의하기 전에 그 법원을 설치하는 데 반대하는 사람과 찬성하는 사람부터 가려내자고 제안했다. 그는 혁명을 수행하는 데 "어중간한 조치"를 취할 수 없으며, "인민에게 헌신하려면 목표를 향해 곧장 나아가야 한다"고 단호히 말했다. 의원들은 곧바로 찬반토론을 벌였다.

베르니오는 자유를 말살하기 위해 자유를 들먹이는 자가 누구인지 알기 위해서라도 호명투표에 찬성한다고 말했다. 파리 시장 파슈와 국민방위군 사령관 상테르가 잠시 파리의 치안상태에 대해 보고했다. 그들은 파리가 평온하고, 치안유지에 필요한 조치를 취했기 때문에 안심해도 좋다고 말했다. 그런데 사령관은 "왕이 필요하다. 필리프 에갈리테가 적임자다"라는 말

---

* 제8권 제1부 5장 "9월 학살"을 참조할 것.

이 은밀히 돌아다닌다고 말했다. 이것은 왕당파의 음모일까, 아니면 몽타뉴파를 흠집 내려는 정적들의 음모일까? 두 가지 경우 모두 일차적으로 타격을 입을 사람은 필리프 에갈리테였다. 그가 과연 공화국에서 왕의 적임자로 떠오르는 것을 달갑게 여겼을까? 사령관은 파리 시내 곳곳에 병력을 배치했고, 특히 그레브 광장에 9,000명을 대기하도록 했으니 안심하라고 말했다. 의장이 시장과 사령관에게 감사의 말을 했다. 랭데는 파견의원들이 혁명법원 설치법을 가지고 출발할 수 있게 서두르자고 말해서 지지를 받았다. 랭데는 파견의원들이 임무를 수행할 때 방해하고 혼란을 부추기는 자들을 혁명법원에 넘길 권한을 행사하게 하자는 뜻이라고 강조했다.

혁명법원을 설치하는 중대한 문제를 하룻저녁에 모두 다루기란 어려웠지만 의원들은 최종 합의를 이끌어냈다. 랭데는 10일에 토론하고 합의한 내용을 정리해서 이튿날 최종 문안을 발표했다.

제1장. 특별형사법원의 구성과 조직

1조. 특별형사법원un tribunal criminel extraordinaire을 파리에 설치한다. 그것은 반혁명 시도, 공화국의 자유·평등·통일성·불가분성을 해치는 음모, 국내외 안보를 해치고 왕정을 복구하려는 음모, 인민의 자유·평등주권을 파괴하는 권위를 수립하려는 음모를 적발하고, 거기에 관계한 민간이나 군의 공무원 또는 일반인을 기소한다.

2조. 법원은 배심원단과 판사 다섯 명으로 구성한다. 배심원들이 평결한 뒤, 판사들은 심리를 진행하고 법을 적용한다.

3조. 판사들은 세 명 이상 합의할 때만 판결을 내릴 수 있다.

4조. 가장 먼저 뽑힌 판사가 재판장이 되고, 재판장이 없을 때 가장 연장

자가 주재한다.

5조. 국민공회가 투표를 거쳐 표를 가장 많이 얻은 사람부터 판사로 임명한다. 가장 적은 표를 얻은 판사라 할지라도 최소 네 표 이상은 얻어야 한다.

6조. 또한 법원에는 검사 한 명과 대리 두 명을 둔다. 국민공회는 판사를 뽑는 방식으로 그들을 뽑는다.

7조. 국민공회는 내일 회의에서 파리 도와 그 주위의 4개 도에서 배심원 열두 명을 임명한다. 배심원이 기피신청이나 병 때문에 임무를 수행하지 못하는 경우에 대비해서 배심원을 배출한 도마다 예비 배심원을 네 명씩 뽑는다. 배심원단은 5월 1일까지 임무를 수행하며, 국민공회는 그들 다음에 헌신할 배심원단을 모든 도의 시민 중에서 뽑는다.

8조. 지난 8월 11일의 법으로 정한 모든 시정부와 행정 단위에서 맡았던 국가안보에 관한 치안기능을 이 법의 1조에서 규정한 범죄와 범법행위로 확대한다.

9조. 국민공회는 각 행정 단위에서 작성한 고소·증거조사·체포에 대한 보고서를 접수한 뒤 의원들로 구성한 조사위원회에서 검토해 보고하게 한다.

10조. 국민공회는 의원 여섯 명으로 조사위원회를 구성해서, 고소·증거조사·체포에 대한 모든 문서와 증거품을 검토해 보고하는 한편, 소장을 작성해서 특별법원에 제출한 뒤, 심리과정을 감시한다. 또한 특별법원에 보내는 모든 사건에 대해 검사와 판사들과 긴밀히 소통하며, 그에 관해 국민공회에 보고한다.

11조. 피고인은 배심원을 한 명 이상 기피할 수 있다. 이 경우 기피 사유를 밝혀야 하며, 특별법원은 24시간 이내로 그 사유의 타당성을 판단해야 한다.

12조. 배심원들은 공개적으로 평결하며, 평결은 과반수로 결정한다.

13조. 판결은 파기법원에 상소할 수 없는 최종심이다.

14조. 피고인이 3개월 동안 법정에 출두하지 않고 도피한 경우, 망명자로 간주하고 신체나 재산에 대해 망명자 처벌법을 적용한다.

15조. 판사들은 서기 한 명, 집행관 두 명을 과반수 투표로 뽑는다. 판사들은 서기에게 보조원을 두 명 붙여준다.

제2장. 형벌

1조. 피고인의 범죄를 확증한 경우, 판사들은 형법전과 후속법에서 정한 형벌을 부과한다. 경범죄를 저지른 피고인에 대해서는 경범재판소에 회부하지 않고 특별법원에서 판결한다.

2조. 사형언도를 받는 자의 재산은 공화국에 귀속하지만, 과부와 자녀에게 따로 재산이 없을 경우 그들의 생계수단으로 이용한다.

3조. 형법전과 후속조치에서 예상하지 못한 범죄나 경범죄를 저질러 법적으로 처벌할 수 없는 자, 공화국의 거주자로서 시민정신이 부족해 소요와 분란의 대상이 되는 자에게 유배형을 내린다.

4조. 행정부는 법원의 부지를 마련해야 한다.

5조. 판사·서기·보조원·집행관의 보수는 파리 도의 형사법원의 예를 따른다.

2월과 3월 초의 위기를 겪으면서 국민공회는 기존의 모든 법원이 너그럽기 때문에 위험에 처한 공화국을 구하기에는 부족하다고 생각했고, '특별형사법원'을 빨리 조직해서 혁명의 목적을 달성하려고 노력했다. 의원들은 랭데가 판사 아홉 명으로 법원을 구성하자고 제안했던 데서 출발해, 결국 혁명의 산물인 배심원단을 두는 법을 통과시켰다. 5월 1일, 전국에서 배심원들을 뽑을 때까지 파리와 주변의 4개 도에서 배심원들을 뽑아 배심원단을 꾸리기로 했다. 국민공회가 판사를 뽑고 임명하는 일을 주관하는 조항은 특별법원에 대한 주도권을 유지하려는 뜻이었다. 12일 화요일에 의원들은 제1장 7조에서 규정한 대로 파리 시에 인접한 4개 도를 센에마른·센에우아즈·외르에루아르·파리로 결정했다. 이튿날에는 판사 다섯 명과 예비판사 세 명, 검사 한 명과 검사보 두 명, 배심원 열두 명과 예비배심원을 임명했다. 15일 금요일에는 제1장 10조에서 정한 대로 조사위원 여섯 명과 예비위원 여섯 명을 임명했다.

초기에 판사와 검사 가운데 사임하는 사람이 생겼지만, 혁명법원은 새로운 시대를 열어나갔다. 더욱이 10일에 혁명법원 설치에 합의해나가는 과정에서 "국민공회는 배심원단을 설치하는 원칙을 유지하되 뛰리오가 제안한 수정안을 채택했다." 그것은 앞으로 무서운 위력을 발휘할 내용이었다. "배심원들은 공개투표에 의한 과반수로 의사결정을 한다." 양심과 이성에 의한 판단을 공개하는 일은 과연 바람직한 것일까? 민주주의 제도가 정착한 시대에도 비밀투표의 원칙을 존중하는 까닭은 소수 의견을 박해할 가능성이 늘 존재하기 때문이다. 이렇듯 마음을 공개하는 일은 자신이 부끄럽게 여기는 과거를 억누르거나 지울 뿐 아니라 필연적으로 미래를 염두에 두고 현재를 억누를 가능성을 가진다! 그러니 아직 민주주의를 정착시키지 못한 시대에 누가 감히 정치적 풍향계가 가리키는 방향을 무시할 수 있겠는가! '특별형사법원'은 이렇게 해서 공포정의 도구가 될 수 있는 조건을 갖추었다.

4
뒤무리에의 반역

국민공회 의원들은 루이 16세를 처형한 뒤 더욱 분열했다. 급진적인 의원들은 파리의 구민들이나 각 도민을 상대로 병력을 확충할 필요성을 설득할 의원을 뽑을 때는 루이의 처형을 유예하거나 국민에게 가부를 묻자고 했던 의원을 배제하자고 주장했다. 자코뱅협회도 그러한 영향을 받았고, 회원들은 공공연히 지롱드파나 브리소파를 공격했다. 장관들이 모이는 최고행정회의도 3월 초부터 국내의 혼란을 주시하면서, 특히 파리에서 일어난 일의 원인을 밝히려고 노력하고 있었다. 13일에 국민공회에서 법무장관이면서 내무장관을 겸직한 가라는 봉기위원회comité d'insurrection가 존재했다고 보고했다. 3월 초하루에 르벨(또는 라벨Revel ou Ravel)이라는 사람이 내무부로 찾아와 파리 코뮌의 집에 48개 구의 위원들이 운영하는 감시위원회comité de surveillance générale가 있으며, 곧 전국 모든 도의 위원들도 참여할 것이라는 사실과 함께, 감시위원회가 모든 시·도의 관리와 장관들, 국민공회, 특히 생필품에 관한 일을 감시하고, 실질적인 평등, 다시 말해 재산상의 평등을 구현하는 일에 매진한다고 말했다.

가라는 르벨을 통해 더 많은 정보를 수집했다. 가라가 9일 밤에 소란스러운 일이 벌어졌다는 보고를 듣자마자 외무장관과 재무장관을 만났다. 외무장관은 자기 휘하의 사무원에게 들은 사실을 얘기했다. 사무원은 자코뱅협회 사람들이 두 패로 나눠, 한 패는 장관들을 찾아가고, 다른 패는 국민공회에서 루이 카페의 판결에 대해 국민의 의견을 묻자고 했던 의원들을 숙청하자고 의논했으며, 또한 국민공회의 우파를 고소하는 안도 있었다고 장관에게 보고했다. 뒤부아 크랑세가 이 추악한 일을 저지르면 안 된다고 외쳤지만, 그들은 코르들리에 협회로 갔고, 그들의 뒤로 사람들이 따라붙었다. 최고행정회의는 긴급히 대응책을 마련했다. 내무장관이 북을 쳐서 위급한 상황을 널리 알려야 한다는 안이 나왔지만, 안을 검토해본 결과 가라에게는 그럴 권한이 없다는 이유로 부결했다.* 그보다는 도 행정관, 시정부 관리, 국민방위군 사령관을 최고행정회의로 불러들이는 편이 낫다는 의견이 있었지만, 사람들이 최고행정회의를 폐지하려 하고, 특히 전쟁장관과 재무장관을 위협하고 있기 때문에 위험하다고 판단했다. 그래서 장관들은 직접 파리 코뮌으로 가기로 결정했다. 파리 코뮌에서는 파리 울타리를 폐쇄하는 문제를 논의하던 끝에 국민공회가 결정하는 대로 따른다고 의결했고, 장관들은 상식적으로 옳은 결정을 내렸다고 판단했다. 그리고 앞에서 보았듯이 파리 코뮌과 최고행정회의의 감시활동 덕에 봉기를 막을 수 있었다.

3월 10일, 국민공회에서는 '특별형사법원'(혁명법원)을 설치하는 문제를 다루는 도중에 뒤무리에 장군이 벨기에와 리에주의 파견의원들**에게 보낸 편지 세 통을 읽었다. 3일자 편지에서 뒤무리에는 비록 엑스라샤펠을 포기하고, 마스트리트 공격을 멈추고 수세에 몰렸지만, 드플레르vicomte de Flers 준장의 병력을 안트워프에 집결시켜 2주 안에 공세를 취할 수 있다고 장담했고, 4일자 편지에서는 브레다Breda의 북쪽 20여 킬로미터에 있는 헤르트뢰덴베르흐Geertruidenberg를 오후 4시에 함락시켜 앞으로 네덜란드를 공격할

---

* 법무장관이며 내무장관을 겸직했던 가라는 이튿날(14일)에 실시한 투표에서 520표 가운데 300표를 얻어 정식으로 내무장관이 되었다. 뵈르농빌은 530표 가운데 336표로 전쟁장관이 되었다.
** 카뮈Camus·고쉬앵Gossuin·메를랭 드 두애Merlin de Douai·트렐라르Treilhard였다.

길을 열었다고 알렸다. 그는 그곳으로 가서 직접 전쟁을 지휘하겠다고 장담했다.

로베스피에르는 전방의 암울한 소식을 듣고 의기소침할 필요가 없으며, 다시 한번 전열을 가다듬어 잘 싸우면 될 일이라고 하면서, 조국의 수호자들의 열의만으로 전쟁에 이길 수 없으니, 국민의 대표들이 용기와 지혜를 보태야 한다고 말했다. 그는 의원들이 30만 명을 징집하면 문제를 해결할 수 있다고 보지만, 자신이 생각하기로는 모든 혁명운동을 한군데서 일관성 있고 충실하게 관장할 필요가 있다고 강조했다. 제아무리 병사들이 애국심으로 열심히 싸운다 해도, 지휘관들이 근무를 소홀히 하거나 정위치를 이탈하거나 심지어 도주나 망명을 하고서도 처벌을 받지 않는다면 어떤 심정이겠는가? 그는 전쟁장관의 보고만 듣고 말았다면, 그리고 벨기에 지방의 파견의원인 들라크루아와 당통의 보고를 듣지 않았다면, 엑스라샤펠에서 무슨 일이 일어났는지 아직도 파악하지 못했을 것이라고 강조했다. 장관들의 최고행정회의는 현실을 제대로 파악하지 못하며, 또 국민공회와 긴밀히 협조하지도 못하기 때문에 국내외의 적에게 올바로 대처할 방법을 마련하기 어려웠다.

"모든 분야를 통할統轄할 정부가 필요합니다. 국민공회와 최고행정회의 사이에 존재하는 장벽을 무너뜨려야 합니다. 그래야만 행동의 통일을 기해 정부가 힘을 발휘합니다."

당통이 연단에 올랐다. 그는 "불이 나면 가구를 옮기려고 우왕좌왕하기보다 불부터 꺼야 한다"는 비유를 든 뒤에, "우리가 자유를 원한다면 목숨 걸고 싸울 것이며, 자유를 원치 않으면 죽어야 한다, 왜냐하면 자유가 아니면 죽음이라고 맹세했기 때문"이라고 말해서 모든 사람을 감동시켰다. 그는 뒤무리에 장군이 이미 3개월 전부터 정부와 국방위원회에 겨울이면 네덜란드를 침공하고 영국에 선전포고를 해야 한다고 경고할 만큼 선견지명이 있었다고 말했다. 그는 이제 영국 내각이 적의 중심에 있다고 강조한 뒤, 프랑스가 네덜란드를 자유롭게 해방시키면, 영국민을 지배하는 상업귀족이 전제주의적 전쟁을 수행하는 내각을 무너뜨리고, 결국 상업적 이익을 추구하는 자유의 당파가 권력을 잡을 것이라고 진단했다. 그는 의원들에게 이제는 논의만 하지 말고 행동에 나서야 하며, 당장 파견의원을 출발시키라고 촉구했다. 그는 파견의원들이 떠나면 어느 한 파벌이 약해질까봐 두려워하겠지만 그렇다고 해서 할 일을 하지 않을 수 없다고 말했다.

"네덜란드를 정복합시다. 영국에 공화당을 되살립시다. 프랑스를 앞으로 나아가게 만듭시다. 그렇게 해서 후손에게 영광을 물려줍시다. 이 위대한 운명을 성취합시다. 토론이나 말다툼은 하지 말고, 자유의 물결을 따라갑시다. 그러면 조국을 구할 수 있습니다."

3월 12일 화요일에 푸아소니에르 구의 의용군이 전방으로 떠나기에 앞서 국민공회에 들러 회의장을 한 바퀴 돌고 난 뒤, 구의회 의장 피카르Picard가 한바탕 연설을 했다.

"국민공회는 인민이 기대하는 만큼 열정을 다하지 않았습니다. 뵈르농빌은 장관이 되어서는 안 될 사람이었습니다. 그는 전혀 미쁘지 않은 사람입니다. 나는 이곳에 온 시민들을 대표해서 그의 해임을 요구합니다. 장군들은 자기 위치를 지키지 않습니다. 그들의 잘못 때문에 우리의 전위부대가 공격을 받고 패배했습니다. 나는 뒤무리에와 참모들을 기소해달라고 요구합니다."

여러 의원이 발끈했다. 코레즈의 리동은 푸아소니에르 구가 중상모략을 한다고 비난했고, 역시 코레즈의 페니에르Jean-Augustin Pénières는 당장 피카르를 체포하라고 말했다. 그러나 바르의 이스나르Maximin Isnard는 정치적 이

견도 끝까지 경청해야 한다고 주장했고, 동생 로베스피에르가 지지했다. 의장은 의용군이 맹세를 하고 회의장을 한 바퀴 돌고 싶다는 요청을 했다고 고지했다. 타른의 라수르스는 그들이 오늘 중으로 6리외(24킬로미터)를 행군해야 하기 때문에 연설자 피카르의 처리에 대해 토론하기 전에 출발할 수 있도록 맹세를 시켜야 한다고 설명했다. 이욘Yonne의 부알로Jacques Boilleau는 그들이 출발하기 전에 뒤무리에의 누명을 벗겨줘야 한다고 주장했다. 가르의 샤잘Jean-Pierre Chazal은 푸아소니에르 구 의장 피카르가 귀족주의자라고 말해서 한 번 더 물의를 빚었다.

외르에루아르의 들라크루아는 뒤무리에의 정당성을 입증하는 것이 목적은 아니겠지만, 공화국이 언젠가 그에게 빚을 많이 졌다는 사실을 알게 될 것이며, 국민공회는 그에 대한 평가가 푸아소니에르 구민들이 아니라 구민회의 의장의 평가임을 알아야 한다고 말했다. '인민의 친구' 마라는 구 의장이 악당이라고 거들었다. 아직까지 국민공회에서는 뒤무리에가 완전히 신임을 잃지 않았음이 분명하다. 들라크루아는 더욱이 구 의장이 영향력을 행사하기 때문에 대표가 연설한 내용도 경계심을 가지고 들어야 하고, 여기 온 모든 병사가 그 사실을 부인하지 않을 것이며, 이 용감한 의용군들이 도축장에 간다고 믿었다면 감히 전방으로 떠나려 하지 않았을 것이라고 설명했다.

"구 의장이 얼마나 황당한 반응을 보이는지 증명할 사실을 말씀드리겠습니다. 그는 벨기에군의 전위부대가 패퇴했다는 이유로 뒤무리에 장군을 기소하라고 요구했습니다. 그러나 뒤무리에는 이제 벨기에군을 지휘하지 않으며, 네덜란드 원정군을 지휘하고 있습니다. 여러분은 뒤무리에가 승승장구하고, 인민들을 해방시키고, 브레다와 헤르트뢰덴베르흐를 차례로 점령했다는 소식을 듣고 있을 때, 그를 기소해달라고 요구하는 사람이 있습니다. 뒤무리에와 50리외나 떨어진 곳에 있는 병력의 지휘관들이 무능하거나 반역으로 전위부대를 패퇴하게 만들었다는 이유입니다. 뒤무리에를 얼마나 증오하면 이런 식으로 모략을 하겠습니까? 자유를, 공화국을 증오해야 가능한 일입니다. 조국을 배반하지 않으면 할 수 없는 일입니다! 구민들은 진짜 애국자이므로 그분들의 명예를 찾아줘야 합니다. 그러나 그들에게 백합꽃·적백기赤白旗·흰 목도리를 주면서 그릇된 길로 안내한 사람들이 시민정신의 표본처럼 행동하는 것을 보았습니다."

들라크루아의 말을 들은 의원들과 방청객들은 모두 화를 냈다. 그리고 푸아소니에르 구 의용군들도 그제야 자신들의 진정한 감정과 반대의 상징물들을 지니고 있다는 사실을 알아차리고 불안한 눈길을 서로 주고받았다. 그들은 곧 자유의 상징을 볼 수 없다는 사실에 분노해서 깃발을 들고 있는 사람을 둘러싼 뒤, 창을 분지르고 천을 갈기갈기 찢고 짓밟았다. 방청객 중에서 툴롱에서 온 플로케 부인이 삼색 허리띠를 풀어 의용군에게 던져주었고, 연맹군인 장루이 쿨롱은 붉은 프리기아 모자를 제공했다. 의용군은 곧 모자와 삼색띠를 깃대에 걸고 다시 정렬하고 나서 국민공회 의장을 따라 맹세한 뒤 열렬한 환호성을 들으면서 회의장을 한 바퀴 돌았다. 의원들은 들라크루아가 제안한 대로 푸아소니에르 구 의용군과 툴롱의 플로케 부인, 그리고 연맹군 장루이 쿨롱의 행동을 회의록에 남기기로 했다.

그날(3월 12일), 국민공회에서 파리의 푸아소니에르 구의회 의장이 자신을 체포하라고 요구한다는 사실을 전혀 알 길이 없는 뒤무리에 장군은 벨기에의 루뱅Louvain에서 국민공회 의장에게 편지를 썼다.

"의장님, 인민의 구원이 최상위법입니다. 나는 지금 네덜란드의 심장부로 들어가기 직전에 인민의 안위를 위해 눈물을 머금고 승리를 포기했습니다. 벨기에에서 역경을 맞은 병력을 구하기 위해서입니다. 그들이 실패한 물리적 이유와 정신적 이유를 지금부터 솔직하게 알려드리고자 합니다."

뒤무리에는 파슈가 전쟁장관일 때 군 조직을 무너뜨렸고, 그 결과가 벨기에에서 프랑스군이 고전하는 원인이라고 비판했다. 그는 "파슈와 그가 임명한 아센프라스Jean-Henri Hassenfratz는 파리 시정부의 요직을 맡았고, 그때부터 수도는 롱바르 길rue des Lombards에서 피와 살육의 무대로 거듭 태어났다"고 하면서 파슈가 전쟁부뿐 아니라 파리까지 망쳤다고 말했다. 뵈르농빌 장군이 그 뒤를 이어 전쟁장관이 된 뒤에야 비로소 병력을 모집하고 필요한 일을 정비하느라 전념하기 시작했음에도 군대가 완전하게 정비되지 못한 대가를 톡톡히 치르고 있다. 더욱이 뒤무리에는 에로의 캉봉이 벨기에를 수탈하는 정책을 수립했음을 비판했다. 그는 자신이 지난해 말에 국민공회에 보고서를 네 개나 제출해서 닥쳐올 미래를 예언했을 때, 캉봉이 모두 형편없는 내용으로 폄훼했다는 사실에 원한을 가진 것 같았다. 그는 한술 더 떠서 국민공회의 재정정책에 맞서면서 마치 벨기에의 수호자처럼 행세했다. 그는 벨기에가 자발적으로 프랑스에 합병을 바란 듯이 생각한다면 오해라고 꼬집었다.

19세기 역사가 루이 블랑Louis Blanc은 뒤무리에가 이미 반역을 마음먹고 편지를 썼다고 말했다. 블랑의 말대로 "칼을 뽑을 태세인" 뒤무리에의 편지는 오만불손했다. 국민공회의 국방위원장인 샤랑트앵페리외르의 브레아르 Jean-Jacques Bréard l'aîné는 서둘러 당통과 들라크루아를 불러서 그 편지를 읽어주었다. 벨기에의 파견의원이었던 두 사람은 뒤무리에의 속내를 파악했다. 들라크루아는 편지를 공개하지 말아야 하며, 뒤무리에가 군에 꼭 필요한 인물이라고 강조하고 나서, 만일 그에 대한 기소법을 통과시킨다면 그 대신

자기 머리를 바치겠노라고 장담했다. 당통은 들라크루아와 함께 벨기에로 가서 뒤무리에에게 편지를 철회하라고 설득하겠으며, 그가 거절한다면 기소 법안을 발의하겠다고 말했다.

국민공회는 당통과 들라크루아를 급히 뒤무리에 곁으로 파견했지만, 뒤무리에에게서 얻어낸 것은 거의 없었다. '방데의 난'이 브르타뉴 지방으로 퍼질 때 국민공회가 모든 반란자에게 사형을 내린다는 법을 통과시키면서 혼란을 수습하려고 애쓰는 동안, 벨기에에서는 뒤무리에가 프랑스를 위한다는 명분을 앞세우면서도 전쟁에 전념하지 않았기 때문에 의원들의 의심을 사기에 충분했다. 그럼에도 국방위원회는 당분간 뒤무리에의 편지를 의원들에게 비밀에 부치기로 결정했다.

3월 13일에 지롱드의 베르니오는 '봉기위원회'에 대해 발언했다. 그는 '봉기위원회'를 로마 공화정을 뒤집어엎으려던 카틸리나Lucius Sergius Catilina 의 음모에 비유했다. 그는 시모노를 살해한 자들을 사면했던 예를 들면서, '봉기위원회'의 혼란을 수습하고 주모자와 하수인을 붙잡은 뒤에 사면해준다면 공화국을 망친다고 강조했다. 그는 고대 그리스의 입법가 솔론Solon 이래 국가 운영의 기본 원칙인 신상필벌을 염두에 두어야 한다고 생각했음이 분명하다. 그는 생필품의 품귀현상을 구실로 봉기한 사람들을 용서해준 뒤에 또다시 같은 구실로 공화국을 혼란에 빠뜨릴 음모가 싹트며, 터무니없는 청원과 중상비방이 난무하게 된다고 설명했다.

"이처럼 범죄에서 사면으로, 사면에서 범죄로 이어지는 가운데, 대다수의 시민은 선동적인 봉기를 자유의 위대한 봉기와 혼동하고, 도적떼의 주장을 자유를 향한 열정의 폭발로 혼동하며, 약탈을 안보의 조치로 생각하게 됩니다."

베르니오는 그동안 일어난 일을 장황하게 나열한 뒤에 다섯 가지를 요구하고 연단에서 물러났다.

1. 최고행정회의는 봉기위원회와 3월 9·10·11일에 일어난 사건에 대해 보고할 것.
2. 봉기위원회에서 활동한 주모자, 특히 데피외와 라주스키를 체포할 것.
3. 파리의 모든 구와 코르들리에 협회는 회의록을 제출할 것.
4. 포고문을 반포해서 반혁명 책동을 인민에게 소상히 밝힐 것.
5. 법무장관은 3일마다 음모의 주모자들의 재판에 대해 보고할 것.

마라가 연단에 올라 누구처럼 박수나 구걸하려고 장황하게 떠들어 국민공회를 마비시키는 일은 하지 않겠다고 비꼬고 나서, 베르니오의 연설이 심어준 환상을 한 번에 날려주겠다고 장담했다. 그는 조국을 구할 마음이 없는 부류와 조국을 구할 방법을 모르는 부류가 있다는 사실에 몹시 가슴 아프다고 말해서 극좌파 의원들과 방청객들의 열렬한 지지를 받았다. 그는 우파를 가리키면서 그들이 방황한 것을 범죄시하지 않겠지만, 그들을 방황하게 만든 자들을 원망한다고 말했다. 그는 루이 카페의 사형에 대해 인민의 승인을 받자고 주장하고 투표한 자들이 내전을 원했지만, 대중은 거기에 분노했다고 설명했다. 그는 베르니오의 연설처럼 국민공회와 국민이 분열했다는 사실을 인쇄해서 전국에 알리는 일에는 반대하며, 당장 의용군을 모집하고 정부를 조직하는 데 전념하자고 말한 뒤 박수를 받으며 연단에서 물러났다. 마라의 의도와 달리 의원들은 베르니오의 연설을 인쇄하기로 의결했다.

장소네가 쉬기 위해 가데에게 의장석을 넘겨주었을 때 몽타뉴파 의원들은 또다시 베르니오의 연설에 불만을 품고 잇따라 항의했다. 지롱드의 가로가 마라의 연설문도 함께 인쇄하자고 절충안을 발의하자 몽타뉴파 의원들이 전폭 지지했지만, 중도파와 우파 의원들은 드세게 반대했다. 의원들은 논란 끝에 베르니오와 마라의 연설을 인쇄하는 안을 통과시켰다. 장소네가 의장석으로 되돌아왔다. 베르니오는 국민공회가 최고행정회의의 장관들에게 3월 9일과 10일의 사태에 대해 보고하도록 명령하자고 발의했다. 바레르가 의장에게 그동안의 논의사항을 정리해서 보고하고 나서, 의원들은 두 연설문을 인쇄하는 결정을 철회했다.

몇몇 의원이 봉기위원회의 지도자인 데피외와 라주스키를 체포하는 명령을 내리자고 제안했다. 도르도뉴의 라마르크François Lamarque는 증거도 없이 두 사람을 체포할 수 없다고 맞섰다. 그는 베르니오나 가데가 혁명에 헌신하기 전부터 라주스키는 보르도의 애국협회에서 두각을 나타냈다고 옹호했다. 라주스키는 15일에 자기를 체포하라는 명령에 대해 코웃음 치듯이 말했다. 그는 음모자로 취급받아 영광이며, 앞으로도 언제나 모사꾼들에 저항하는 일을 꾸밀 것이라고 다짐했다.

"나는 국민공회를 존중합니다. 인민이 뽑은 기관이기 때문입니다. 그러나 우리가 뽑은 의원 가운데 반혁명세력에 가담한 몇몇 개인을 내가 어떻게 생각하는지 굳이 밝혀야 합니까? 더욱이 인민은 아직도 끄떡없으며, 애국자들은 모두 전방으로 떠나지 않았으므로, 귀족주의자들을 분쇄할 것입니다."

이렇게 3월 10일에 실패한 봉기를 대하는 의원들의 태도, 그리고 자코뱅협회 회원들의 발언에서 우리는 루이 카페의 처형 이후 더욱 확고해진 분열을 볼 수 있다. 자코뱅협회의 급진파 회원들은 브리소파·지롱드파·롤랑파를 몰아세웠다.

3월 3일 회의에서 콜로 데르부아는 내무장관을 지낸 롤랑Jean-Marie
Roland de La Platière을 여러 가지 혐의로 고발했다. 롤랑은 막대한 돈을 써서
여론을 조작했다. 특히 국민공회가 통과시킨 법과 명령을 반대하는 글을 유
포시켰다. 법을 무시하거나 마음대로 수정했다. 자기가 직접 서명한 문서도
고발하거나 특별 임무를 띤 특사를 위험에 빠뜨릴 수 있는 지침을 내려 정부
에 대한 신뢰를 무너뜨렸다. 애국자들의 편지를 검열하고, 릴의 주민을 모
욕하는 편지를 쓰거나 티옹빌 주민들을 구하는 조치를 거부하면서 북부 국
경지대 주민들의 반감을 사거나 용기를 꺾었다. 직권을 남용해서 반혁명혐
의자들을 기용했다. 최고행정회의에 아무런 설명도 하지 않은 채 영국으로
1,200만 리브르를 송금하고, 망명객들의 귀환을 보호하고, 감옥에서 그들을
석방하는 한편 국유재산을 되찾을 수 있게 해주었다. 게다가 튈르리 궁의 철
제금고를 멋대로 열어 가장 중요한 기밀서류를 빼돌렸다.*

물론 롤랑은 서면으로 혐의를 조목조목 부인하면서 "당신의 터무니없는
고발에 답변을 끝내면서, 나는 국민공회가 내 행위와 회계를 엄정하게 검토
해주기 바란다"고 썼다. 9일에 콜로 데르부아는 징병사업을 촉진하러 출발
하기 전에 위원 네 명을 임명해서 롤랑의 행적을 더 깊이 조사하도록 했다.

13일 수요일에 로베스피에르는 자코뱅협회에서 공화국의 현실에 대해
연설했다. 그는 국민공회가 애국자들을 위협하면서도 여전히 자유의 큰길
노릇을 한다는 믿음을 버린 적이 없지만 올바른 방향을 잃고 있음에 안타깝
다고 강조했다. 벨기에와 네덜란드의 적들이 승리한다는 소식을 듣자마자

---

* 제8권 제2부 3장 "루이의 비밀금고" 참조.

국민공회는 혁명법원을 설치하고 잇따라 좋은 법을 발의해서 대응했지만, 자코뱅협회를 포함한 수많은 민중협회에서 음모자들이 대중을 선동하기 시작했다. 이렇게 간다면 조국을 잃을 위험이 있으므로 선량한 시민들이 뭉쳐야 한다면서, 그는 입법의회 시절의 푀이양파와 국민공회의 지롱드파의 책략을 비교했다. 몽타뉴파 애국자들이 궁지에 몰리고, 모든 온건파가 음모자들과 명분을 공유했다. 베르니오는 국민공회에서 민중협회들이 우파를 제거하려는 음모를 꾸몄다고 고발했다. 그 결과 자코뱅협회 회원 여럿을 고발하는 명령을 통과시켰다.

베르니오와 뷔조 같은 사람들이 교묘하게 민중을 고발하는 법을 통과시키는 데 비해, 몽타뉴파는 조국을 구하는 방법을 제대로 제시하지 못했다. 인민의 권리를 배반한 자들과 싸우려면 여론을 무기 삼아야 한다. 음모자들은 위기를 피하기 위해 경솔한 방법을 쓰다가, 다행히 위기가 지나가면 담대하게 머리를 쳐들고 자유를 공격한다. 라파예트 시절에 겪은 일이 다시 일어나고 있다. 이 말을 들은 사람들이 웅성거리자 로베스피에르는 자코뱅협회에 자신을 적대시하는 세력이 있다면 자신은 더는 회원이 아니라고 일갈했다. 그는 그렇게 배수의 진을 치고서 음모자들이 민중협회를 분쇄하려고 백방으로 노력하는 현실을 입증했다.

"공화국의 여러 곳을 둘러보시면 똑같은 음모와 똑같은 수작을 볼 수 있습니다. 보르도의 국민클럽Club national de Bordeaux은 문을 닫았고, 리옹에서는 귀족주의자들이 영향력을 뻗치고 있습니다. 멘에루아르 도에서 소요사태가 발생하자 국민방위군이 질서를 회복한다는 구실로 민중에게 발포했습니다. 몽펠리에에는 오직 귀족주의자들만 있고, 법의 탈을 쓴 전제주의가 공화국을 깔아뭉개고 있습니다."

로베스피에르는 다음과 같이 연설을 이어나갔다. 지금 진정한 봉기를 그들만큼 두려워하는 사람은 없다. 그러나 그들은 큰 봉기를 막으려고 자잘한 것을 부추길 필요가 있다. 또 위대한 인민이 권력을 행사하는 것을 막기 위해 음모를 날조할 필요도 있다. 몇몇 애국자가 불안해하고 경솔하게 판단하거나 무모하게 행동하는 일은 그들을 도와줄 뿐이다. 음모자들은 앞으로는 소요사태를 벌이고자 한다면서 뒤로는 부추기려 했을 것이다. 그들은 혁명법원을 자코뱅파나 몽타뉴파 의원들이 아니라 조국을 배반한 장군이나 망명객들에게 맡기려 한다. 그들은 거짓으로 기근을 만들어내고 인민에게 총을 쏠 기회를 마련하기 위해 공화국에 매점매석의 체계를 만들 수 없는지 검토했을 것이다.

> 마르세유, 그리고 모든 민중협회와 통신합시다. 마음을 굳게 다잡읍시다. 그들은 이미 사악한 음모자로 인정받았습니다. 이성의 영향력을 시험합시다. 국민에게 경고합시다. 시민들을 하나로 모읍시다. 그러나 신중하게.
> 맹세코 내 조국을 브리소나 브룬스비크, 입에 올리기 싫은 자들의 노예로 만들지 않겠습니다. 우리는 죽을 줄 압니다. 우리는 모두 죽을 것입니다.

모든 사람이 연설을 마치고 연단을 내려가는 로베스피에르에게 아낌없이 박수쳤다. 마라는 단호하게 말했다.

"나는 인민의 대표가 두려움으로 지나친 애국심을 불러일으키는 경고를 승인하지 않습니다. 암, 우리는 죽지 않을 것입니다. 우리는 적들에게 죽음을 선물할 것입니다. 그들을 분쇄할 것입니다."

3월이 되어서 프랑스가 더욱 불안해진 이유는 벨기에 지방의 전황이 나빠졌다는 소식 때문만은 아니었다. 영국에 이어 에스파냐에도 선전포고를 한 뒤, 덴마크와 스위스를 제외하고 유럽 전체를 상대로 전쟁을 수행하게 되었기 때문이다. 2월 24일 '30만 징집법'을 통과시켜 전방으로 병력을 보내는 가운데 만만치 않은 반발에 부딪혔다. "하나이며 나눌 수 없는 공화국"을 굳건히 세워야 하는 시기에 국내외에서 분열을 조장하는 적들과 싸워야 했다. 지방에서는 젊은이들이 징집에 반대하는 집회를 열고 소란을 피웠다. 앙굴렘의 외곽에서 징집에 반대하는 젊은이 150여 명이 모여 시정부를 새로 뽑아 전권을 휘두르게 하겠다고 맹세하다가 진압당하기도 했다. 보르도에서도 무정부주의자들이 빵값을 핑계로 혼란을 조장했다가 국민방위군에 진압당했다. 오래전부터 리옹은 반혁명운동에 휩싸였다. 반혁명세력은 브르타뉴 지방을 흔들었다.

루아레의 부르동Léonard Bourdon은 쥐라Jura의 프로Claude-Charles Prost와 함께 쥐라에 '30만 징집법'을 집행하러 가는 도중 3월 16일에 오를레앙에 들렀다. 무장한 사내 30여 명이 부르동을 강제로 엎드리게 한 뒤 개머리판으로 때리고 총을 겨눴다. 어떤 사람이 "르펠티에를 따라가라!"고 외치면서 옆구리를 총검으로 찔렀다. 다른 사람이 팔과 머리를 찔렀다. 부르동은 간신히 급소를 피하고 코뮌의 집으로 피신했지만, 계속 폭행당했다. 오를레앙 시정부가 개입해서 부르동의 목숨을 구하고, 범인들을 체포하도록 조치했다. 또한 루이 카페 처형 뒤 국민공회 의원직을 사임하고 몽타르지에 정착한 피에르 마뉘엘을 살해하려고 시도한 사건도 일어났다. 파견의원들이나 마뉘엘의 살해미수사건을 보면, 지방의 왕당파가 얼마나 끈질기게 루이 카페를 그리워하고, 루이 17세의 세상을 만들고 싶어했는지 알 수 있다.

그리고 11일부터 방데에서는 반혁명 봉기가 일어났다. 여름이 끝날 때까지 서부지방을 뒤흔든 봉기의 원인은 복잡했다. 대부분 가난한 농촌지역이라서 국유재산을 사고 싶어도 사지 못한 채 인근의 부르주아 계층의 손에 넘어가는 것에 분노를 느꼈으며, 선서 거부 사제와 공감하던 주민들은 특히 '30만 징집법'으로 추첨을 실시하게 되자 들끓기 시작했다. 초보적인 방직공업으로 먹고살던 숄레의 방직공들도 낮은 임금으로 착취당하는데도 도매업자가 영국과 경쟁에서 밀려 일감조차 잘 주지 않는 데 화가 났던 차에 30만 징집법에 반대해서 들고일어났고 10월까지 치열하게 버텼다.

이런 시절에 파리에서도 무정부주의자들이 일으키려던 봉기를 무산시켰다. 무정부주의자들에게 속았던 사람들도 공화국에 헌신하는 줄 알면서 하마터면 음모의 도구가 되어 공화국을 망칠 뻔했음을 깨달았다. 여기서 무정부주의자는 지롱드파가 부르는 이름이며, 몽타뉴파보다 훨씬 급진적이고 과격한 세력이었다. 다행히 3월 12일부터 26일 사이에 파리는 비교적 조용했다. 비교적! 전방에서 군대의 소식을 들은 파리 주민들이 불안해서 술렁거리는 일이 일어났지만 큰 혼란으로 발전하지 않았다는 뜻이다. 팡테옹프랑세 구의회에서 어떤 시민이 일어나 독재자의 위협에서 벗어나야 한다고 외치자, 모든 참석자가 일어나 맹세했다. "독재자·보호자·호민관·3인방·10인방·조종자*를 칼로 찔러 죽이자! 국민주권의 찬탈자를 모두 찔러 죽이자!" 그들은 한걸음 더 나아가 앞으로 8일 동안 저녁마다 이렇게 맹세하는 동시에 다른 구·코뮌·도·국민공회도 맹세에 동참하도록 하자고 의결했다. 국민공

---

* 조종자régulateur는 당통과 로베스피에르가 새로 쓰기 시작한 말이다.

회는 14일 회의에서 열광적으로 이 안을 채택하고 86개 도**와 모든 군부대에 보내기로 의결했다.

후방에서는 징집법에 반발하는 젊은이가 많았지만, 전란의 위험을 더 많이 감지하는 전방의 도시에서는 애국심이 성했다. 엑스라샤펠에서 패배했다는 소식을 듣자마자 릴에서는 2,000명의 가장이 대포 네 문을 끌고 벨기에로 출발했고, 발랑시엔의 젊은이 750명이 대포 두 문을 끌고 당장 몽스로 출발했으며, 그다음 출발할 사람들도 부대를 편성하기 시작했다. 이런 상황에서 구국위원회가 더욱 필요하게 되었다. 3월 18일 월요일에 오트피레네의 바레르는 지난 9월에 압수한 망명객들의 통신문에는 "무정부상태를 만들어야 한다"라는 말이 있었음을 상기시키면서, 혁명의 적들이 무정부주의를 퍼뜨리고자 시민들을 부추겨 유산자들을 공격하게 만든다고 경고했다. 바레르는 오른의 베르트랑 드 라 오디니에르Charles Ambroise Bertrand de La Hosdinière가 망명객들의 재산을 포함한 국유재산을 부자들만 취득하는 불평등을 개선해야 한다고 발의한 데 대해 맞장구를 쳤다. 바레르는 내친김에 한걸음 더 나아갔다.

"나는 이 기회를 빌려 국민공회가 구국위원회를 설치하는 일에 전념해주기 바랍니다. 구국위원회는 최고행정회의와 자주, 긴밀히 소통하도록 해서, 최고행정회의가 결정하는 일을 줄이는 대신 더 많이 행동하게 하며, 특히 모

** 앞에서 보았듯이 프랑스공화국은 니스를 합병해서 알프마리팀 도를 신설했다. 그 뒤에도 신설·분할·합병으로 새로운 도를 만들었다. 1793년 3월 2일에 국민공회는 에노 주민들의 자발적인 의지를 받아들여 에노를 영토에 편입하고 제마프Gemmapp(오늘날의 표기는 Gemappes) 도를 86번째 도로 신설했다.

든 의심스러운 것에 미리 대응하고 모든 불화의 여지를 없애야 합니다. 국민 공회는 매주 공화국의 방어상태에 대해 구국위원회의 보고를 받을 수 있습니다."

의원들은 바레르의 제안을 바탕으로 법안을 기초하기로 의결한 뒤, 타른 의 라수르스가 바레르의 제안에 덧붙여 발의한 대로 파리 시정부와 치안당 국이 3일 안으로 안보위원회에 무뢰한, 반혁명혐의자, 불순한 의도를 가진 자들의 명단을 국민공회에 제출하라는 명령을 통과시켰다.

19일 화요일에 에로의 캉바세레스Jean-Jacques-Régis Cambacérès는 입법위 원회가 마련한 '반혁명자 처벌법안'을 보고했다. 의원들은 이튿날인 20일에 토론을 거쳐 모두 10개조의 법을 통과시키고 전국에 포고하기로 의결했다.

징집에 반대하는 자, 백색 표시나 반란 표시를 다는 사람은 법의 보호를 받을 수 없다. 무기를 소지한 자를 붙잡으면 24시간 안에 형사재판의 집 행인에게 넘겨 범죄사실을 밝힌 뒤 사형에 처한다. 범죄 입증은 형사법 원이나 군사법원과 같은 방식을 따른다. 종교인, 옛 귀족과 영주, 망명 객, 그들의 하수인과 하인, 옛 정부나 혁명기 정부의 공무원으로서 반란 을 부추기거나 이끌거나 중책을 맡아 살인·방화·약탈에 관여한 자를 사 형에 처하고, 그들의 재산을 국고에 귀속시키며, 단순 가담자는 정확한 가담 정도를 파악하고 국민공회가 명령을 내릴 때까지 감금한다. 이 법 으로 사형을 받는 자의 재산을 압류해 빈곤한 사람들의 생활비나 반란 의 피해자들의 보상금으로 쓴다. 치안유지군 지휘관은 반란자의 무장해 제와 해산을 명령하는 포고문을 발표하고, 24시간 안에 명령에 복종하는 자에 대해서는 추적하지 않는다. 반란을 완전히 진압하기 전에 수괴·주

혁명 전부터 여론의 산실 역할을 한 프로코프 카페의 풍경(BNF 소장).

국민공회 연단에서 마라가 지롱드파 의원들의 공격을 받자
자살하겠다고 으름장을 놓는다(BNF 소장).

투기꾼과 고리대금업자는 언제나 앙라제(과격파)의 표적이었다(BNF 소장).

벨기에의 해방자 뒤무리에가 왕정을 되살리려고 국민공회로 달려가는 모습(BNF 소장).

방데 반군의 총에 쓰러진 아버지의 복수를 하는 북치기 다뤼데Darrudder(BNF 소장).

여성과 아이는 혁명 전부터 폭력의 첫 희생자였다(BNF 소장).

과격파들은 매점매석가들이 발 디딜 틈 없이 쌓아놓은 생필품을 본보기로 약탈해도 좋다고 생각했다(BNF 소장).

모자·선동자를 당국에 넘기는 자는 추적하지 않고, 재판에 넘기지도 않는다.

그날 최고행정회의의 법무장관과 내무장관을 겸직한 가라는 법무장관직에서 물러났다. 그렇게 해서 법무부의 총무비서 고이에Louis-Jérôme Gohier가 장관이 되었다. 이튿날인 21일에 의원들은 방데의 난에 대한 보고를 받았다. 방데의 구피요Jean-François-Marie Gupilleau de Fontenay와 센에우아즈의 탈리엥 Jean-Lambert Tallien은 17일에 블루아에서 쓴 보고서에서, 반란자들이 애국자들을 학살하고 숄레 마을을 완전히 파괴한 뒤 진압군이 대거 몰려가 형제들을 구하는 중이지만, 모든 소란이 계속 똑같은 방식으로 번지고 있다고 썼다. 또 19일에 투르에서 쓴 보고서에서는 방데·되세브르·마이엔에루아르의 형제들을 구하려고 충분한 병력을 동원했으며, 이미 앵드르에루아르 도 지도부는 똑같은 조치를 취했다고 썼다.

방데의 난은 특히 3월 18일 월요일에 극도로 격렬했기 때문에 파견의원들은 시시각각 보고를 받고 즉시 대응조치를 취하느라 눈코 뜰 새 없었다. 다행히 인근의 모든 코뮌에서 지원병이 모여 반혁명세력을 무찌르러 떠났다. 그들은 루아르 강에 정박해 있던 배에 나눠 타고 험지로 들어갔다. 그럼에도 반혁명의 기세를 꺾지 못했고 위험은 사라지지 않았다.

전쟁장관 뵈르농빌이 국민공회에서 연설했다. 그는 안보위원회의 경고와 벨기에에 나간 파견의원들의 보고서를 바탕으로 병사들이 탈영하고 약탈과 절도를 계속 자행한다는 사실을 확인한 뒤 조치를 마련했다고 의원들에게 설명했다. 벨기에 주민을 안정시키는 일이 급선무인데 병사들, 특히 탈영병들이 주민의 생존을 위협하는 일을 자행한다는 말에 의원들은 분노했다.

뢰르농빌은 군사경찰에게 탈영자들을 추적해서 잡아들이라고 명령했다고 하면서, 국민공회가 전시戰時의 군법을 한시바삐 마련해달라고 주문했다. 이어서 장관이 제출한 뒤무리에의 편지도 물의를 빚었다.

티넌Tienen, Tirlemont에서 19일에 쓴 장군의 편지는 한마디로 패전보였다. 그는 나뮈르에서 브뤼셀과 루뱅으로 적군 1만 명이 진격하는 소식을 듣고, 네에르빙겐 진지의 적들을 몰아내야 급한 불을 끌 수 있다고 생각해서 적을 서쪽에서 공격할 계획을 세웠다. 그러나 미랑다Miranda와 샹모랭Champmorin 장군의 공격이 실패하는 바람에 프랑스군은 티넌의 후방까지 후퇴했다. 이 과정에서 포병을 지휘하던 여단장 미클랭Miklin이 전사하고, 장성 두 명이 부상했으며, 수많은 병사를 잃었다. 대포도 열두 문 가운데 세 문을 잃었다. 이러한 사실을 알 길이 없는 뒤무리에는 이튿날 승전보를 기대하고 있었다. 이처럼 공격부대 간의 통신이 원활하지 않은 것도 큰 문제였다. 뒤무리에는 미랑다에게 리에주의 생트마르그리트를 지키면서 퇴각하는 부대를 엄호해주라고 명령하는 한편, 부상을 입은 발랑스Valence를 브뤼셀로 보냈다. 그 자신은 루뱅 진지로 돌아가 브뤼셀과 말린Malines(메헬렌)을 엄호하면서 원군을 기다리기로 했다. 그는 다음과 같이 덧붙였다.

"장관님, 군의 조직이 극도로 무너졌습니다. 이 후퇴의 참담한 결과가 두렵습니다. 우리 군은 약탈과 불복종으로 주민들의 반감을 사고 있습니다."

여러 의원이 "마라가 예언한 일이 벌어졌다"고 외쳤다. 비서인 뫼르트의 말라르메François-René-Auguste Mallarmé가 뒤무리에의 편지를 마저 읽었다.

"장관님, 병력을 많이 잃었다고 생각하시겠지요. 손실은 2,000명 정도입니다. 병사들은 세계 최강이었다고 평가하지만 장교가, 경험이 많은 장교가 부족합니다. 장교를 선거로 뽑는 제도를 폐지하라고 건의합니다. 투표가 재능을 보장하지 않으며, 신뢰를 지배하거나 복종을 이끌어내지도 못합니다."

뒤무리에가 말했듯이 민주군대를 만들 필요가 있지만, 군대 안의 민주주의는 참담한 결과를 가져올 수 있다. 의원들은 말라르메가 발랑스와 미랑다의 편지까지 읽는 동안 조용하게 있었다. 칼바도스 의용군이 방문한 뒤, 군인 출신인 가르의 오브리가 군기軍紀문제를 거론하며 군형법을 빨리 정비하자고 촉구하자, 동생 로베스피에르는 장성들이 역적인데 형법이 무슨 쓸모가 있겠느냐고 말했다. 일에빌렌Ille-et-Vilaine의 랑쥐네Jean-Denis Lanjuinais가 전쟁·입법의 합동위원회가 즉시 모여 군사법정을 개혁하고 군형법의 초안을 마련해서 조속히 보고하라고 발의해 통과시켰다.

마라가 연단에 올라서자 여러 의원이 "군대 기강을 무너뜨린 장본인이 나타났다"고 외쳤다. 마라는 아랑곳하지 않고 할 말을 했다.

"배신자인 우두머리는 언제나 자기 실패를 감추려고 애국병사들을 비난합니다. 그리고 불타는 열정으로 전선으로 달려간 사람들을 적대시하는 법을 제정하라고 간청합니다. 정작 도둑놈은 병사가 아니라 몇몇 장교이며, 그들 속에 섞여서 무질서를 조장하는 음모자들입니다. 그러므로 법으로 무겁게 속박해야 할 상대는 군대의 우두머리들입니다."

의원들이 사방에서 술렁대고, 거의 모두 분노하는 분위기에 휩싸였다. 의원들 속에서 "군이 적들에게 매수당했다!"라고 외치는 사람이 있었다. 손에루아르의 마쥐예가 "마라의 말을 끝까지 들읍시다. 그가 언제까지 중상비방만 늘어놓을지. 그는 곧 가면을 벗겠지요"라고 말했다. 마라는 "조국을 구하려면 내 말을 들으세요"라고 받아쳤고, 마쥐예는 "아마도 돈이나 받고 손뼉 치는 사람들이 그의 말을 듣고 호응하겠지요"라고 비꼬았다. 마라는 자신이야말로 나라를 구하려고 애쓰며, 언제나 군 장성들의 계획에 맞섰을 뿐 아나라 우리가 적의 영토에 들어가면 버틸 수 없으므로 차라리 방어에 힘쓰자고 주장한 사람이라고 말했다. 그는 프랑스인을 모두 무장시킬 특별한 방법을 가지고 있으므로, 국방위원회는 자기 말을 귀담아 들어야 한다고 강조했다. 그는 프랑스가 방어태세를 취한다면 결코 지지 않을 것이라고 강조했다. 되세브르의 르쿠앵트 퓌라보Michel-Mathieu Lecointe-Puyraveau는 "마라 같은 사람이 열 명만 있으면 나라가 망하겠다. 마라는 정신착란이다"라고 공격했고, 로에가론의 비달로Antoine Vidalot는 의원들끼리 공격하면서 시간을 보내지 말자고 점잖게 질책했다.

3월 21일 저녁 389명이 참여한 의장 선거에서 엔의 드브리가 278표를 얻어 코트도르의 기통 모르보Louis-Bernard Guyton-Morveau를 167표의 차이로 압도적 승리를 거두었다. 드브리는 선서 거부 사제에 대한 처벌을 논의할 때 '광신Fanatisme'을 뜻하는 'F'로 얼굴에 낙인을 찍어 외국으로 추방하자고 제안했으며, 루이 카페의 재판에서 국민공회의 결정을 국민에게 승인받자는 데 찬성했지만, 사형을 의결한 뒤 집행유예에는 반대한 사람이었다. 그를 뽑은 선거 직후, 비서인 마른의 샤를리에Louis-Joseph Charlier는 '마르세유의 자유와 평등의 친구협회la société des Amis de la liberté et de l'égalité de Marseille'(마르세유 자코뱅협회)가 17일에 작성한 회람과 함께 거기에 동참한 구section의 의견서를 차례로 읽었다. 회람은 루이 카페 재판에서 국민의 의견을 묻는 안에 찬성한 국민공회 의원들을 비판한 뒤, 마르세유의 모든 구민이 그들을 준절히 꾸짖는 내용이었다.

불성실한 의원들이여, 당신들의 배신은 극에 달했다. 당신들은 명예로운 직책을 오랫동안 차지하고서도 임무를 하나도 수행하지 못했으며, 아직 걸음마를 떼지 못한 공화국을 무너뜨리려는 흉악한 꿈만 꾸고 있다. (……) 마르세유 시민들은 이제 당신들을 믿지 않으며, 대표로 인정하지 않음을 선언한다. 우리가 참여하는 국민주권을 가장 유익하게 활용해 당신들에게 대표직에서 물러나라고 명령한다. 우리는 국민공회에서 오직 우리와 함께 조국을 구할 몽타뉴파를 우리의 권리를 보호하는 존재로 인정한다.

비겁한 배반자 의원들이여, 멀리 도망쳐라. 아니면 공화국 인민이 휘두르는 복수의 칼날을 제일 먼저 받으리라. 공화국 인민은 세 번째로 일어나 자신의 권리를 지키기 위해 죽기 살기로 싸울 것이다.

마르세유에는 도시지역에 24개 구와 농촌지역에 8개 구가 있었는데, 그중에서 도시지역의 24개 구가 찬성했고, 마르세유 시정부·마르세유 디스트릭트 지도부·부슈뒤론 도 지도부가 차례로 승인했다. 제10구la section n° 10는 "비겁자들은 내란을 일으키고, 공화국의 자유를 무너뜨리기 위해 국민의 의견을 묻는 데 찬성했다"고 비난하면서, "만일 조국을 배반한 역적들을 국민의 대표로 놔둔다면, 프랑스 인민은 불행해질 수밖에 없다"고 썼다. 제9구의 의견도 비슷했다. 다른 구의 의견도 읽어보자. "진정한 공화주의자가 보기에 낯 뜨거운 인간들을 몰아내 자유의 신성한 땅을 정화하는 것이 시급하다"(제20구), 일부 의원들 때문에 불행해진 시민들은 "회람의 내용에 전적으로 공감하면서, 재산과 생명을 바쳐 자유와 평등을 지키겠다고 다시 한번 맹세한다"(제2구), 이미 비겁자들에게 똑같이 경고한 공화주의 구민들은 "오랫동안 공화국을 치욕스럽게 만든 역적들을 숙청해야 하며, 국민공회가 그들의 반역을 인정한다면 법의 칼로 처단해야 한다고 엄중 선언한다."(제21구)

구민 대다수는 스스로 '공화국 시민citoyens républicains'을 자처하면서, 국민공회에서 선거인의 명령을 어기고 멋대로 투표한 '비겁자'와 '역적'의 비행에 대해 이미 알고 있었으며, 그들을 몰아내야 '내란을 피하고' '조국을 구한다'고 생각했다. 24개 구가 회람의 내용을 전적으로 받아들였기 때문에 특별히 말하지 않아도 몽타뉴파를 인민의 대표로 인정했지만, 특히 제14구의 공화국 시민들은 몽타뉴파를 계속 지지하겠다고 다짐했다.

다수의 의원이 '마르세유의 자유와 평등의 친구협회'의 회람을 인쇄해서 전국의 도에 돌리고 기초의회를 소집해야 한다고 말했다. 비달로가 기초의회 소집에 찬성하자, 바레르는 회람이 현실을 너무 왜곡하고 온당치 못한 의견을 담았다고 비판했다. 그는 회람이 루이 카페 재판 시 두 개 의견이 대립했다고 하면서 국민공회를 분열시키는 한편, 기초의회를 소집해서 두 가지 의견의 대립을 심화시킴으로써 연방주의를 부추긴다고 해석했다. 그는 또한 마르세유 시민들이 몽타뉴파만 인정함으로써 국민공회 의원들이 합의해서 제정한 법을 왜곡하는 수준에 달했다고 비판했다.

"국민의 대표를 극소수 의원으로 한정하고, 그들을 몽타뉴파와 전적으로 동일시한다면, 프랑스 인민 전체를 모독하게 됩니다. 인민의 염원을 제대로 인식하지 못하며, 인민의 대표권을 파괴하며, 주권자에 대해 주권을 마음대로 행사하며, 인민을 대표하는 의원들의 절대다수를 폄훼하게 됩니다. 공화국의 한 부분이 이 위험한 특권을 가질 수는 없습니다. 인민은 직접 도의 의원수를 지정했습니다. 인민은 일부분이 자기 멋대로 또한 다른 부분과 공모해서 그 수를 줄이거나 지정하도록 권한을 준 적이 없습니다.

국민공회는 어느 한편에 있지 않고 이 울타리 안에 존재하며, 그 권리와 의무는 동료 의원 모두에게 있습니다. 우리의 권리와 의무를 약화시키고 분열시키고, 더 나아가 국민의 대표권을 멋대로 바꾸려는 자들은 공공의 적이고 비겁한 음모자입니다. 혹자는 이 회의장의 한쪽 끝에 앉은 의원들을 몽타뉴파로 지칭합니다. 그런데 국민공회 전체는 전제주의와 독재가 범접할 수 없는 산(몽타뉴)이 되어야 합니다. 우리가 있는 곳이면 어디나 산이 있습니다. 음모자와 반혁명가들은 결코 그 산을 오르지 못할 것입니다."

바레르는 '몽타뉴파'를 원뜻의 산으로 바꿔서 모든 의원의 마음을 사로잡았다. 그도 연단에 오르면 쉽게 내려가지 않는 사람이었다. 국민공회에서 가장 급진적인 몽타뉴파에 대해 마르세유 시민들이 노골적인 지지를 표명한 일에 대해 수많은 의원이 바레르를 뒤따라 한마디씩 했다. 결국은 논란 끝에 의원들은 타른의 라수르스가 발의한 안을 받아들였다. 그들은 마르세유의 협회가 발의하고 24개 구가 찬성한 회람은 의견의 자유와 국민대표권의 통일성을 해치고 결국 내란을 촉구할 위험성이 있으므로 국민공회는 승인할 수 없다고 의결하고 그 사실을 모든 도에 공표하기로 했다.

3월 23일 금요일에 퓌드돔의 방칼Jean-Henry Bancal은 「인권선언」의 원칙을 거스르는 제안을 하지 말아야 한다고 운을 떼고 나서, 각부 장관과 각 위원회가 통신망을 구축하고 있지만 충분치 않으므로 최고행정회의와 통신하는 총위원회un comité général가 필요하다고 말했다. 그러나 총위원회는 순전히 감독권만 가져야 하며, 이 위원회 구성원은 최고행정회의에서 의결권을 행사하지 못하게 해야 한다. 그래야 「인권선언」의 원칙을 유지할 수 있다. 그는 구국위원회를 총위원회라 생각하면서, 이 같은 위기의 상황에 비상위원회를 설립할 필요가 있다고 말했다. 그러나 방칼은 이 위원회가 국방위원회처럼 결코 최고행정회의가 가진 국가경영권을 침해해서는 안 되며, 구성원을 매달 절반씩 새로 뽑는 동시에 위원회가 한 달 이상 존속할 수 없게 해야 한다고 발의했다. 의원들은 국방위원회가 18일에 의결한 구국위원회 조직안을 24일에 보고하라고 의결했다. 24일에는 뒤무리에가 지난 12일에 쓰고 당통이 국방위원회에서 철회시키겠다고 약속했던 편지에 대해 국민공회에서 공개하지 말아달라고 부탁하는 편지를 읽었다. 결국 의원들은 27일에 캉봉이 발의한 대로 뒤무리에가 쓴 모든 편지를 28일에 공개하기로 의결했다.

그리고 25일에는 파브르 데글랑틴이 국방위원회의 새 조직법안을 보고했다.

1조. 국방위원회는 스물네 명으로 구성하며, 공화국 내외의 방어에 필요한 모든 법과 조치를 제안한다.

2조. 위원회는 주 2회 이상 최고행정회의의 장관들을 회의에 출석시킨다.

3조. 최고행정회의와 각부 장관은 위원회가 요구하는 정보를 제공해야 하며, 그들이 발동하는 모든 명령에 대해 8일 이내에 위원회에 보고한다.

4조. 위원회는 공화국의 상황과 일반에 공개할 수 있는 위원회 활동에 대해 8일에 한 번씩 국민공회에 보고한다.

5조. 위원회는 날마다 위원 두 명을 지명해서 국민공회가 공화국의 상황에 대해 요구하는 정보를 제공해야 한다.

6조. 위원회는 특별보고 사항이 있을 때마다 국민공회에서 발언할 수 있다.

7조. 위원회는 국민공회에 제출할 법안을 인쇄해서 제출한다.

26일에 의장인 드브리는 새 국방위원회, 일명 '구국위원회'의 구성원 명단을 제출해서 의원들의 승인을 받았다. 1조에서 스물네 명이라 했지만, 스물다섯 명의 명단은 뒤부아 크랑세·당통·장소네·시에예스·기통 모르보·로베스피에르·바르바루·륄Rühl·베르니오·파브르 데글랑틴·뷔조·들마·가데·콩도르세·브레아르·카뮈·프리외르 드 라 마른·카미유 데물랭·바레르·장 드브리·이스나르·라수르스·키네트·캉바세레스였고, 열 명의 예비위원은 트렐라르·오브리·가르니에 드 생트·로베르 랭데·르페브르 드 샤이이·라레블리에르 레포·뒤코·실르리·라마르크·부아예 퐁프레드였다.

같은 날, 자코뱅협회는 전국의 자매협회에 보내는 회람을 발간했다. 내용은 몇 년 동안 반혁명세력의 활동을 되짚는 것으로 시작했다. 특히 1792년에 전쟁이 시작된 후, 프랑스를 와해시킨 왕과 귀족주의자들, 믿을 수 없는 대신들, 반역자 장성들이 나라를 벼랑 끝까지 몰아갔다. 국민의 대표인 입법의회도 나약해서 나라를 구할 수 없었다. 뤼크네르 대원수·뒤무리에·라파예트는 샹파뉴의 평야·베르됭·롱위에서 빌헬름 프리드리히의 군대를 몰아냈지만 철저히 추격하지는 않았다. 만일 그때 끝장을 봤다면 프로이센 군대를 거기에 묻어버렸을 것이다. 그러나 뒤무리에는 적이 국경을 넘어 퇴각하기도 전에 파리로 돌아와 자코뱅협회에서 겸손한 척하면서 자기자랑만 늘어놓았다. 그는 벨기에를 침공할 생각에 들떠 있었고, 실제로 대군을 이끌고 들어갔다. 그는 벨기에의 혁명위원회가 우호적인 덕에 초기에 수많은 이점을 누렸다. 1792년 8월 10일 이후 롤랑·세르방·클라비에르는 브리소와 지롱드파의 지원을 받아 장관이 되었다. 그리고 롤랑은 국민공회에서 세르방의 후임으로 파슈를 천거했다. 이렇게 해서 파슈가 국방장관이 되었지만, 그는 결코 그들이 원하는 대로 행동하지 않았다. 그는 뒤무리에의 측근들을 좋아하지 않았고, 최고행정회의와 국민공회에서 프랑스공화국의 원칙과 파리를 옹호했다. 그 때문에 그는 롤랑·클라비에르·뒤무리에·브리소와 그 일파의 미움을 샀다. 파슈를 공격하는 이 이익집단은 몽타뉴파와 맞서면서 전쟁장관을 뵈르농빌로 바꾸었다. 브리소파, 지롱드파가 그동안 왕과 국민을 화해시키려고 은밀히 노력했던 사실은 왕의 사형에 대해 국민의 의견을 물어보자는 데서 노골적으로 드러났다.

뒤무리에는 벨기에를 정복하는 것에 그치지 않고 네덜란드도 침공했다. 3월 1일, 라누Jean-René de La Noue와 스탕젤Henri Christian Michel de Stengel의 부대 숙영지에서 약 60킬로미터도 안 되는 곳에 적군이 침투해서 엑스라샤펠과 리에주를 점령했다. 뒤무리에는 부랴부랴 벨기에로 돌아가 라누와 스탕젤 대신 최고행정회의에서 파견한 위원들과 공무원들을 문책하고 심지어 민중협회들을 비난했다. 그는 예전에 라파예트가 자신이 지휘하던 지방에서 멋대로 치안법을 발동했던 사례를 본받으려 했고, 국민공회에 민중협회들을 해산시키라고 요구했다. 그는 12일에 국민공회에 무모하기 짝이 없는 편지를 썼지만, 국방위원회가 편지를 공개하지 않았기 때문에 일반인은 오랫동안 그 존재를 알 길이 없었다. 닷새 뒤인 17일에 그의 부하인 미랑다 장군은 적에게 패배했지만, 뒤무리에는 장군을 질책하지 않고 오히려 병사들을 탓했다. 그리고 21일에 국민공회에 편지를 써서 12일자 편지를 의원들에게 보고하지 말아달라고 요청했다. 23일에는 완전히 가면을 벗고 벨기에를 포기하자고 제안했고, 네덜란드 역시 포기했다.

이처럼 샹파뉴에서 벨기에로, 벨기에에서 네덜란드로 옮겨가면서 실수를 연발하다가 다시 벨기에로 돌아온 뒤무리에 장군은 병사들의 피와 프랑스의 국고를 탕진하면서 우리를 배반한 뒤 감히 프랑스 영토에 되돌아오려고 노력할 것이 분명하다. 역적 라파예트는 자신이 저지른 중죄를 감추기 위해 이국 땅으로 넘어가지 않았던가!

자코뱅협회의 회람은 뒤무리에의 반역을 고발하면서, 그가 라파예트보다 더 뻔뻔하다고 비난했다. 회람에 따르면 뒤무리에가 샹파뉴에서 프로이센 왕과, 벨기에에서는 황제와, 그리고 네덜란드에서는 총독이나 영국 왕과 각각 어떤 조건을 내걸고 협상했는지 알 길이 없지만, 아무리 통찰력이 없는 사람도 뒤무리에가 브리소·장소네·베르니오·가데의 정책을 멋지게 뒷받침했다는 사실을 간파할 수 있다. 그들은 국민공회에서, 그리고 신문과 글을 통해서 사사건건 인접지방을 프랑스공화국에 합병하는 데 반대했다. 그들은 자신들의 힘으로 그 목적을 달성할 수 없었기 때문에 이렇다 할 도덕적 원칙도 없는 장군의 믿을 수 없는 전략에 의존하게 되었던 것이다. 새로운 '오스트리아위원회', 더 정확히 말해서 '오스트리아·프로이센·영국위원회'를 구성한 그들은 뒤무리에 장군에게 오스트리아·프로이센과 평화협정을 맺고 빨리 벨기에와 네덜란드를 포기하라고 종용했다. 브리소는 민간인 라파예트이며, 나머지 셋이 그에게 힘을 실어주었다. 뵈르농빌은 해롭지 않지만 무능한 인물임에도 나르본·아방쿠르 같은 전쟁대신들이 계속 주요 임무를 주면서 키웠고, 마침내 전쟁장관이 되었다. 그는 뒤무리에의 작품이다.

회람은 뒤무리에와 브리소 일파의 군사적 실패와 군대의 조직 와해를 분석한 뒤에, 재정문제를 망친 클라비에르의 실책도 지적했다. 클라비에르는 제헌의회·입법의회 시절부터 재정에 관한 안을 끊임없이 제시했지만,* 막상 재무장관이 된 뒤에 무능과 무관심으로 나라를 망치고 있다. 또한 구체제의 우편·역참제도처럼 새로운 제도도 정부와 공모했다는 사실이 분명히 드러

---

* 그는 입법의회 의원선거에서 파리의 예비의원에 뽑히기도 했다.

나고 있는 만큼, 그들을 지휘하고 보호하는 재무장관 클라비에르의 참모습을 꿰뚫어봐야 한다. 파리의 자코뱅협회는 자매협회들에 더는 참지 말고 역적들을 심판하라고 촉구했다.

형제들이여, 그리고 친구들이여, 공화국의 병폐가 극에 달했다. 국민이 일어나야 한다. 모든 도가 자기 의견을 분명히 밝히고, 브리소·장소네·베르니오·가데, 뒤무리에 장군과 여타 장군들, 클라비에르·뵈르농빌, 우편과 역참의 책임자들과 함께 조국을 배반한 모든 공무원을 심판해야 한다.

한편 뒤무리에는 3월 29일에 릴에 있는 북부군 본부로 돌아갔다. 국민공회 파견의원 여섯 명*이 릴의 시민 무케citoyen Moucquet가 세를 내준 뒤무리에의 숙소를 수색하면서 그를 소환했기 때문이다. 뒤무리에는 파견의원들과 릴에서 서쪽 21킬로미터 남짓 떨어진 투르네에서 만났다. 그는 코부르크 장군이 병사를 이끌고 프랑스군을 좌우에서 공격해 들어오는 중차대한 시기에 자신이 투르네에 있을 만큼 한가롭지 않다고 얘기했다. 그는 대외전쟁에 전념하고 싶으니 국내의 중상비방 세력과 싸우기 어렵다고 말했다.

"나중에 두 명, 아니 네 명이라도 찾아오시오. 어떤 혐의에도 성실히 답

---

* 노르의 고쉬앵, 외르에루아르의 들라크루아, 파드칼레의 카르노, 노르의 메를랭 드 두애, 노르의 르사주 세노Gaspard-Jean-Joseph Lesage-Sénault와 로베르다. 국민공회 의원 가운데 로베르는 두 명인데 하나는 아르덴의 로베르Miche Robert, 또 하나는 파리의 로베르Pierre-François-Joseph Robert인데, 변경 출신인 전자일 가능성이 높다.

116

변하겠소. 그러나 나는 변명을 하면서 동시에 군을 지휘할 수 없소. 내 머리는 이 두 가지 전쟁을 한꺼번에 수행할 만큼 뛰어나지 못하오."

30일 토요일에 오트루아르의 카뮈Armand-Gaston Camus는 국방위원회의 이름으로 뒤무리에 장군을 국민공회 증언대에 세우고, 북부군의 상황을 보고할 파견의원을 지명하는 안을 보고해서 거의 만장일치로 통과시켰다. 5개 조의 내용은 다음과 같다.

> 뒤무리에 장군을 국민공회의 증언대에 세운다. 전쟁장관을 북부군에 파견해서 상황을 파악한 뒤에 국민공회에 보고토록 한다. 또한 북부군에 파견할 의원을 다섯 명 임명해서 의심스러운 장성과 장교는 물론 문관과 시민들의 자격을 정지하고 체포하여 법원에 맡기고 서류를 봉인한다. 파견의원은 최소 네 명이 모여야 행동할 수 있다. 현재 벨기에군에서 활동하는 파견의원들은 즉시 국민공회로 돌아와 군대와 전선의 현황을 상세히 보고한다.

마라는 방금 요란하게 박수쳐서 통과시킨 명령이 그저 정념의 산물일 뿐이라고 비판한 뒤, 전쟁장관 뵈르농빌이 전선보다 파리에서 더 할 일이 많기 때문에 그를 파견하지 말고, 뒤발Duval 장군을 대신 보내도 충분하다고 제안했다. 여러 의원이 웅성거리는 가운데 카뮈는 전날 뵈르농빌이 자기가 사무실을 비우기 어렵고 더욱이 건강하지 않기 때문에 여행하기 어렵다고 말했지만, 그가 사무실을 비우는 동안에도 남은 사람들이 열심히 일할 것이며, 7~8일간의 여행으로 조국을 구할 수 있으니 부디 여행을 떠나라고 설득했다고 설명했다. 그리고 뒤발 장군이 유능하긴 해도 그보다는 군사적 현실을 더 잘 파악하고 그에 대한 조치를 즉시 취할 수 있는 뵈르농빌이 반드시 가야 한다고 덧붙였다. 그러고 나서 카뮈는 국방위원회가 카뮈·키네트Quinette·라마르크·방칼을 파견의원으로 뽑았다고 발표했다.

그러자 몽타뉴파가 술렁거렸고, 어떤 의원이 방칼을 믿지 못하겠다고 말했다. 센에우아즈의 셰니에Marie-Joseph de Chénier가 대안으로 카뮈·키네트·브레아르·뒤부아 크랑세를 제안하자 이번에는 우파와 중도파 의원들이 술렁댔다. 여러 의원이 지명에 문제가 있다고 반대했다. 부슈뒤론의 바르바루는 어째서 과반수 찬성이 아니라 만장일치로 뽑기를 원하는지 물었다. 그는 각 도에 파견의원을 보낼 때도 만장일치를 요구하지 않았음을 기억하자고 말했다. 카뮈는 바르바루의 의견을 지지한다고 말했고, 마라는 그렇다면 파견의원을 한 명씩 표결에 부치자고 제안했다. 마침내 의장 드브리는 국방위원회가 제안한 명단을 표결에 부쳤다. 이렇게 해서 카뮈가 처음에 제시한 네 명이 과반수 이상의 찬성으로 벨기에군 파견의원이 되었다. 곧이어 오트가론의 들마와 도르도뉴의 라마르크가 파드칼레의 카르노를 다섯 번째 파견의원으로 추천해서 통과시켰다. 들마는 전쟁장관이 북부군에 가 있는 동안, 외무장관이 겸직하는 안을 발의해서 통과시켰다. 파견의원의 활동은 다음과 같다.

파견의원은 네 명 이상이 함께 활동하며, 날마다 활동을 기록하고 서명해서 국민공회에 보고해야 한다. 그들은 기껏해야 10~12일의 짧은 기간에 매우 중요하고 급박한 조치를 취하는 막중한 임무를 띠었기 때문에 날마다 특별우편으로 군의 상황을 국민공회에 보고해야 한다. 보통우편은 시간이 오래 걸리고, 또 국민공회가 회의를 끝내는 5시나 6시에 도착

하지만 특별우편은 정오에서 1시 사이에 도착하기 때문에, 모든 의원이
날마다 군대 소식을 들을 수 있다.

전쟁장관과 새로운 파견의원 네 명은 노르 도의 생타망Saint-Amand 온천
장에 있는 북부군 본부에 도착했다. 카뮈가 뒤무리에에게 국민공회에서 의
결한 내용을 전할 때, 그의 참모들은 동요하더니 곧 밖으로 나가 말안장을 얹
었다. 파견의원들이 뒤무리에 장군을 국민공회 증언대에 세운다는 명령을
읽자마자, 장군은 결코 증언대에 서는 일이 없을 거라고 외쳤다. 그는 자신이
오래전부터 목숨의 위협을 받았는데 어찌 거기에 서겠느냐고 저항했다. 파
견의원들은 장군이 결정하는 동안 다른 방에서 한 시간을 기다렸다가 뒤무
리에의 참모에게 국민공회의 명령을 전하겠다고 통고했다. 뒤무리에가 명령
에 복종하지 않자, 카뮈는 그에게 이제 장군이 아니며 지휘관직 사령장을 반
환하는 동시에 참모부 소속 장교 명단을 제출하라고 말했다. 뒤무리에는 부
관참모에게 눈짓을 했다. 부관참모는 장군과 파견의원들의 마차를 둘러싸고
있던 기병들을 데리고 들어왔다. 뒤무리에는 한참 이야기하더니 기병연대장
과 호위대에게 전쟁장관과 파견의원 네 명을 붙잡아 다른 아파트로 데려가
라고 명령했다. 잠시 후에 장교 한 명이 장관과 파견의원들에게 마차를 타라
고 말했다. 장관은 행선지를 말하지 않는 한 마차에 타지 않겠다고 버텼다.
그러나 뒤무리에의 부하들은 강압적으로 그들을 마차에 태웠다. 그 과정에
서 장관은 칼에 맞아 심한 부상을 입었다. 그들이 탄 마차는 수많은 병사에게
둘러싸여 투르네로 향했다.
　4월 1일 월요일에 에로의 캉바세레스는 국방·안보의 합동위원회 이름으
로 뒤무리에 장군의 혐의를 증명하는 세 가지 문서에 대해 보고했다. 첫째는

3월 12일자 뒤무리에의 편지, 둘째는 3월 28일자 편지, 셋째는 투르네에서 프롤리Proly · 페레라Péreyra · 뒤뷔송Dubuisson이 26 · 27 · 28일에 뒤무리에 장군과 세 번 회담한 내용을 담은 보고서다. 그중에서 세 번째 문서를 보면 뒤무리에 장군이 이미 반역을 생각하고 있음을 알 수 있다. 뒤무리에는 파견의원에게 자기가 당통에게 "당신들이 만든 법은 파리의 울타리만 벗어나도 효력을 발휘하지 못합니다"라고 말했다고 술회했다. 그러고 나서 그는 의용군을 겁쟁이라고 욕한 뒤 오직 정규군만 원한다고 덧붙였다. 새로 설립한 혁명법원에 대해서도 맹렬히 비난하면서 도저히 그대로 봐 넘기지 않겠다고 맹세했다. 파견의원 세 사람은 국가가 처한 상황이 위중하고 내란을 막기 위해 혁명법원이 꼭 필요하다고 설명했지만 장군은 막무가내로 들으려 하지 않았다. 그는 점점 더 화를 내면서 서너 번이나 "단도라도 한 자루 있다면 이 가증스러운 일을 막을 텐데"라고 말하더니, 만일 파리에서 피비린내 나는 사건이 다시 일어난다면 당장 파리로 진격하겠으며, 국민공회를 3주 안에 없애버리겠다고 장담했다. 국민공회에 대한 증오심을 확인하려고 파견의원들이 뒤무리에에게 되물었다.

문: 당신은 헌법을 원치 않으시는군요, 아닌가요?

답: 그렇소, 새 헌법은 너무 터무니없소. 콩도르세 같은 재사才士는 사실상 거기에 정통하지 않았소.

문: 그렇다면 당신은 새 헌법 대신 무엇을 원하십니까?

답: 옛 헌법이오. 비록 하찮고 불완전하지만.

문: 때 맞춰서 말씀하십니다. 그러나 왕정을 바라는 말은 아니겠지요?

답: 왕을 인정하는 헌법을 원합니다. 왕은 반드시 필요하니까요.

국민공회를 해산한 뒤에 왕정체제의 헌법을 어떻게 받아들이게 할 것인지 묻자, 뒤무리에는 기초의회를 소집하기란 불가능하지만, 약 500명의 디스트릭트 의장을 통해서 받아들이면 될 것이라고 대수롭지 않게 대답했다. 그때 발랑스 장군과 부관 몽주아가 뛰어들어와 몽스의 철수를 보고했고, 그렇게 해서 대담이 끊겼다. 몇 분 뒤, 뒤무리에는 프롤리와 따로 만나서 자신이 신성로마제국의 코부르크Friedrich Josias von Sachsen-Coburg-Saalfeld 장군과 협상을 시작했다고 말해주었다. 브뤼셀의 병원에 있는 부상병들에 관한 사항과 브레다와 헤르트뢰덴베르흐에 주둔한 18개 대대를 무사히 철수시키는 방법에 대한 협상이었다. 프롤리가 협상이 평화조약의 첫걸음이냐고 묻자, 뒤무리에는 그것이 목표이며, 전쟁당사국들은 국민공회나 745명의 폭군에게 복종하는 최고행정회의와 상대하려 들지 않기 때문에 자기 혼자 그것을 이루겠다고 대답했다.

그사이 페레라와 뒤뷔송은 발랑스 장군과 몽주아를 만났는데, 이들도 뒤무리에와 거의 똑같이 생각하고 있음을 알았다. 뒤무리에는 뒤뷔송만 따로 불러 대담하면서 "만일 내가 그들과 평화협상을 하지 않는다면, 오스트리아군은 3주 안에 파리로 진격할 것입니다"라고 말했다. 그것은 역설적으로 "나는 프랑스를 구하려고 전쟁에 졌습니다"라는 선언이나 마찬가지였다. 뒤뷔송은 뒤무리에를 설득하려고 애썼지만 국민공회·최고행정회의·자코뱅협회에 대한 증오심을 지워줄 수는 없었다. 그는 계속해서 왕정체제로 되돌려야 한다고 고집했다. 그는 탕플의 살육자들이 코블렌츠에 있는 부르봉 가문의 마지막 사람까지 죽인다 해도 어떻게든 왕을 옹립하겠으며, 파리로 1만 2,000명의 군대를 끌고 가 포위해서 굶겨 죽이겠다고 말한 뒤에 갑자기 생각난 듯이 외쳤다.

"당신이 끔찍이 생각하는 자코뱅파가 지난 시절 저지른 모든 범죄를 잊게 만들고 영원히 두각을 나타낼 방법을 알려드리겠습니다. 그들의 시체로 왕의 가족의 시체를 덮으라고 하세요. 1789년과 1792년의 봉기에서 지은 죄를 용서받으려면 세 번째 봉기를 일으켜서 어떤 대가를 치르든 745명의 폭군을 쓸어버리라고 하세요. 그동안 나는 군대를 끌고 가서 왕정을 선포할 테니까요."

4월 1일에 일어난 일 중에서 헌정질서를 바꿀, 게다가 앞으로 완전히 파괴할지 모를 결정을 했음을 반드시 짚고 넘어가야 한다. 그것은 마라의 제안에서 비롯되었다.

"우리는 뒤무리에의 음모를 아직도 덮고 있는 장막부터 찢어버려야 합니다. 사방에서 우리에게 고발하는 국민공회 의원들·장군들·대신들의 행동을 검증합시다. 어디서나 역적을 색출해서 분쇄합시다."

피레네조리앙탈의 비로토가 이 말을 곧바로 받았다. 1758년 페르피냥에서 변호사의 아들로 태어난 그는 변호사로 일하다가 혁명을 맞았고, 국민공회 의원이 되어 지롱드파에 속했다. 루이 카페를 재판할 때, 그는 1792년 8월 10일 이전부터 왕을 없애고 공화국을 세워야 한다고 생각했다고 말했지만, 결국 사형에 집행유예를 지지했다. 그는 1792년 12월 19일 회의에서 국민공회를 다른 도로 옮기자고 제안해서 같은 편까지 당황하게 만들었다. 그의 말을 들은 외르의 뷔조는 파리와 몽타뉴파에게 깊은 반감을 가졌음에도 비로토를 향해 "그대는 우리를 파멸시킵니다"라고 경고했다. 과연 이 말은 지롱드파를 고발할 때 중요한 혐의가 되었다. 비로토는 정적인 마라의 말에 동조했다. 물론 전혀 다른 목적으로.

"시민 마라의 제안에 찬성합니다. 자유가 사방에서 위협을 받는 이때 모든 종류의 면책특권을 중지시켜야 합니다. 인민은 수많은 고발을 받는 의원을 계속 믿어서는 안 됩니다. 나는 국민공회가 격렬한 의심을 받고 있는 의원에 대한 기소법을 통과시켜달라고 요청합니다."

의원들은 즉시 비로토의 안을 받아들여 다음과 같이 의결했다.

국민공회는 인민의 안녕이 최상의 법임을 고려해서 다음과 같이 선언한다. 기소법과 관련된 보고의 임무를 수행하는 국방위원회에 구두나 서면의 고발을 통해 프랑스 국민의 대표가 자유·평등·공화국 정부의 적들과 공모했다는 사실을 강력히 추정할 때 그의 면책특권을 고려하지 않는다.

이렇게 해서 국방위원회의 다수파가 의원을 고소하고, 의원 과반수가 찬성하면 동료 의원을 제거할 수 있는 길이 열렸다. 아직은 국민공회에서 우파인 지롱드파와 중도파인 평원파가 우세했다. 게다가 몽타뉴파 의원들 가운데 다수가 파견의원으로 전방에 나갔기 때문에 4월의 분위기로는 눈엣가시인 마라를 제거하는 안을 상정하면 합법적으로 통과시킬 가능성이 높았다. 그러나 의회정치에서 처지가 바뀌는 경우는 언제나 있기 마련이다.

4월 3일 수요일에 들라크루아·메를랭 드 두애·고쉬앵·트렐라르·뒤리오가 잇따라 뒤무리에의 반역에 대해 고발했다. 이들을 대표해서 들라크루아는 뒤무리에가 억류한 방칼·라마르크·카뮈·키네트가 1일에 쓴 편지를 소개한 뒤, 그들을 찾아다녔지만 만나지 못했다고 말했다. 뒤무리에는 파견의원들을 이미 오스트리아 측에 넘겼기 때문이다. 들라크루아는 지금은 사실이 옳다 그르다 따질 때가 아니라 안보의 조치를 마련해야 할 때이므로 산회하지 말아야 한다고 말했다. 그는 당장 구국위원회가 안보조치를 강구해서 보고하도록 요구해서 통과시켰다.

　카미유 데물랭은 일주일 전부터 그러한 조치를 취하자고 요구했는데, 의원들이 들어주지 않아서 일을 더 크게 만들었다고 비판했다. 마른의 튀리오는 의원들이 들라크루아의 제안을 받아들였기 때문에 자기는 파리에 국한시켜 한마디 하겠다고 운을 뗀 후 파리의 일부 구에서 반혁명의 영향을 받고 있음을 지적했다. 그는 당장 국민공회 의장이 파리 시정부와 국민방위군 총회에 명령을 내려, 파리가 완벽히 조화를 이루어야 할 때임을 자각하게 만들라고 촉구했다. 또한 이처럼 위험한 상황에서는 밤낮 가리지 말고 국가안보에 헌신해야 하고 흉악한 뒤무리에의 범죄를 막아야 할 텐데도 이곳에서 뒤무리에를 옹호하려는 사람들이 있으니 그들에게 응분의 조치를 취해야 한다고 주장했다.

　이 말에 오브의 라보 드 생테티엔Jean-Paul Rabaut de Saint-Etienne이 발끈해서, 그런 의원이 있다면 이름을 대라고 다그쳤다. 몽타뉴파에서는 "암, 그런 사람이 있지요!"라고 응수했다. 튀리오는 자기 말을 새겨듣는다면 파리에만 국한된 제안이 아님을 알 것이라고 설명하고 나서 국민공회가 위기를 극복할 조치를 마련할 때까지 산회하지 말고 회의를 하자고 제안했다. 그의 말을 지지한 의원들은 최고행정회의·파리 코뮌의장·파리 국민방위군 총사령관을 당장 증언대로 불러 공화국이 처한 상황을 설명한 뒤 파리의 질서를 완전히 회복할 때까지 감시를 강화하도록 하며, 국민공회가 상시회의 체제로 들어간다고 의결했다. 그 결정에 따라 장관들과 파리 코뮌의장과 총사령관 상테르를 불러 국가가 처한 위기에 대해 논의했다. 그러고 나서 의원들은 토론을 거쳐 다음과 같이 의결했다.

최고행정회의는 당장 뒤무리에를 대신할 장군을 임명한다.

뒤무리에는 자유를 말살하고 전제주의를 회복시키겠다고 맹세한 반역자임을 프랑스 국민에게 선포한다.

공화국의 모든 장성·지휘관·병사·공공기관은 뒤무리에를 장군으로 인정하지 말 것이며, 그의 명령과 요구를 들어주어서는 안 된다.

뒤무리에를 장군으로 인정하는 자는 역적으로 간주하고 사형에 처하며, 그의 재산을 공화국의 이름으로 몰수한다.

뒤무리에는 법의 보호를 받을 수 없으며, 그를 죽이건 살리건 붙잡아서 파리로 데려오는 시민이나 후손에게 국고에서 최고행정회의를 통해 30만 리브르의 상금을 준다.

국민공회는 뒤무리에가 체포한 파견의원들과 전쟁장관을 프랑스 병사들의 명예와 충성심에 맡긴다.

끝으로 이 명령을 모든 도·행정단체·요새 지휘관과 장군들에게 긴급히 전달하여 모든 도시와 군대에 선포하도록 한다.

의원들은 역적 뒤무리에를 여전히 장군으로 인정하는 자도 역적으로 간주해서 사형에 처한다는 명령을 통과시킨 뒤에 뒤무리에가 이틀 전인 1일에 병사들에게 선포한 글을 읽고 다시금 분노했다. 뒤무리에는 국민공회의 파견의원 네 명이 전쟁장관과 함께 자신을 체포하러 왔다는 사실을 알리면서, 병사들의 약속을 믿고 네 명을 인질로 잡아 안전하게 보호하고 있다고 말했다. 그는 병사들이 조국을 여러 번 구하고, 승리의 길로 이끌었으며, 최근에는 명예로운 퇴각을 결정해서 수많은 목숨을 구한 어버이père를 납치하도록 내버려두지 않겠다고 맹세했음을 기억한다고 말했다. 그는 공화국을 부정하면서, 입헌군주정 헌법을 되살려야 자유롭게 살고 무정부상태에서 벗어날 수 있다고 강조했다.

4월 4일 목요일에 의원들은 뒤무리에의 반역에 대한 증거를 둘러싸고 한바탕 논의했고, 동료 의원인 솜의 실르리와 필리프 에갈리테의 행동에 대해서도 토론했다. 왕족인 필리프 에갈리테는 몽타뉴파와 가깝게 지냈지만, 뒤무리에가 외무대신일 때 늘 접촉한 사람이었기 때문에 툭하면 이름이 오르내렸다. 이미 이 문제가 불거진 1일에 실르리는 지난해 9월 프로이센군이 침략했을 때 상파뉴에 자기가 소유한 포도원을 뒤무리에가 보호해준 데 대해 감사의 뜻으로 포도주를 선물한 적은 있지만, 그의 반역과 무관하다고 변명했다. 그리고 지롱드의 부아예 퐁프레드는 먼저 안보위원회의 보고를 들어보자고 제안한 뒤, 실르리의 말을 들었기 때문에, 만일 필리프 에갈리테도 할 말이 있다면 발언할 기회를 줘야 마땅하겠지만, 뒤무리에의 증언을 들은 뒤로 미루자고 주장했다. 로베스피에르는 공화국이 위기에 처했다는 보고를 충분히 들었으므로 이제 공화국을 구하는 조치를 마련하기 위해 논의하자고 제안해서 여러 의원의 동의를 얻었다. 그렇게 끝낸 논의를 3일 뒤에 다시 꺼낸 것이다.

물론 두 의원은 지난 며칠 동안 누누이 주장했던 것과 마찬가지로 각자 뒤무리에의 반역과 전혀 관련이 없다고 주장했다. 필리프 에갈리테의 경우는 점점 위험한 처지가 되었다. 뒤무리에의 휘하에서 적군과 싸우던 그의 아들이 상관과 함께 의심을 받고 있었기 때문이다. 의원들은 실르리와 필리프 에갈리테에 대해서는 계속 지켜보기로 했다. 그러나 7일에 필리프 에갈리테를 체포한다고 의결할 만큼 며칠 사이에 상황이 급변했다. 에갈리테의 운명에 대해서는 다시 얘기할 기회가 있으니 4일의 회의로 돌아가자.

파리의 파브르 데글랑틴Philippe-François-Nazaire Fabre d'Eglantine이 국방·안보의 합동위원회를 대표해 뒤무리에를 체포하기 위한 조치와 함께 북부와 동부 국경지대의 방어를 위한 법안을 보고했다. 먼저 뒤무리에를 체포하려면 그와 부대를 격리해야 한다. 그 조치를 성공시킬 방법을 위원회가 마련했지만, 상황이 너무 엄중하기 때문에 공개할 수 없었다. 위원회가 일요일 밤(3월 31일부터 4월 1일 사이)에 조치를 취하기로 의결했지만 비밀에 부친 이유는 뒤무리에가 귀띔을 받고 파견의원들의 임무를 무산시킬 대비를 하지 못하게 하려는 데 있었다. 그러므로 파견의원들을 은밀히 엄선해서 30시간 전에 출발시켰다는 사실을 지금이라도 밝힐 수 있다. 파브르 데글랑틴의 말대로라면, 3일에 뒤무리에를 역적으로 공식 규정한 법을 통과시키기 전, 늦어도 2일에 파견의원들을 엄선해서 출발시켰음을 알 수 있다. 이제 합동위원회가 국경지대의 요새를 단시간에 방어태세로 전환시킬 방안을 정리해볼 차례다.

1. 북부·동부의 국경지대에 파견한 의원 가운데 열네 명을 둘씩 7개조로 편성해서 당장 국경의 요새들이 방어태세를 갖출 수 있게 만든다.
2. 각조 의원들은 토목기사 두 명, 각 병과의 장교나 부사관 두 명, 군의관 한 명, 군수품 담당자 한 명의 도움을 받아 최대한의 성과를 이룬다.
3. 파견의원들은 요새의 모든 물품을 파악하여 대장을 만들고 요새에 분배할 계획서를 자세히 작성해서 국민공회에 보고한다.
4. 파견의원들은 안보에 필요한 조치를 취하고, 작전의 기동성과 유익성을 도모하기 위해 모든 행정부처에 징발을 명령하고, 공무원과 군 관계자들의 자격을 정지하거나 빼앗을 수 있다.

군대를 장악하려고 노력하는 국민공회의 시도가 군대 지휘관의 반발을 불러일으키는 것은 당연했다. 특히 뒤무리에 같은 백전노장은 점점 자신의 이상과 멀어지는 현실을 보면서 공화국에 대한 충성이 곧 무정부상태에 대한 충성이 아닌가 의심했다. 그리하여 프랑스를 무정부상태의 혼란에 빠뜨린 국민공회와 민중협회들을 분쇄해야 입헌군주정을 회복해서 유럽의 질서에 조화롭게 편입할 수 있다고 생각했다. 국민공회는 북부군의 총사령관이 변심한 사실을 파악한 뒤에 그 영향을 최소한으로 줄여야 제대로 대외전쟁을 치르고 혁명을 지켜낼 수 있으니 초조할 대로 초조했다. 과연 그날 뒤무리에는 군대를 끌고 파리로 진격하려고 했지만 실패하고 이튿날인 5일 금요일에 적군으로 넘어갔다. 그렇게 해서 군주정을 부활시키려는 뒤무리에의 반혁명이 실패하고 공화국은 중요한 고비를 넘겼다.

5
구국위원회

국민공회가 산회를 하지 않기로 의결한 1793년 4월 3일 수요일에 바르의 이스나르는 국방위원회 이름으로 "국민공회 내에 위원 아홉 명의 집행회의conseil d'exécution를 설치하는 안"을 보고하면서 이렇게 말했다.

"여러분, 국방위원회는 현 상황에서 구국의 중대한 조치를 마련하려고 전념하고 있습니다. 그러나 국방위원회는 무엇보다도 중요한 조치에 대해 제안해야 한다고 생각했습니다. 그 조치를 취하지 않고서는 어떠한 조치도 무용지물이 될 것입니다.

지금 전쟁에서 잇따라 패배하고, 반혁명의 방대한 계획이 프랑스를 뒤덮어 모든 종류의 반역행위가 드러나고 있는 이때, 본위원회는 정부의 각급 기관을 더욱 단결하고 활기차게 행동하게 만들고 깊은 토론을 하도록 부추길 필요가 있다고 생각했습니다. 행정부와 국민공회의 모든 위원회에 대한 불신풍조가 만연했으며, 그러한 풍조가 공공연하게 나타남으로써 온갖 폐단이 발생했습니다. 이러한 상황에서 본위원회는 각부 장관의 동의를 받아 가장 시급한 조치를 제안하기로 결정했습니다.

본위원회는 국민공회 의원 아홉 명으로 집행위원회comité d'exécution를 구성하여 그동안 최고행정회의가 하던 기능을 수행하고, 현 상황에 필요한 국방의 조치를 취할 임무를 수행하도록 할 필요가 있다고 생각했습니다."

이스나르는 국민이 의원들에게 주권을 행사할 권한을 주었기 때문에 국민공회가 전적으로 인민의 자유를 지키고 보호해야 한다고 말했다.

"우리가 과감하고 단호하게 정부의 고삐를 쥐어야 합니다. 형식을 토론하는 것은 더는 문제가 되지 않습니다. 조국을 수호하는 일이 중요합니다. 자유를 어떻게 예찬할지 결정하기 전에 자유가 확실히 승리하도록 만들어야 합니다."

국방위원회가 마련한 5개조 법안은 다음과 같다.

1조. 국민공회 안에 호명투표로 9인위원회를 임명한다.
2조. 위원회는 비공개회의로 토의하며, 장관들이 맡았던 모든 업무를 통할한다.
3조. 위원회가 내린 조치에 대해 8일마다 국민공회에 보고한다.
4조. 장관들의 업무는 순전히 그리고 단순히 행정에 국한한다.

5조. 위원회가 장군이나 장관을 체포할 경우 국민공회에 보고한다.

이 법안에 대해 튀리오가 당장 반발했다. 그는 국민공회에 입법권뿐 아니라 행정권까지 준다면, 의원들이 모든 것을 구속하게 될 것이라고 주장했다. 그러나 에로의 캉봉은 새로 임명하는 위원회에 행정 대신 심의권을 맡기기 때문에 문제가 없다면서 튀리오의 말을 반박했다. 캉봉은 지금까지 최고행정회의는 심의하지 않았고, 국방위원회가 그 일을 했다고 강조한 뒤 최고행정회의는 소심하기 때문에 제대로 활동하지 못하므로 9인위원회가 이러한 폐단을 고칠 것이라고 강조했다.

"9인위원회의 활동은 범위가 한정되었기 때문에, 단지 일에 치여 제대로 활동하지 못하던 국방위원회의 임무를 줄여줄 것입니다."

외르의 뷔조François-Nicolas-Léonard Buzot는 국민공회 안에 최고행정회의를 설치하려면 더 은밀하게 공작하라고 반발했다. 최고행정회의는 그 의지를 가져야 하는데, 의원들이 그 일을 맡고 장관들에게 의원들의 의지대로 움직이라고 한다는 것은 부당하다고 역설했다. 여러 의원이 토론을 끝내자고 외쳤지만 장내는 계속 소란스러웠다. 마라는 지난 여섯 달 동안 쓸데없는 토론만 했는데 조국을 구하려면 상식을 받아들여야 한다고 말했다.

"여러분은 공공연히 구국의 조치를 취한다고 하지만, 실제로 아무 일도 하지 못할 것입니다. 뒤무리에가 역적입니까? 그렇다면 조국을 구하려는 조치에 반대하는 일부 의원들을 믿을 수 없습니다. 뒤무리에가 그들을 건전한 부분으로 부르면서 보호하려고 했기 때문입니다. 몽타뉴파 의원들이 대부분의 정치가를 신뢰하기란 불가능합니다."

극좌파 의원들이 박수치고, 다수 의원이 웅성거리면서 마라의 목소리가 묻혔다. 센에우아즈의 르쿠앵트르Laurent Lecointre가 마라에게 구국의 방법을 제시해보라고 주문했고, 어떤 의원은 도대체 이따위 모욕이나 받으려고 회의를 계속하느냐고 불평했다. 여러 의원이 "국민공회를 와해시키려는 인간이 여기 있다. 마라를 끌어내려라!"라고 외쳤다. 임시로 의사봉을 물려받은 뒤부아 크랑세가 모자를 쓰고 장내 질서를 회복했다. 뒤부아 크랑세는 현 상황에서 우리는 공화국이 처한 문제에 전념할 수밖에 없다고 말한 뒤, "마라, 당신은 국민의 대표들에게 결례를 했으니 부디 질서를 지켜주시오"라고 경고했다.

드롬의 쥘리엥Marc-Antoine Jullien은 몽타뉴파의 이름으로 마라가 국민공회의 한 부분을 일반화한 데 동의하지 않으며, 몽타뉴파는 다른 의원들을 의심하지 않는다고 강조했다. 이 말을 들은 마라는 순순히 연단을 떠났다. 베르니오가 회의시간을 낭비하는 사람을 뒤무리에의 공범으로 선언하자고 제안했고, 당통이 뒤를 이어 의견의 다양성을 인정해야 하며 수많은 의원이 공화국을 원한다고 말하자, 누군가 "대다수가 아니라 모든 사람이 공화국을 원한다"고 말했다. 의원들은 당통이 제안한 대로 국방위원회가 발의한 안을 4일에 토론하기로 했다.

4월 5일 금요일에야 본격적으로 토론을 시작했다. 이스나르가 연단에 올랐다. 그는 지난번에 국방위원회가 발의했을 때 의원들이 재검토를 지시했지만 위원회는 법으로 승인받지 못한 결정을 따를 이유가 없다고 판단했기 때문에, 이 안을 토론에 부치지 않았다고 말했다. 그 대신 그는 현재 존재하지 않는 행정권pouvoir exécutif의 조직에 대해 어떤 형식의 계획이든 토론해주기 바란다고 요청했다. 그는 국방위원회의 스물다섯 명 위원이 결코 비공개로 회의를 진행할 수 없기 때문에 새로운 위원회가 필요하다면서 국방위원회 위원직을 사임했다. 뷔조와 바르바루도 잇따라 사임했다. 국방위원회 위원장인 브레아르는 국방위원회의 회의 내용이 금세 외부로 새어나간다고 거든 뒤에 자기도 사임하겠다고 말했다.*

오른의 뒤프리슈 발라제Charles-Eléonor Dufriche-Valazé는 국방위원회를 유지하면서 원하는 목표를 달성하는 방법을 모색하자고 제안했다. 바레르는 국방위원회의 운영이 얼마나 어려운지를 설명했다. 스물다섯 명이 모여서 끊임없이 토의만 하는데, 거의 200명이나 되는 의원이 그들의 회의장을 드나들며 토의 내용을 쉽사리 알아내기 때문에 적들이 미리 대응하고 음모를 꾸미기 쉽다는 것이었다.

"훌륭한 구국위원회를 가지고 싶다면 청렴하고 능력 있는 의원들을 뽑으십시오. 그들을 전적으로 믿어주고, 여러분의 의견으로 그들을 지지해주십시오. 국민공회의 가장 잔인한 적이며, 뒤무리에를 섬긴 진정한 음모자들로서 중상비방이나 일삼는 자들이 그들을 해치지 못하도록 해주십시오. 여론이 자유의 혁명을 일으켰고, 여론만이 자유를 유지할 수 있고, 최고행정회의와 구국위원회에 활기를 줄 수 있습니다. 구국위원회에 장관들의 감시, 구국의 조치, 공화국의 회계보고를 맡기십시오. 너무 의기소침한 장관들도 여론

---

* 3월 26일 화요일에 국방위원회 위원을 새로 뽑았다. 스물다섯 명은 뒤부아 크랑세·브레아르·당통·프리외르 드 라마른·기통 모르보·카미유 데물랭·로베스피에르·바레르·뷜·장 드브리·파브르 데글랑틴·캉바세레스·들마·페티옹·가데·장소네·콩도르세·시에예스·카뮈·바르바루·이스나르·베르니오·라수르스·뷔조·키네트이며, 예비위원 열 명은 트렐라르·오브리·가르니에 드 생트·랭데·르페브르 드 낭트·라레블리에르 레포·뒤코·실르리·라마르크·부아예 퐁프레드였다. 그날 저녁 7시에 위원들은 의장으로 기통 모르보, 부의장으로 바레르, 비서로 브레아르와 캉바세레스를 뽑아 위원회 구성을 마쳤다.

으로 지지해주십시오."

그는 이스나르·캉바세레스·콩도르세·튀리오가 모여 그동안 나온 중요한 제안을 기초로 유사한 법안을 만들게 하자면서 말을 끝냈다. 결국 의원들은 이스나르·당통·바레르·튀리오·마티외에게 저녁 7시에 구국위원회 설치 법안을 보고하라고 의결했다.

4월 6일 토요일에 이스나르가 전날 회의에서 받은 임무대로 구국위원회 조직법안 7개조를 발의했다.

1조. 국민공회 의원 아홉 명을 호명투표로 뽑아 구국위원회를 구성한다.

2조. 이 위원회는 비공개로 토의한다. 최고행정회의의 행정활동을 감시하고 독려하며, 최고행정회의 명령이 국가 이익을 해친다고 판단할 경우 정지시키고 나서 즉시 국민공회에 보고한다.

3조. 이 위원회는 긴급한 상황에서 국내외의 전반적인 방어조치를 취할 수 있다. 이 위원회의 위원 3분의 2 이상이 찬성한 명령은 최고행정회의에서 즉시 집행해야 한다.

4조. 이 위원회는 필요한 경우 집행관을 고용할 수 있다. 집행관에게는 국고에서 10만 리브르 한도 안에서 봉급을 지급한다.

5조. 이 위원회는 매주 활동성과와 공화국의 상황을 문서로 작성해서 보고한다.

6조. 모든 결정을 등기부에 기록한다.

7조. 이 위원회를 단 한 달 동안 설치한다.

반혁명세력이 전국에서 내란을 일으키고, 대외전쟁도 아직까지 승리를 장담할 수 없는 시절에 긴급한 구국의 조치를 취할 수 있는 구국위원회는 과연 단 한 달의 활동만으로 문을 닫을 수 있을까? 의원들은 7개조를 심의하기 시작했다. 뷔조가 가장 먼저 연단에 서서 법안이 위험하고 또 현안문제를 해결하기에 부족하다고 비판했다. 그는 의원들만 행사할 수 있는 입법권한을 위원회에 주려는 것은 아주 위험한 발상이라고 지적했다. 그리고 3조에서 보듯이 이 위원회가 구국에 필요한 임시조치를 취할 수 있다고 하는데, 그 조치는 언제나 결정적인 법으로 작동할 수 있기 때문이라는 이유를 덧붙였다.

"그것은 감시위원회가 아닙니다. 그것은 특정 목표를 경비하는 목적이 아니라 야심가가 배반한 공화국을 구하는 목적을 가진 위원회입니다. 그것은 집행권이 아닙니다. 집행권은 법을 심의·의결할 수 없으며 오로지 집행해야 하는 권한이기 때문입니다. 따라서 그것은 내가 방금 지적했듯이 여러분이 가진 모든 권한, 다시 말해 여러분만이 제정할 수 있는 법을 만들 권한을 가지고 온갖 조치를 내리는데, 그러한 조치의 임시집행을 허용한 이상 그 조치는 급박한 상황 때문에 법이 될 것입니다."

뷔조는 구국위원회의 설치를 반대했음에도 그 성격을 정확히 설명했다. '공화국 구하기]de sauver la République'. 뷔조는 이러한 위원회가 소기의 목적을 달성하지 못할 것이라고 말했다. 위원들을 어떤 사람으로 뽑을 것인가? 좌파나 우파? 어느 파가 위원이 되어도 반대파는 계속 공격할 것이다. 그는 3월 11일에 당통이 국민공회 의원 가운데서 장관을 뽑자고 제안했을 때 멘에루아르의 라레블리에르 레포가 앞장서서 반대하고 무산시킨 사실을 상기시키면서 국민공회가 입법권만 행사하기로 한 정신을 다시 한번 일깨웠다. 입법부가 혁명적 권력을 가진다면 모든 시민이 두려워할 것이다. 뷔조는 스물다섯 명이 국방위원회에서 활동하기 때문에 긴박한 상황에 신속하게 의견을 모으기 어렵고 회의 내용을 쉽게 노출시키는 약점을 가지고 있다는 사실을 잘 알지만, 그렇다고 해서 새로운 위원회를 만들어 막강한 권한을 주어서는 안 된다고 주장했다. 약점을 알았으니 고치면 된다는 말이다. 그는 마지막으로 자신의 말을 이렇게 정리했다.

국민공회 의원 중에서 호명투표로 아홉 명을 뽑아 감시위원회를 만든다. 그들은 장관들의 모든 행정업무를 감독한다. 이 위원회의 회의는 비공개이며, 필요한 구국의 조치를 국민공회에 제출한다. 그리고 최고행정회의의 명령도 보류할 수 있지만, 즉시 국민공회에 그 사실을 보고해야 한다.

튀리오는 자신과 함께 법안을 마련한 사람들이 구국위원회를 설립할 필요성을 공감한 과정을 설명하면서 의원들의 두려움과 의혹을 가라앉히려고 노력했다. 법을 제정하는 기관인 국민공회는 행정을 맡을 수 없으며, 최고행정회의는 소심하고 불확실하고 느리게 처신하기 때문에, 두 권력 사이에 행정을 감시할 특별한 위원회가 필요하다. 이 위원회가 품격을 가지려면 국민의 대표들이 세워야만 하며, 그렇게 해서 대표성을 확보해야 한다. 따라서 위원회를 국민공회 의원 중에서 뽑아야 한다. 그렇지 않으면 위원회를 전혀 믿을 수 없으며, 우리가 바라는 만큼 활동하지 못할 것이다. 국민을 대표하는 국민공회가 원칙상 모든 행정 분야에서 활동해야 한다는 점을 부인하기 어렵다. 튀리오의 말을 들은 우파 의원들이 "명령발동권을 가지는 독재자들"이라고 외치면서 드세게 반발했다. 튀리오는 위원회를 설치해야 할 이유를 간단히 요약했다.

"국민공회가 행정권과 입법권을 동시에 장악할 의도는 없습니다. 나는 단지 국민공회가 가지는 감독권을 일부 의원들에게 맡기는 것이 핵심이라고 생각합니다. 국민공회가 회의를 하지 않을 때 비밀과 신속성을 요하는 구국의 조치들을 내린다는 것이 핵심입니다. 이 위원회에 배당한 경비는 집행권에 의해서만 지출할 수 있고, 언제나 책임을 저야 합니다. 체포권한도 남용하기 어렵습니다. 더욱이 국민공회의 의견을 반영해야 하기 때문에 체포는 감시위원회의 몫입니다.

여러분, 구국위원회는 물리적으로 선행만 하고 절대로 악행을 저지를 수 없어야 합니다. 구국위원회는 공화국의 모든 분야에 정통한 사람들의 지혜를 모아 운영해야 합니다. 그리하여 특정 장관이 방향을 벗어나 적과 내통하거나 업무태만의 범죄를 저지를 때 곧바로 국민공회가 대처할 수 있도록 만들어주는 위원회가 되어야 합니다."

의장은 마라가 덧붙일 의견을, 바레르가 찬성의견을, 바르바루가 반대의견을 차례로 말할 것이라고 예고했다. 그러나 라수르스가 재빨리 순서를 가로채더니 구국위원회에 체포권을 주면 독재를 허용할 위험이 있다고 주장했다. 여러 의원이 토론을 끝내자고 촉구했지만, 바레르가 구국의 조치를 내리는 문제를 간단히 끝낼 수 없다면서 의원들이 솔직하게 토론해야 서로 믿을 수 있기 때문에 토론을 계속하자고 말했다.

의장이 예고한 대로 마라가 연단에 섰다. 그의 연설 요지는 다음과 같다. 현재 최고행정회의가 혼수상태에 빠졌기 때문에 국내외 적들을 물리칠 힘을 모으지 못하고 있다. 그리하여 군대와 전장에 군수품도 제대로 보급하지 못하는 실정이다. 음모를 꾸미는 장군들에 대해 아무 말도 하지 않고 더 나아가 그들과 공모했기 때문에 국방위원회를 설치해서 그들의 활동을 감시할 수밖에 없었다. 그런데 국방위원회는 그 소임을 다하지 못했다. 인민은 그 위원회가 오히려 자유의 적들에게 공감한다고 생각해서 냉소적으로 "뒤무리에 위원회"라는 별명을 붙였다. 장군들이 배반하고 외적이 막강한 힘으로 국경을 위협하는 참사가 잇따라 벌어졌기 때문에 구국의 조치를 취해야 할 긴박한 상황을 인식한 국민공회는 인민의 신뢰를 잃은 국방위원회를 없애고 새로운 위원회를 만들 수밖에 없다.

"나는 새로운 위원회의 설치를 정치적 원리나 헌법에 따라서 검토하지 않겠습니다. 여러분이 지금 설립하려는 위원회는 헌법기관이 아닙니다. 그것은 오로지 국가의 총력을 활성화하고, 국내외의 적을 막는 일에 시급히 동원해서 일거에 분쇄하는 목적을 가진 임시권력기관입니다."

마라는 이 위원회를 독재자로 부르면서 겁을 주는 사람들이 있지만, 사실은 국민공회에 종속한 기관임을 알아야 한다고 강조했다. 결국 주권을 대표하는 사람들은 의원들이며, 따라서 위원회가 원하는 대로 일하지 않을 때 해산할 수 있기 때문이다.

"아마도 국가의 총력을 동원해서 적을 분쇄할 수 있도록 큰 권력을 주어서는 안 된다고 생각하는 사람만이 이 위원회의 설립을 반대할 것입니다. 우리는 강제로par la violence 자유를 확립해야 합니다. 이제 왕들의 전제주의를 무너뜨리고 자유의 전제주의를 조직해야 할 때가 왔습니다. 이 위원회 설립안을 채택합시다."

자유의 전제주의를 조직하자는 말에 우파 의원들이 웅성거렸지만, 마라는 말을 마치고 몽타뉴파와 방청객의 박수를 받으면서 연단을 떠났다. 피레네조리앙탈의 비로토가 의원이라면 누구나 구국의 긴급조치가 필요하다고 생각하겠지만, 그것을 명분 삼아 강제로 자유를 확립하자는 주장에는 동의하기 어렵다고 말했다. 몽타뉴파가 말을 끊고 웅성거렸다. "그는 뷔조의 의견을 되풀이하고 있으니 빨리 토론을 끝냅시다!" 비로토는 자기가 하는 말이 어찌 뷔조의 말과 똑같다고 하느냐고 반박하고 나서 할 말을 계속했다. 그는 토론을 끝내라는 방해를 받고서도 맞섰다. 결국 의원들은 법안을 심의하기로 의결한 뒤, 1조와 2조는 문제없이 통과시켰다. 그러나 조를 수정해서 채택했다. 이렇게 우파와 좌파는 공방 끝에 원안을 수정해서 모두 8개조의 구국위원회 설립법을 통과시켰다.

1조. 국민공회 의원 아홉 명을 호명투표로 뽑아 구국위원회를 구성한다.

2조. 이 위원회는 비공개회의로 토의한다. 최고행정회의의 행정활동을 감시하고 독려하며, 최고행정회의의 명령이 국가 이익을 해친다고 판단할 경우 정지시킨 뒤 즉시 국민공회에 보고한다.

3조. 이 위원회는 긴급한 상황에서 국내외의 전반적인 방위조치를 취할 수 있다. 위원 3분의 2 이상이 찬성한 명령은 최고행정회의에서 즉시 집행해야 한다. 위원회의 집행관에게 해를 가하는 경우를 제외하고 어떤 경우에도 동행이나 체포 명령을 발부할 수 없으며, 발부 시 국민공회에 즉시 보고해야 한다.

4조. 구국위원회는 명령을 발동하고 집행할 때 국고에서 지급받은 10만 리브르 한도의 예산을 기밀비로 활용할 수 있다.

5조. 이 위원회는 매주 활동성과와 공화국의 상황을 문서로 작성해서 보고한다.

6조. 모든 결정을 등기부에 기록한다.

7조. 이 위원회를 단 한 달 동안 설치한다.

8조. 국가회계는 예전처럼 집행위원회에서 독립하는 동시에 법이 정한 방식에 따라 국민공회의 직접 감독을 받는다.

사르트의 르바쇠르René Levasseur는 이제 국방위원회가 조국을 구원할 수 없다고 공식적으로 확인하고 위원들이 다수 사임했으며, 구국위원회를 설립하기로 의결한 이상 후속조치로 위원들을 임명하자고 제안해서 지지를 받았다. 의장은 구국위원회 위원 아홉 명을 뽑는 투표를 시작하겠다고 선언했다. 그때가 저녁 5시였다. 8시에 비서인 지롱드의 부아예 퐁프레드가 진행 중이던 호명투표를 잠시 중단시키고 노르 도의 국경지방 파견의원들이 보낸 편지를 읽었다.

첫째는 뒤무리에가 병사들을 선동한 방법을 설명하고, 그가 착복한 돈을 국고에 환수해야 한다는 사연이었다. 둘째는 뒤무리에 병력이 와해되고 릴로 되돌아왔으며, 뒤무리에가 파견의원들을 체포하라는 명령을 내리는 동시에 파견의원의 자리에 노르 도 행정관들을 배치했다가 곧 해임했다는 내용이었다. 비서가 편지를 다 읽은 뒤, 들라크루아는 상황이 급박하니까 빨리 국방위원회에 편지들을 전달하고 장관들을 불러서 적이 다가오지 못하게 막는 조치를 내려야 한다고 제안했다.

"이미 몰드Maulde 기지는 적의 수중에 들어갔으며, 모레까지 릴이 포격을 받을 수 있습니다. 나는 이 편지들을 빨리 인쇄해서 모든 도와 군대에 보내자고 촉구합니다."

의원들은 들라크루아의 제안을 받아들였다. 캉탈의 카리에가 필리프 에갈리테와 실르리는 물론 모든 부르봉 가문을 체포하고 인질로 삼자고 제안했다. 여러 의원이 표결에 부치자고 외쳤다. 실르리가 긴급히 발언권을 요청했지만, 마라가 이 문제로 먼저 발언권을 신청했다고 말하고 의장의 허락을 받아 연단에 섰다.

"여러분. 이제 국민공회가 온 세상이 보는 앞에서 영광으로 빛날 시간입니다. 국민공회는 망명객의 부모와 친구 10만 명을 인질로 삼아 파견의원들에게 조금이라도 해를 끼치지 못하게 하는 동시에 망명객들의 머리를 자르겠다고 선언해야 합니다.

그러나 프랑스를 수호하는 정령이 날마다 행복한 사건을 만들어내는 동안, 인민의 대표들은 맹목적으로 기뻐하거나 성급하게 조치를 내리지 말 것이며, 특히 국민공회의 위신을 깎는 일을 하지 말아주시기 바랍니다.

지금까지 실르리와 에갈리테의 머리에 대한 명백한 증거도 없으며, 의심을 정당화하기도 어렵습니다. 나는 단지 그들을 감시하거나 그들이 스스로 체포를 자청해서 결백을 입증하도록 하자고 요청합니다. 또한 적에게 넘어간 뒤무리에·발랑스, 그 밖의 장군들을 궐석재판에 부치자고 요청합니다."

센앵페리외르의 들라에Jacques-Charles-Gabriel Delahaye가 마라의 말에 반대하면서 오랫동안 여론이 주목하고 고발한 음모에 주목해야 한다고 말했다. 그는 비록 중상비방으로 아무에게나 혐의를 씌워서는 안 된다고 생각하지만 에갈리테에 대해서는 오랫동안 의심했다고 말하고 다른 사람의 동의를 구했다. 자신은 날마다 의심을 키우고 있는데, 특히 편지 한 통을 받은 뒤에는 의심이 더욱 깊어졌지만 의원들을 혼란스럽게 만들지 않으려고 공개하지 않았다고 말했다. 그 편지는 필리프 에갈리테가 오른Orne 도의 세Sées를 오가고, 대리인을 앞세워 자기를 찬양하는 노래를 퍼뜨리면서 결국 자신을 왕으로 받아들여도 좋다는 여론을 조장했다는 정보를 담았다. 들라에는 에갈리테가 얼마 전에 브르타뉴에 다녀오면서 같은 일을 했다고 믿었다.

"나는 답장을 써서 좀더 정확한 정보를 보내라고 부탁했습니다. 아직 편지를 받지 못했지만, 계속해서 정보를 얻을 수 있으리라고 기대합니다. 나는 이 편지를 국방위원회에 넘기면서 의원들에게는 공개하지 말아달라고 했으며, 아직은 위원회의 답변을 듣지 못했습니다."

여러 의원이 편지의 날짜에 대해 물었고, 어떤 의원들은 에갈리테가 파리에서 나간 적이 없다고 말했다. 들라에는 에갈리테가 파리를 떠난 적이 있는지 없는지 알지 못하지만 자기가 받은 편지의 내용을 소개했으며, 에갈리테의 대리인이 세의 시민들에게 그를 왕으로 원하는지 의견을 물었음은 확실하다고 대답했다. 이제르의 제니시외는 에갈리테가 뒤무리에 장군의 지휘를 받는 아들 에갈리테와 주고받은 통신문을 공개한 적이 없는데, 이제 그의 편지가 나타났으며 모든 것이 그가 음모자임을 가리킨다고 말했다.

오른의 뒤프리슈 발라제는 자신이 바로 세의 시민인데 그런 사실을 보고받은 적이 없으며, 들라에에게 편지를 쓴 사람을 증언대에 세워 신문해야 모든 사실의 진위를 파악할 수 있다고 말했다. 튀리오는 실르리와 에갈리테의 서류를 당장 봉인하자고 제안했고, 르쿠앵트 퓌라보는 사람들의 본성을 잘 모르고 하는 말이라면서, 음모자라면 자기 집에 흔적을 그대로 남겨두겠느냐고 말했다. 부아예 퐁프레드는 일전에 모든 의원이 뒤무리에·발랑스와 아들 에갈리테가 오랫동안 반역의 범죄를 저지르고 적진으로 넘어갔다는 소식에 분개했을 때, 마른의 샤를리에가 "모든 부르봉 인사를 체포해서 인질로 삼읍시다!"라고 외쳤음을 상기시켰다. 부아예 퐁프레드는 이 공화파 의원의 말에 깊이 공감했으며, 이제부터 그 정당성과 필요성을 설명하겠다고 했다. 우아즈의 마티외Jean-Baptiste-Charles Mathieu가 "마침내 우리가 부르봉 인사들 손에서 벗어나 공화주의자가 된다"고 말하자, 로의 몽마유Hugues-Guillaume-Bernard-Joseph Monmayou는 "분명히 정체가 드러난 음모자들을 공화국에서 몰아낼 때까지 자리를 뜨지 않겠다"고 거들었다.

부아예 퐁프레드가 다시 입을 열었다. 그는 조국을 구할 수 있는 강력하고 단호한 혁명적 조치를 취해야 한다고 주장한 뒤 다음과 같은 취지로 말했다.

공화국을 설립한 날 부르봉 가문을 추방했다면 그 뒤로 일어나는 모든 혼란을 예방하고 파리를 평온하게 만들었을 것이며, 분열과 전쟁의 패배를 막을 수 있었을 것이다. 모든 약점을 고쳐야 할 때다. 공화국은 오직 덕으로만 존재할 수 있다. 그런데 왕족은 오직 범죄만 생각하고 저지른다. 궁중에서 부패한 데 그치지 않고 주둔지의 병사들과 시민들을 부패시킨다. 그들은 온갖 방식으로 야망을 감춘 채 조국의 신성한 이름을 들먹이면서 어느 날 갑자기 주인이 될 궁리만 한다. 아들 에갈리테를 보라. 그는 공화국의 혜택을 수없이 누렸고, 폭군의 피를 가지고 태어났다는 태생적인 흠결이 있음에도 군대를 지휘했다. 그는 음모를 꾸미고 도주한 데다 결국 적에게 투항했다. 모든 왕족이 한집안임을 잊지 말자. 부르봉 가문을 모두 인질로 삼자. 에갈리테가 동료 의원들을 넘겨준 폭군이 감히 프랑스 인민의 대표들을 해치려 든다면, 모든 인질을 사형시켜야 한다.

부아예 퐁프레드가 열변을 토하자 모든 의원이 열광하면서 자리에서 일어나 투표로 결정하자고 외쳤다. 의원들은 부르봉 가문의 모든 구성원을 구금한다고 의결했다. 들라크루아는 부르봉 가문의 남성뿐 아니라 여성과 어린이까지 포함시키자고 발의해서 통과시켰다. 멘에루아르의 들로네Pierre-Marie Delaunay le jeune*는 한술 더 떠서 부르봉 가문을 파리에 살게 해서는 안 된다고 말하고 나서 어느 곳으로 보내야겠느냐고 물었다. 의원들이 여기저기서 마르세유로 보내자고 대답했다.

그러나 루아레의 가랑 드 쿨롱Jean-Philippe Garran de Coulon은 그들을 인질로 잡아두어야 한다면서 반대했다. 라수르스는 부르봉 가문을 탕플에 머물도록 명령해야 한다고 말하면서 그들에게 여행의 자유를 주면 행방을 놓칠 수 있기 때문이라는 이유를 들었다. 그는 구국위원회가 부르봉 가문을 데려갈 장소를 지정하게 하자고 제안했다. 부슈뒤론의 뒤프라Jean Duprat는 이미 탕플에 가둔 사람들 외에 모든 부르봉 가문을 다른 도시에 수용하자고 제안했다. 의원들은 탕플에 갇힌 전왕의 가족을 계속 거기에 머물게 한다고 의결했다. 어떤 의원은 방금 탕플의 죄수들에 관한 명령만 내렸는데, 다른 인질의 문제도 결정해야 한다고 문제를 제기했다. 그는 파리와 마르세유가 둘 다 애국심이 충만한 도시라서 두 곳에 나눠 수용해도 좋겠다고 제안했다. 특히 필리프 에갈리테에게는 파리에 지인이 많지만 마르세유에는 한 명도 없으므로 그를 마르세유로 보내야 한다고 말했다. 의원들은 구국위원회에서 탕플의 죄수들을 제외하고 부르봉 가문의 나머지 사람들을 수용할 곳을 정하도록 의결했다.

실르리가 의장에게 발언권을 달라고 다시 한번 호소했고, 그렇게 해서 연단에 올라 혁명 초부터 자신의 행동을 눈여겨본 사람이라면 자신의 몸과 마음이 모두 결백하다는 사실을 알 것이라고 주장했다. 어떤 의원은 그가 발랑스 장군과 주고받은 편지를 내놓아야 한다고 말했다. 실르리는 발랑스와 교

＊　멘에루아르에서 들로네 형제가 국민공회에 진출했다. 형(Joseph Delaunay l'aîné)은 입법의원 출신이며, 동생은 앙제의 형사법원장 출신이다.

신한 적이 전혀 없다고 말했고, 샤를리에는 면책특권이 있는 의원을 보호할 의무가 있다고 말하면서 구국위원회에 적절한 조치를 맡기자고 제안했다. 이욘Yonne의 모르Nicolas Maure l'aîné는 실르리뿐 아니라 망명객들의 부인과 자녀까지 인질로 삼자고 제안했지만, 의원들은 그 제안을 부결시켰다. 동생 로베스피에르는 안보위원회가 석방한 본카레르·구이다르시·라클로를 다시 감옥에 넣어야 한다고 주장했고, 의원들은 그 안을 통과시켰다.[*]

의장은 다시 구국위원회 위원 아홉 명을 뽑는 호명투표를 실시한다고 선언했다. 그때가 자정이었는데, 투표는 새벽 3시에 끝났다. 그 결과는 7일 의 회의에서 발표하기로 했다. 의장인 오트가론의 들마Jean-François-Bertrand Delmas는 가장 많은 득표자부터 차례로 아홉 명의 이름을 불렀다.

바레르 360표, 들마 347표, 브레아르 325표, 캉봉 278표, 장 드브리 233표, 당통 227표, 기통 모르보 202표, 트렐라르 167표, 들라크루아 151표.

의장은 그다음 아홉 명의 이름도 차례로 불렀고, 의원들은 그들을 예비위 원으로 정하자고 말했다.[**] 그러나 코레즈의 브리발Jacques Brival이 애초에

---

[*] 본카레르Guillaume de Bonne-Carrere는 미라보 백작과 뒤무리에의 친구이고, 구이다르시 후작 Louis-Marthe de Gouy d'Arcy은 왕당파 군인이며, 『위험한 관계』로 유명한 쇼데를로 드 라클로 Pierre Ambroise François Choderlos de Laclos는 군인이자 필리프 에갈리테의 비서였다.

[**] 라레블리에르 레포 146표, 라수르스 143표, 이스나르 141표, 로베르 랭데 122표, 뒤리오 103표, 뒤부아 크랑세 96표, 부아예 퐁프레드 86표, 메를랭 드 두애 85표, 캉바세레스 62표.

집행위원회 위원을 뽑을 때 예비위원에 대해 정하지 않았기 때문에 예비위원 임명은 없던 일로 하자고 제안했고, 그 말을 들은 의원들은 그렇게 하기로 의결했다. 비서인 가랑 드 쿨롱이 장 드브리가 보낸 사임서를 읽었다. 드브리는 건강상의 이유로 구국위원회의 중요한 임무를 맡을 수 없다고 말했다. 사실 그는 얼마 전 의장직을 수행하다가 각혈을 할 만큼 병약했다. 브레아르는 구국위원회를 구성하는 것만 능사가 아니라 활동을 하도록 만들어야 하기 때문에 다른 위원들도 직책을 맡을 것인지 수락해야 하며, 수락하는 위원은 즉시 국방위원회 회의장에 모여 새로운 임무에 전념해야 한다고 말했다. 의원들은 그의 제안을 통과시켰다. 또한 그들은 의장 들마와 비서 캉봉이 구국위원회 위원이 되었으므로 두 사람을 대신해서 회의를 진행하게 하고, 드브리를 제외한 나머지 여덟 명은 위원직을 수락했기 때문에 한 번 더 호명투표를 실시해서 로베르 랭데를 새 위원으로 뽑았다.

4월 7일 일요일에는 부르봉 가문의 사람들을 체포했다. 필리프 에갈리테도 붙잡혀 마르세유의 감옥으로 압송되었다. 그날 정오에 구국위원회는 공식적으로 첫 회의를 열었다. 트렐라르를 제외한 여덟 명이 모여 의장으로 기통 모르보, 부의장으로 브레아르, 비서로 바레르와 랭데를 뽑았다. 원래 한 달 동안 활동하도록 규정했음에도 구국위원회는 7월 10일에 재출범했다. 그때까지 나온 회의록의 대부분은 랭데가, 일부를 바레르가 썼다. 7일의 첫 회의에서 그들은 중요한 운영방침을 결정했다.

1. 날마다 오전 9시에 주간회의, 오후 7시에 야간회의를 시작한다.
2. 모든 회의는 비공개이며, 그 대신 시민들의 제안을 받는 위원을 한 명 둔다.

그리고 다음과 같은 방식으로 구국위원회를 조직하기로 했다.

1. 연락사무국을 두어 군대와 모든 도에 국민공회가 파견한 의원들과 통신한다.
   사무국장에 드포르그Deforgues, 부국장에 르콩트Lecomte, 기록원에 베를리에Berlier와 카미유 데물랭을 임명한다.
2. 장관과 장성들의 연락사무국을 두고, 사무국장과 부국장 한 명씩, 기록원 두 명을 둔다.
3. 모든 종류의 봉답문·청원서·의견서, 그리고 최고행정회의에 대한 이의신청을 등기부에 기재하며 모든 문서를 배포하는 중앙사무국을 두고 사무국장 한 명과 사무원 세 명을 둔다.

이쯤에서 첫날 저녁 구국위원회의 회의록만 소개하고 다음 장으로 넘어가겠다. 저녁회의에는 아홉 명이 모두 모였다. 그들은 전쟁장관의 편지를 읽고, 군대의 보급품 현황에 대해 파악했다. 모든 상황을 입증할 만큼 충분한 정보를 얻지 못했기 때문에, 위원들은 전쟁장관에게 병영의 군수품 현황을 위원회에 계속 보고해서 국민공회가 파견하는 의원들이 현장에서 검열할 수 있는 근거로 삼도록 의결했다. 그들은 육군·해군·재무 장관들을 회의에 참석시켰다. 전쟁장관은 릴에 2만 5,000명 이상이 집결했으며, 오스트리아군에 항복한 마라세 장군이 1만 명을 헨트Gand에서 됭케르크까지 무사히 이동시켰는지 결과를 알아보는 중이라고 보고했다.

최고행정회의는 케누아Quesnoy의 임시사령관 고게Gogué, 넬Nesle의 임시사령관 라발레트La Valette, 부관 브륀Brune, 준장 보르가르Beauregard, 외르

대대의 부관 들로네에게 파견의원들한테 연락해서 북부군을 재결집하고 재편하는 동시에 탈영자를 체포하고 그들을 원대로 복귀시키는 조치를 취하라고 의결했다. 또한 전쟁장관에게 징병사무국을 신설해서 모든 도에서 징집현황을 집계한 후 보고서를 발송하라고 명령했다. 구국위원회는 불로뉴 시정부가 프랑스와 영국의 모든 통신관계를 폐지하는 데 따르는 이익과 불이익에 대해 파드칼레 도에 보낸 문서를 검토했다. 그러고 나서 파견의원인 카르노와 르사주 세노에게 국민공회로 복귀하기 전에 불로뉴 시의 주장을 바탕으로 현 상황에서 통신 보류 상태를 끝낼지 말지 심사숙고하라는 명령을 내리기로 의결했다.

그들은 4월 8일에는 각 도에서 진행 중인 징병활동의 진척 상황을 파악하고 신병을 빨리 집결시키는 방법을 정하기로 했다. 또한 그들은 새로운 법으로 징집할 4만 명과 국내의 각 도에 지급하라고 됭케르크에서 파리로 보낸 소총 9,000자루의 분배계획을 세우기로 했다. 뫼즈 도의 파견의원들이 샤조 Chazot 장군의 행위에 대해 국민공회에 보고한 내용을 검토해서, 샤조를 국민공회의 증언대에 세울 것, 뫼즈·아르덴의 두 도에 나간 파견의원들은 스당 Sedan으로 이동해서 샤조의 행동에 대해 조사하는 동시에 신병의 소집과 무장을 감독하며 직접 구국위원회에 연락할 것, 파견의원들은 도 지도부가 현장에 늦게 나타나거나 부재 시 직접 공화국의 모든 필수품과 모든 부대와 주둔지에서 구매한 필수품을 파악해서 현황보고서를 작성한 뒤 국민공회에 보낸다는 내용의 법안을 브레아르가 국민공회에 상정하도록 의결했다. 그리고 집행위원회는 샤조 장군의 신병을 확보하기 위한 안전조치를 취한다. 구국위원회는 이 기록에 기통·바레르·들라크루아·트렐라르·랭데·캉봉이 서명했다.

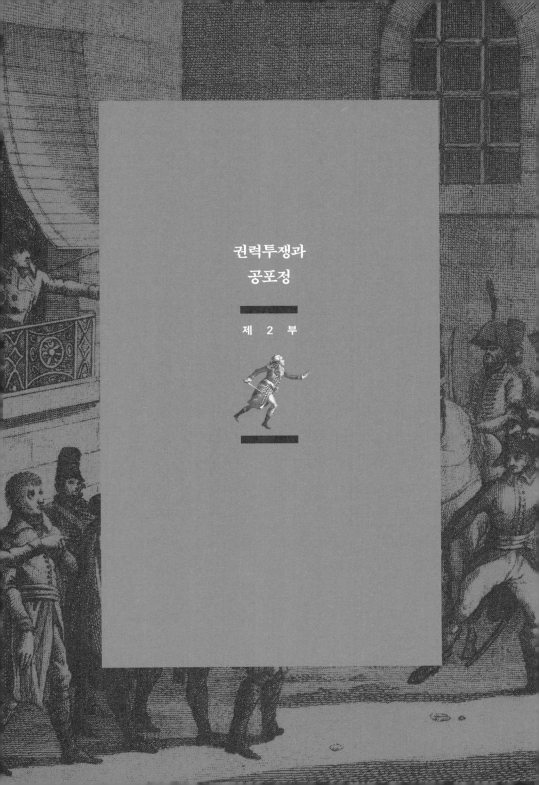

권력투쟁과
공포정

제 2 부

1
권력투쟁과
마라의 재판

장폴 마라Jean-Paul Marat, 그는 누구인가?
그는 에스파냐 태생의 의사인 장 마라Jean Marat와 루이즈 카브롤Louise Cabrol
을 부모로 1743년 5월 24일에 스위스 뇌샤텔 근처 부드리Boudry에서 태어
났다. 그의 아버지는 칼뱅파 개신교도로서 박해를 피해 스위스로 망명했으
며 1741년에 제네바에서 귀화했다. 그는 1793년 1월 14일자 『프랑스 공화
국 신문Journal de la République française』에서 아버지로부터 지식을, 어머니로
부터 체질을 물려받았다고 썼다. 그는 다섯 살에 초등학교 선생, 열다섯 살
에 중등교사, 열여덟 살에 작가, 스무 살에 천재작가가 되려는 야망을 품었지
만, 결국 "조국을 위한 일에 매진하게 되었다"고 술회했다. 신분제 사회에서
태어난 아이의 꿈을 오늘날 어린이의 꿈과 비교하면 세상이 얼마나 바뀌었
는지 볼 수 있다. 아무튼 마라는 그 나름대로 자유로운 직업을 향한 꿈을 성
취하는 사람이었다. 아버지의 첫 교육을 받은 뒤, 1759년에 의학을 공부하러
프랑스로 떠났다. 툴루즈·보르도를 거쳐 1761년에 파리에 정착했다. 몇 년
뒤에 네덜란드를 거쳐 영국으로 갔다가 1765년 스코틀랜드 세인트 앤드루
스 대학교에서 의학박사 학위를 받았다.

마라가 1774년에 쓴 『노예제의 사슬The Chains of slavery』은 1792년에 프
랑스어판(Les Chaînes de l'esclavage)을 낳았다. 이 책에서 그는 영국의 정치
투쟁이라는 맥락에서 궁중과 내각의 부패를 폭로하면서 결국 봉기와 폭력이
필요하다는 이론을 발전시켰다. 그는 이 책 덕택에 몇몇 도시 부르주아 계층

의 환대를 받았고 단체에 가입하는 영예를 얻었다고 브리소에게 말했다. 그는 영어로 『인간에 관한 철학적 시론A Philosophical Essay on Man』을 써서 계몽사상가 엘베시우스Claude-Adrien Helvétius를 비판했다. 이 책은 1775년에 프랑스어로 『인간원리론Traité sur les principes de l'homme』이라는 제목을 달고 나왔다. 볼테르는 이 책을 비웃었고, 마라는 상처를 받았다. 그는 말브랑슈·콩디야크 같은 인사들을 무식하면서도 오만하고 속이 좁다고 비판했다. 볼테르는 욕을 하지 않아도 체계적인 반대를 할 수 있다고 말하면서 마라가 아무 이유도 없이 그저 욕설만 한다고 비꼬았다. 가장 전성기를 누리던 볼테르는 "의학박사 양반이 이처럼 양립하지 않는 말들을 늘어놓는다면 동료들도 외면할 것이다"라고 말했다. 마라는 볼테르의 말을 조금도 들으려 하지 않았다.

마라는 1776년에 파리에 정착하고 이듬해에 아르투아 백작 근위대 의사가 되어 1786년까지 일했다. 그는 의사로서 어느 정도 성공을 거두는 데 만족하지 않고 불·빛·의학적 전기電氣*의 성격에 대해서도 연구했다. 아마도 궁핍에 대한 두려움에서 벗어나려는 목적도 있었으며, 동시에 과학아카데미 소속 학자들의 코를 납작하게 눌러줄 속셈도 작용했을 것이다. 실제로 그는 1783년에 의학적 전기의 연구로 루앙아카데미의 학술상을 받았다.

마라는 1780년에 뇌샤텔에서 『형사법에 대한 생각Plan de législation criminelle』을 발간했다. 제1부에서 사회질서와 형벌에 대해 설명하고, 제2부

---

* 프랑수아 자네티François Zanetti는 『계몽주의 시대의 의학적 전기L'électricité médicale dans la France des lumières』(Oxford, 2017)에서 1770년대 이후 전기가 의학적으로 활용되기 시작했다고 말한다.

에서 국가에 대한 죄를 '가짜'와 '진짜'를 구별해서 자세히 분석했다. '가짜'에는 군주에 대한 비방이나 살해가 있고, '진짜'에는 반역·음모·조선소 방화·공금횡령 따위가 있다는 것이다. 군주를 국가와 동일시하던 시대에 감히 '가짜' 죄를 논했다. 한마디로 이 책에서 마라는 압제의 사회적 형태를 분석했고, 프랑스 공권력은 이 책을 금서로 배척했다. 1782년부터 마라는 건강에 문제가 생긴 데다 파산까지 해서 학문에도 힘쓸 수 없게 되었으며, 1784년에는 아르투아 백작 근위대 의사직을 잃어버리고 혁명이 일어날 때까지 생활의 안정을 찾지 못했다. 그는 의학과 물리학을 포기하고 인민의 행복에 전념하기 시작했다.

그러나 마라는 여느 때처럼 외톨이였다. 신문발행인인 카미유 데물랭과 프레롱이 함께 일하자고 청했지만, 그는 "칠면조는 무리를 이루지만 독수리는 언제나 혼자 다닌다"고 대답했다. 그는 언제나 남보다 위에 있으며, 당통이나 로베스피에르도 자기를 능가하지 못한다고 믿었다. 그는 1789년 4월에 제3신분과 전국신분회 대표들을 위해 『조국에 바치는 선물*Offrande à la patrie*』, 8월에는 『헌법에 대한 생각*Plan de Constitution*』을 발표했다. 아직까지 그는 왕정을 버리지 않았다. 그러나 민중이 바스티유를 점령한 뒤 500명의 목을 베라고 제안했고, 나중에는 자기 충고를 듣지 않아서 질서를 잡을 수 없다고 말했다.

마라는 1789년 9월 12일에 일간지 『파리의 신문기자*Publiciste parisien*』를 내놓았고, 16일부터 『인민의 친구』로 제호를 바꾸었다. 제헌의회에서 납세기준을 적용해서 선거권·피선거권을 주는 제도를 논의할 때, 그는 헌법에 대한 저서에서 모든 시민에게 참정권을 주어야 한다고 했던 주장을 되풀이했다. 그는 유산자와 귀족의 권력 독점을 예견했으며, 더 나아가 고위직 성직자·재산가·왕의 관리·비겁한 국회의원들에게 투표권을 주지 말라고 주장했다.

1789년 10월 5일과 6일의 사건(왕의 파리 정착)이 일어난 뒤, 그는 신문발행을 멈추고 지하로 숨었다. 그 뒤 그가 살육을 부추긴다는 혐의로 추적을 당할 때마다 신문은 나오다 말다 했다. 그는 11월 4일에 『대중의 법원에 네케르를 고발함』*을 써서 출판사를 열 군데나 찾아다녔으나 거절당했다. 마침내 12월 5일에 그것을 직접 발간한 뒤 체포되었다가 풀려났다. 그는 1790년 1월 22일에 샤틀레 법원이 동행명령을 발부하자 여배우 플뢰리의 집에 숨었다가 베르사유에 있는 생루이 교회의 사제인 바세Basset의 집으로 피신했다. 그리고 결국 영국으로 건너가서 다시 한번 네케르를 고발하는 글을 발간했다. 그는 5월 18일에 『인민의 친구』를 발행해 귀국을 알렸지만 여전히 동행명령을 피해 숨어 다녔다. 1791년 6월 21일에 왕이 도주하자 그는 파리 주민이 언제나 그렇듯이 단순한 '구경꾼badauds'에 불과하다고 질타한 뒤 최고 독재관을 임명해서 모든 역적을 처단하자고 외쳤다. "군사적 호민관tribun militaire에게 독재권을 주지 않으면 패배할 것이다." 그는 사람들이 이 충고를 받아들이지 않는다면 영원히 작별하겠다고 경고했다. 그러나 그는 관심을 끄지 않았고, "500~600명만 목을 쳐도 자유와 행복과 휴식을 얻을 수 있다"고 말하면서, 거짓 인류애 때문에 망설이지 말라고 말했다.

제헌의회는 7월 31일에 마라를 체포하라는 명령을 내렸다. 그러나 마라는 이미 샹드마르스 학살사건이 일어난 날부터 자취를 감추었다. 그는 8월

---

* *Dénonciation faite au tribunal du public*, par M. Marat, l'Ami du Peuple, contre M. Necker, premier ministre des finances.

10일 이후 다시 나타나 제헌의원 800명을 모두 처단해야 한다고 주장했고, 입법의회가 시작한 지 두 달 만에 자기 말을 듣고 600명만 죽였다면 혁명을 순조롭게 성취할 수 있을 것이라고 안타까워하더니 마침내 이렇게 말했다.

어리석게도 여러분은 집요한 적들이 음모를 꾸미고 세력을 구축하도록 내버려두어, 무찔러야 할 세력을 5,000~6,000명으로 키웠다. 망설일 틈 없이 모두 2만 명만 베어버리면 족할 것이다.

그는 체포명령을 피해 다시 런던으로 갔다. 그는 1792년 4월 6일에 코르들리에 협회가 보낸 편지를 받았다. '인권의 친구들 협회'는 『인민의 친구』의 열렬한 시민정신과 원칙에 공감하면서, 그가 신문발행을 멈춘 것은 "공공의 진정한 불행"이라는 말로 그를 복귀시켰다. 그렇게 해서 그는 4월 12일부터 『인민의 친구』를 거의 다섯 달 만에 복간했고, 그때까지 참았던 분노를 다시 쏟아냈다. 그는 입법의원의 다수가 타락했으니 칼과 불로 다스려야 한다고 주장하고, 결론에서 이렇게 말했다.

병을 고치려면 제대로 진단해야 한다. 『인민의 친구』는 헌법의 결점을 상세히 설명하고, 그 처방을 제시하고, 공공정신을 함양하고, 역적의 정체를 밝히고, 음모를 무산시키는 일을 끊임없는 과제로 추구할 것이다. 그는 국민의 행복을 항상 추구하기 때문이다.

5월 3일에 입법의원들은 그를 체포하는 법을 통과시켰고, 21일에 그의 인쇄기를 압류했다. 그러나 그의 신문은 이틀 뒤부터 다시 나왔다. 그는 8월

10일에 '제2의 혁명'을 일으킨 혁명코뮌의 일원이 아니었지만 회의 중에 발언권을 얻었다. 그는 혁명코뮌의 감시위원회를 설립하는 일에 관여하고 행동지침을 주었다. 그는 박해를 받아 인쇄기를 빼앗겼다는 이유를 앞세워 루브르에 있던 국립인쇄소의 물건을 차지하려고 노력했다. 구체제부터 거물급 인쇄업자였으며 국립인쇄소장인 아니송 뒤페롱Anisson-Duperron은 드세게 항의했다. 테아트르 프랑세 구가 "시민의 덕을 풍부하게 갖추었지만 루소만큼 가난한" 마라를 도와주러 나섰다. 그러나 파리 코뮌의 검찰관 마뉘엘은 이 문제를 모른 척하면서 관여하지 않았다. 마라는 내무장관인 롤랑에게도 호소하다가 실패하고 나서 9월 2일에 필리프 에갈리테에게 하소연했다. 그러나 별 소득이 없었다. 그날 그는 파리 코뮌의 감시위원회에 있다가 학살이 일어났다는 첫 보고를 받았고, 감옥에 급히 쪽지를 써서 빚쟁이와 잡범까지 희생시키지 말라고 호소했다.* 9월 7일 자코뱅 클럽에서 카푸친회 수도사였던 샤보**는 마라를 적극 추천했다.

"나는 마라의 재능을 믿지 않는 사람들에게 그 누구보다 용기 있는 사람이라고 말해주겠습니다. 그는 혁명 초부터 줄곧 용기를 보여주었습니다. 그러나 나는 정작 그들이 아니라 온건한 사람들의 생각을 바꿔주어야겠다고 마음먹었습니다. 온건한 사람들은 마라를 선동자라고 말하기 때문입니다. 그러나 사실은 그가 선동자이기 때문에 그를 국민공회로 보내야 합니다."

마라는 파리에서 국민공회로 보내는 의원 스물네 명 가운데 일곱 번째로 뽑혔다. 국민공회가 활동을 시작했을 때부터 마라는 유별난 옷차림을 하고

---

* 10월 12일의 『공화국신문Journal de la République』 12호.
** 샤보도 루아르에셰르의 의원이 된다.

서 몽타뉴파 쪽에 앉았다. 마치 연극배우처럼 머리에 수건을 두르고, 앞가슴을 넓게 헤치고, 가죽바지를 입고 다녔다. 그는 말과 글만으로도 다른 의원들에게 충분히 두려운 존재였고, 그렇게 해서 전체를 상대로 싸웠다. 9월 25일 화요일에 지롱드파는 파리 코뮌을 고발하고, 모든 도가 국민공회의 안전을 지켜야 한다고 주장했다. 지롱드파를 지지하는 캉봉은 유일한 구국의 조치로 3인방의 정치를 해야 한다는 내용의 벽보에 마라가 서명한 것을 보았다고 말했고, 다른 의원들도 그것을 보았다고 확인했다. 마라가 발언권을 신청하자 수많은 의원이 "연단에서 내려가시오!"라고 외쳤다. 들라크루아가 마라의 말을 듣자고 제안했고, 마라는 "오직 조국을 사랑하고 조국의 구원만 생각하는 인간에게 쓸데없이 아우성치고 조롱하고 위협이나 가하는 일이 얼마나 부끄러운지 깨닫기 바랍니다"라고 응수했다.

10월 25일 목요일에 아르덴의 베르몽Alexis-Joseph Vermon은 마라가 20만 명을 죽이자고 했다고 말했다. 마라는 국민공회에서도 똑같이 말할 용의가 있다고 응수했다. 의원들이 분노하자, 모든 사람에게는 의견의 자유가 있으며, 자신도 그 자유를 누릴 권리가 있다고 대답했다. 그의 언행을 일일이 추적하는 일은 이쯤에서 그치겠지만, 앞에서 얘기했듯이 그가 무조건 세상을 증오한 사람은 아니었음을 다시 한번 확인해둔다. 그는 의사였고 계몽사상가들을 비판할 만큼 자신의 사상체계를 수립한 사람이었다.

그는 1793년 3월 14일의 『인민의 친구』(144호)에서 "인민의 친구는 조국을 구하기 위해 모든 형태로 변신한다. 역적들의 가면을 벗겨야 한다. 혁명법원 설립과 모병을 격렬하게 방해하는 정치인들의 노력을 무산시켜야 한다. 위기의 시기에 선량한 시민은 모두 국민공회를 중심으로 뭉쳐야 한다"고 썼다. 마라는 닷새 전인 9일에 당통이 빚을 지고 구속된 사람들을 석방하는 법을 발의해서 통과시킨 사실을 거론하면서 국민공회의 연대기에 가장 기억할 만한 날이라고 썼다. 그리고 20일자 148호에서는 "인민의 친구가 예언했듯이 뒤무리에가 나라를 팔아먹었으며, 국방위원회 소속 위원 몇 명이 거기에 가담했다"고 말했다. 그는 뒤무리에가 클라비에르나 롤랑처럼 브리소파의 지지를 받아 전쟁대신이 되었는데, 브리소파야말로 국민을 속이기 위해 애국자의 가면을 쓰고 자코뱅파로 자처하고 다닌다고 비난했다.

레알Les Halles 구민들은 이 신문에서 마라가 조국을 지키려고 전방으로 가는 시민들을 "도살장으로 간다"고 모욕했다고 분개하면서 법무장관에게 고발했다. 3월 20일에 루이 고이에Louis Gohier가 법무장관이 되었으나, 22일에 전임인 가라가 국민공회에 편지를 써서 그 사실을 알렸다. 의원들은 26일에 그 편지를 입법위원회에 넘겨서 검토하라고 의결했다. 그러고 나서 신임 법무장관 고이에가 쓴 보고서를 읽었다. 고이에는 2월 25일 파리에서 일어난 소요와 약탈사건과 관련해서 마라의 글을 법원에 넘기는 명령을 내렸음에도 기소인이 태만하고 치안판사들이 움직이지 않는다고 불평했다. 의원들은 이 편지도 6인위원회와 입법위원회에 넘겨서 처리하라고 의결했다.

3월 28일 목요일에 마라는 망명객들을 심판하는 법안을 발의해서 지지를 받았다.

1. 지금까지 나온 망명객들에 관한 법의 전 조항을 모든 도에 보내서 당장 집행하도록 하며, 망명으로 고소를 당한 사람들이 한 이의신청을 심판하기 위해 당장 토론을 시작한다.
2. 반혁명분자를 체포하고 가둔 지방의 행정단체는 주모자를 포함한 주요 인물의 성명과 죄과罪科를 국민공회에 보고한다.

한편 직공 모집자가 대로에서 의용군과 병사들에게 직공으로 일하면 더 편하게 돈을 벌 수 있다면서 탈영을 부추기는 일도 있었다. 전방을 지키는 일과 생산업을 함께 유지해야 하는 현실은 총력전의 난관이었다. 마라는 국방을 위해 직공 모집자를 사형에 처하라고 요구해서 법안을 통과시켰다.

29일에 마라는 뷔조가 "파견의원들의 애국심을 헐뜯는 사악한 당파의 음모"를 드러낸다고 비난해서 방청객의 환호를 받았다. 그는 이 당파가 애국파 의원들을 죽이려 들고, 그것도 모자라 중상비방까지 한다고 비난했다. 이어서 그는 전쟁장관을 불러 베르됭 요새의 불안한 상황에 대해 들어야 한다고 주장한 뒤, 공공의 목적이나 개인의 벌이에 쓰는 말을 제외하고 모든 말을 징발하자고 의결했음에도 아직도 거만하게 흙탕물을 튀기면서 다니는 멋진 말들을 볼 수 있으니 내무장관이 아니라 파리 시장이 나서서 징발하라고 제안했다. 또한 그는 "어제 망명객들을 체포했지만 벌써 풀어주었다"면서 파리 시장에게 체포자 명단을 제출하라고 주문했다. 마지막으로 그는 벨기에에서 프랑스 병사들이 계속 살육을 당하는 소식을 들으면서 그러한 불행을 막을 특단의 조치를 취해야 한다, 당통이 이미 닷새 전에 돌아왔는데 아직까지 아무런 보고도 하지 않으니 먼저 그의 말부터 들어보자고 제안했다.

몽타뉴파 의원들이 "지지합니다!"라고 외치는데, 부아예 퐁프레드가 나서서 국방위원회가 파견의원인 고쉬앵과 트렐라르의 편지를 받았으니, 오슬랭에게 그 편지 내용부터 물어보자고 말했다. 마라는 고쉬앵이 보낸 정보는 거짓이라고 말했고, 몽타뉴파는 고쉬앵이 귀족주의자의 나팔수이면서도 애국자연한다고 떠들었다. 뷔조가 파리의 의원 한 명이 끊임없이 고발을 일삼는 것을 보면 무진장 화가 난다면서, "그가 국민공회를 정치클럽으로 바꾸고 싶어한다는 말입니까?"라고 물었다. 이 말을 들은 몽타뉴파 의원들이 격렬히 반발했고, 여러 의원이 뷔조에게 주의를 주라고 촉구했다. 바렝의 방타볼은 "파리의 의원들을 인정하는 단 한 사람의 연방주의자un fédéraliste가 있습니다"라고 뷔조를 공격했다. 냉전체제에서 벗어나지 않기를 바라는 세력이 빨갱이나 종북 좌파라고 상대를 공격했듯이, 그들은 뷔조를 '연방주의자'라고 공격했다. 뷔조가 맞설 차례였다. 그는 선량한 애국자들이 발언권을 얻지 못하는데, 마라의 말을 조용히 경청하는 것을 보면서 최소한 파리에서 당선되어야 발언할 기회를 얻는다고 생각하니 몹시 화가 났다고 해명했다.

"나는 연방주의를 원치 않습니다. 나는 전 국민의 대표이기 때문에 국민의 대표라는 칭호를 영광으로 생각합니다. 나는 국민의 대표직을 타락시키느니 차라리 죽는 편을 택하겠습니다."

의원들은 계속해서 국내외의 반혁명세력에 대처하는 방법을 강구했다. 그중 하나는 3일 안으로 전국의 모든 집이나 농장, 또는 거주지에 사는 사람들의 성·이름·별명·나이·직업을 읽기 좋게 적어서 바깥에 붙이고, 거주자에 변동이 있을 경우에도 즉시 명단을 다시 작성해서 붙이라는 조처였다. 도르도뉴의 라마르크가 안보위원회의 법안을 상정했다. "국민의 대의기관을 해체하고 왕정이나 인민주권을 해치는 권력을 수립하자고 주장하는 글을 짓거나 인쇄한 자들을 처벌하는 법"은 루이 카페를 처형한 뒤 공화국의 모든 도에 인민의 대표들을 학살하고 왕정으로 돌아가자면서 내란을 부추기는 소책자가 수없이 나돌아 다니는 현실에 대응하려는 조치였다.

안보위원회는 그동안 여론만으로도 이러한 사회적 현상을 충분히 바꿀 수 있다는 의견이 우세했지만, 전국 방방곡곡의 수많은 시민의 고발과 제보를 받고 지난 월요일에 서적상 두 곳에서 내란을 부추기는 소책자를 다량 찾아낼 수 있었다. 그 내용은 대체로 탕플에 갇힌 젊은 군주(루이 17세)와 가족을 구해서 왕좌에 앉히고, 시민들이 충성맹세를 하며, 인민의 대표들을 모두 몰아내며, 사제들을 되돌아오게 만들고 십일조를 걷는 권리를 되돌려주자는 것이었다. 정상적인 국가에서 언론·출판의 자유는 반드시 보장해야 할 권리지만, 그 권리를 남용해서 질서를 흔든다면 제재해야 한다. 안보위원회는 기존의 법을 다음과 같이 보완하기로 했다.

> 1조. 누구든 국민공회를 해산하고, 왕정을 회복하거나 국민주권을 훼손하는 권력을 수립하라고 부추기는 글을 쓰거나 인쇄한 사람은 특별법원(혁명법원)에 넘겨 사형에 처한다.
> 2조. 이런 종류의 글의 판매자·보급자·행상인이 작가·인쇄인·전달자를 밝힌다면 3개월 이하의 금고형에, 밝히지 않는다면 2년의 금고형에 처한다.

수많은 의원이 "지지합니다!"라고 외치는 가운데, 한두 명은 조건을 달았다. 특히 센에우아즈의 셰니에는 원칙상 시민과 국회의원을 차별해서는 안 되기 때문에, 살인을 부추기는 모든 사례에 이 법을 적용하자고 말했다. 그는 살인과 재산권의 침해를 부추기는 사람에게 공식적으로 사형을 내리는 조항을 넣자고 주장했다. 마라가 연단으로 달려갔다. 여러 사람이 마라에게 발언권이 없다고 말렸지만, 그는 연단에 올랐다. 그는 셰니에의 제안이 양날의 칼 같아서 애국자와 반혁명분자를 모두 벨 수 있다고 전제한 뒤, 우리는 오직 반혁명분자만 처벌해야 한다고 말했다. 그는 과격한 글을 남발하는 자신도 다칠 수 있음을 예방하고자 했던 것일까? 파리의 다비드Jacques-Louis David는 글만 아니라 그림을 가지고 질서를 흔드는 사람에게도 적용하는 법을 만들자고 제안했다. 의원들은 이 문제를 더욱 깊게 논의하고 법안을 수정했다.

4월 3일 수요일에 국민공회는 산회하지 않고 연속회의 체제로 들어갔으며, 앞에서 보았듯이 뒤무리에를 무법자로 규정하고 필리프 에갈리테와 지롱드파 실르리를 체포하는 명령을 통과시켰다. 그리고 로베스피에르는 브리소가 뒤무리에와 공모한 반역자라고 공격했다. 이틀 전에 마라가 국방위원회에서 영향력을 행사한 브리소·가데·장소네·베르니오를 들먹였는데, 이제 로베스피에르도 브리소를 공격하고 나섰던 것이다. 8일 월요일에 파리의 봉콩세이 구 대표단이 국민공회에서 청원했다.

오래전부터 공중의 목소리는 여러분에게 브리소·장소네·베르니오·바르바루·뷔조·루베·가데 같은 사람들을 롤랑과 공모해서 내란을 부추긴 당파의 지도자로 지목합니다.

4월 10일 수요일에 로베스피에르는 혁명의 역사와 뒤무리에의 반역의 역사를 동일하게 취급하는 연설을 했다. 그가 숨을 돌리려고 멈출 때면 지지자들이 어서 말하라고 추임새를 넣었고, 그는 하도 볼멘소리가 나와서 잠시 멈추었다고 말했다.

그는 뒤무리에의 친구와 공모자들이 바로 국방위원회 위원들이며 누구보다 뒤무리에의 비밀을 잘 알고 있었다고 고발했다. 특히 지롱드파의 지도자들은 뒤무리에의 행위에 대해 토론하려 들지 않았다면서 베르니오·브리소·장소네·가데를 고소하는 동시에, 뒤무리에의 음모를 특별법원에서 심판하고 발랑스·에갈리테·실르리 부부와 식솔도 모두 고소하라고 촉구했다.

11일 목요일에는 마라가 지롱드파를 겨냥했다. 그는 '범죄집단'이 실제로 있지도 않은 음모를 거론하면서 여론을 호도하는 이유가 자신들의 음모를 감추려는 데 있다고 비난했다. 그는 뒤무리에가 몽타뉴파를 공격한 것을 보면 지롱드파와 한통속임을 알 수 있으므로 법의 칼로 그들의 목을 쳐야 한다고 주장했다. 이 말을 들은 평원파와 우파 의원들이 코웃음 쳤고, 몽타뉴파는 열렬히 지지했다. 그는 자기가 글에서 추적했던 에갈리테가 과연 반역죄를 저질렀는지 심판하지 않겠으며 의원들의 판단에 맡기겠지만, 아들 에갈리테는 반역자라고 단언했다. 그는 의원들이 꼼짝하지 못하게 만들 제안을 하겠노라고 말했다.

"나는 뒤무리에처럼 아들 에갈리테의 머리에도 상금을 걸자고 요청합니다. 도주한 카페에 대해서도 마찬가지입니다. 우리는 여러분이 과연 진짜로 부르봉 가문을 추적하는지 아닌지 볼 수 있을 테지요."

아무개와 공모자가 아닌 척하는 사람들에게 아무개를 욕해보라고 다그치는 수법은 오늘날에도 낯설지 않다. 마라는 가데·베르니오 같은 사람들이 앞장서서 뒤무리에와 그의 아들 에갈리테, 카페 가문을 수배하면 불명예를 씻어내고 자신을 정당화할 수 있다고 다그쳤다. 그가 말을 끝내자 몽타뉴파는 물론 방청객들도 열렬히 박수를 쳤다. 의장직을 대행하던 튀리오는 방청객들에게 정숙하라고 요구했다. 그러나 코레즈의 상봉은 "의장님, 이 비열한 인간에게 맘껏 박수치도록 놔두시오!"라고 외쳤다.

여러 의원이 빨리 다른 의제로 넘어가라고 촉구했고, 센앵페리외르의 들라에가 마라의 제안을 받아들여서 음모를 꾸민 자들의 머리에 상금을 건다면 음모의 맥락을 끊어버려 아무런 사실도 알아내지 못할 것이라고 주장하면서 이 문제에 대해 가부간의 결정부터 하자고 제안했다. 마라가 해명하겠다고 나서자 다수 의원이 토론을 끝내라고 외쳤다. 마라는 계속 발언권을 요청하고, 의장대행은 거절했다. 마라는 뜬금없이 뷔조가 필리프 도를레앙 공작(이하 오를레앙 공)의 사업가라고 주장했다. 부슈뒤론의 바르바루는 뷔조가 오를레앙 공작의 사업가였다면, 마라는 그로부터 1만 5,000리브르를 받았다고 공격했다. 이 말에 우파 의원들이 박수를 쳤다. 되세브르의 르쿠앵트 퓌라보가 논쟁을 불렀다. 그는 마라의 말이 공화국의 이익에 부합하지만, 열강들이 명백하게 보복의 권한을 행사할지 모른다고 경고했다. 보복의 권한이라고? 몽타뉴파가 그의 말을 계속 끊었다. 그는 "왜 내 말을 끊습니까? 나는 인민의 대표가 아닌가요?"라고 항의한 뒤 연단에서 내려가려고 했다.

곧 우파와 평원파 의원들이 회의장 한가운데 모여서 몽타뉴파를 향해 달려갔다. 양측이 서로 협박과 쌍욕을 주고받았다. 부슈뒤론의 로즈 드페레가 칼을 빼들고 의원들을 위협했고, 의원들은 서로 손가락질을 하면서 "아베 감옥! 아베 감옥!"을 외쳤다. 회의장은 한 시간 동안이나 난장판이 되었다. 의장이 모자를 썼지만 오랫동안 질서를 잡기 어려웠다. 마침내 장내가 조용해졌다. 의장은 의원들에게 서로 경청하라고 말한 뒤 몽타뉴파에게는 남의 말을 방해하지 말라고 주의를 주었다. 바랭의 방타볼은 "우리를 들먹이면서 우리를 위협한 악당에게 경고해달라"고 말했다. 의장은 조용히 하지 않으면 더는 회의를 진행하기 힘들다고 경고하면서 르쿠앵트 퓌라보에게 발언권을 주었다.

그러나 극좌파 의원들이 격렬하게 떠들어댔다. 사르트의 필리포가 우파를 지목하면서 저쪽 의원이 우리에게 칼을 뽑았기 때문에 난장판이 되었다고 말하자, 여러 의원이 거짓말이라고 외쳤다. 바르바루는 칼이 아니라 펜이라고 말해서 다른 의원들을 웃겼다. 센에우아즈의 오두앵은 살인자에게 경고하라고 촉구했고, 파리의 파니스Jean-Etienne Panis는 의장에게 할 일이나 제대로 하라고 말했다. 그들은 칼을 뽑은 로즈 드페레를 살인자라고 비난했다. 로즈 드페레는 자코뱅 클럽의 공식 명칭을 헌우회에서 '자유와 평등의 친구들인 자코뱅협회'로 바꾸자고 제안했던 사람이다. 그는 루이 카페의 재판에서 지롱드파와 같은 편에 섰고 몽타뉴파와 싸웠다. 우아즈의 칼롱Etienne-Nicolas Calon도 의원들에게 칼을 뽑은 건방진 사람을 벌해서 국민공회의 위엄을 찾고 정의를 구현하자고 외쳤다. 또다시 의원들이 상대방을 향해 소리를 질렀고, 칼롱은 계속 자기 말을 이어나가려고 노력했지만 고함에 묻혀버렸다. 의장은 모자를 쓰고 간신히 질서를 되찾았다.

의장은 르쿠앵트 퓌라보에게 간단히 얘기를 끝내라고 허락했지만, 다비드·파니스·마라·방타볼은 지금 그것이 문제가 아니며, 칼을 뽑은 사람을 아베 감옥에 보내야 한다고 주장했다. 회의장이 다시 난장판이 되었고, 마라가 의장을 편파적이라고 비난했다. 의장은 마라에게 스무 번이나 거듭해서 경고했다고 맞섰다. 마라가 발언권을 요구하다가 마지못해 내려간 뒤, 몽타뉴파는 칼을 뽑아 자신들을 죽이겠다고 한 의원을 아베 감옥에 보내라고 떠들었고, 다른 의원들이 정회하라고 맞섰다. 우여곡절 끝에 로즈 드페레가 연단에 서서 다른 의원이 먼저 권총을 뽑아들었기 때문에 위급한 상황에 대처하려고 칼을 뽑았다고 변명했다. 또다시 몽타뉴파 의원들이 반발했고, 언쟁이 끝날 줄 몰랐다.

파리의 로베르는 우리 측에서 총을 뽑은 사람이 있다면 드페레가 지목해야 하며, 몽타뉴파가 절대 용서하지 않을 것이라고 말했다. 그러자 동생 로베스피에르와 파브르 데글랑틴도 똑같이 제안했다. 튀리오는 이렇게 자기주장만 하는 회의를 더는 이끌 수 없다면서 의장석을 떠났다. 의장 들마가 사회를

165

보는데, 몽타뉴파는 계속 드페레에게 권총을 뽑은 의원을 지목하라고 외쳤다. 로즈 드페레가 연단에 올라섰지만 의장은 발언권을 허용하지 않고, 오른도에 파견할 의원 네 명을 지명할 호명투표를 실시하겠다고 선언했다. 마라는 자기가 제안한 안건부터 물어보라고 버텼고, 나머지 의원들은 호명투표를 진행하라고 의장을 다그쳤다. 의장이 의견을 물어 호명투표부터 실시하기로 다시 한번 합의했다. 마라는 이제 카페^{Capet}의 공모자들이 누구인지 드러났다고 말했다. 의원들은 아랑곳하지 않고 호명투표로 파견의원 네 명을 뽑은 뒤 정회했다.

4월 12일 금요일에 부의장 뒤리오가 회의를 주재할 때, 로베스피에르와 페티옹이 서로 고발했다. 한때 서로 친하게 지내던 두 사람이 1년 동안 혁명의 흐름 속에서 이처럼 앙숙이 되었다. 페티옹은 1792년에 파리 시장으로 재직하면서 8월 10일을 전후해서 소극적으로 행동했기 때문에 파리 주민들과 특히 자코뱅 급진파들의 의심을 샀다. 뒤무리에가 프랑스를 배반한 뒤 그와 공모한 의원들을 징계해야 한다는 목소리가 높아질 때, 로베스피에르는 페티옹을, 또 페티옹은 로베스피에르를 향해 서로 뒤무리에의 공모자라고 설전을 벌였고, 지롱드파와 몽타뉴파 의원들이 가세했던 것이다.

의사봉을 넘겨받은 들마는 지롱드의 가데에게 로베스피에르에 대한 반론권을 주었다. 지롱드파인 가데는 루이 카페를 재판할 때부터 몽타뉴파와 계속 격돌했다. 특별형사법원(혁명법원)을 설립하는 데 반대했고, 10일에 봉콩세이 구와 알오블레 구의 청원에 대해 논의할 때, 파리 주민을 다른 지역 주민들과 격리시켜야 한다는 취지의 주장까지 서슴지 않았다. 로베스피에르는 지롱드파가 라파예트·뒤무리에와 밀약을 하고, 왕을 구하려고 노력했으며, 온건파·푀이양파였다고 비난한 뒤, 마지막으로 브리소·베르니오·장소네·가데를 기소해야 한다고 말했다. 베르니오는 로베스피에르의 고소를 반박했다. 이제는 가데의 차례였다.

　가데는 로베스피에르가 그동안 아무런 근거 없이 자신을 비난했는데, 그 과정을 세 시기로 나눠서 반박하겠노라고 말했다. 그는 로베스피에르가 비난했듯이 장관들을 임명할 때 영향력을 행사했는지, 따라서 장관들의 실책에 책임져야 하는지에 대해 반박했다. 도대체 자기가 임명한 장관이 누구란 말인가! 장관은 평판이 좋은 애국자였다. 따라서 대중이 임명했다. 애국자 장관 네 명은 뒤무리에·세르방·클라비에르·롤랑이었는데, 뒤무리에에 대해서는 처음부터 잘 아는 사람이 아니었다. 장소네가 제헌의회에서 방데에 군대를 파견하라고 촉구할 때 노련한 뒤무리에의 명성을 처음 듣게 되었을 뿐이다. 가데는 뒤무리에와 사적으로 아무런 관계가 없다고 길게 해명했다. 몽타뉴파가 웅성거리기 시작했다. 가데는 자신이 국방위원회에서 뒤무리에에 대해 한 말을 위원들뿐 아니라 거기에 드나들던 다른 의원들도 들었다고 해명했다. 그는 뒤무리에처럼 세르방도 장관이 되기 전에 만난 적이 없다고 말했다. 게다가 그는 장관이 된 세르방을 만날 때는 '성실한 두 명'과 함께 만났는데, 그 두 사람은 브리소와 클라비에르였다고 설명했다.

　이어서 가데는 입법의회의 여러 위원회에 끼친 영향에 대해 해명했다. 자신이 속했던 입법위원회는 입법의회 임기가 끝나면서 쓸모없어질 법을 몇 개 마련했기 때문에 별로 비난받을 일이 없지만, 로베스피에르가 특히 문제삼는 것은 외교위원회의 활동이다. 그러나 그는 입법의회의 외교위원회 소속인 적이 없었다. 그는 국가가 점점 위중한 상태에 들어가면서 입법의회가 필요하다고 생각해서 국방위원회와 21인위원회를 만들었을 때 거기에 속했을 뿐이다. 21인위원회에 속한 위원들은 대부분 자신을 멀리해야 한다고 생각한 사람들이었으며 이른바 애국파는 아니었다. 그런데 어찌 자기가 그들에게 영향을 끼칠 수 있겠는가! 단, 21인위원회에서 왕의 폐위에 반대했다. 왕세자가 왕위를 잇고 오를레앙 공이 섭정이 된다고 생각했기 때문이다. 다른 위원들도 이 점에 공감했다. 이 일을 가지고 왕실과 타협했다고 비난하는데, 그 증거를 내놓으라!

세 번째로 가데는 국민공회 의원으로서 한 활동에 대해 해명했다.

"바로 이 지점에서 나 스스로 죄인임을 인정하라는 강요에 시달립니다. 그러나 내가 무슨 죄를 졌단 말입니까? 악당과 역적들을 조금 더 살려두면, 조국이 패배하는 것을 막을 수 있다고 믿은 일? 나를 어떤 당파의 우두머리로 지목한 사악한 도당이 퍼뜨린 수치스러운 중상비방문에 정면으로 대응하지 않고 폭풍우를 헤쳐 나갈 수 있다고 믿은 일?"

그는 자신을 대표로 뽑은 유권자만이 자신을 꾸짖을 수 있다고 말한 뒤, 뒤무리에와의 관계를 다시 한번 해명했다. 그는 자식의 건강을 걱정하면서 장군에게 편지를 써달라는 어떤 의원에게 장군과 친분이 없다는 사실을 분명히 밝혔지만 어쨌든 편지를 썼으며, 뒤무리에의 답장을 받지 못했다고 말했다. 그러나 나중에 장군은 휘하의 장교가 파리에 올 때 전쟁장관에게 보내는 의견서를 그에게 전하도록 했다. 뒤무리에가 퀴스틴 장군 아래서 근무하는 가데의 동생에게 특별히 관심을 가지고 있다는 내용이었다. 가데는 그 의견서를 전달받고서도 공화국 정신에 어긋난다고 생각해서 장관에게 전하지 않았다고 말했다. 그는 공화국에서는 그 누구도 자기 실력에 의하지 않고서 남의 자리를 차지할 수 없다고 믿는다고 강조했다. 그 뒤 뒤무리에는 파리를 방문했지만, 그리고 국방위원회에 들렀지만, 가데는 따로 그를 만나지 않았다. 뒤무리에를 위해 연회를 베푼 사람과 친분이 있기 때문에 참석했지만 오

1793년 5월 5일, 방데의 왕당파 군대가 브린Vrines 다리를 공격하는 모습(작자 미상의 판화).

6월 2일 오후, 국민공회를 포위한 파리 국민방위군의 앞에 나선 지롱드파 지도자들.
스웨바슈 데퐁텐Swebach-Desfontaines의 그림을 판화로 제작(출처 미상).

'인민의 친구' 마라가 연단에서 연설하는 모습(BNF 소장).

마라가 피신했던 코르들리에 협회의 지하실에서 고대 철학자 디오게네스의 도움을 받아 나오고 있다.
청빈하게 살던 고대 철학자는 통을 버리고 시공을 초월해서 '인민의 친구'를 돕는다(BNF 소장).

1793년 7월 13일 저녁에 샤를로트 코르데가 마라를 살해했다(BNF 소장).

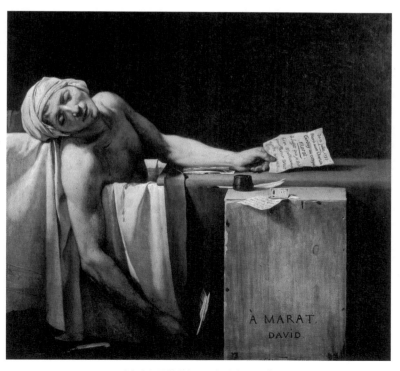

〈마라의 죽음〉(자크 루이 다비드 그림).

공화국을 상징하는 여성이 붉은 프리기아 모자를 쓴 채 천문도첩을 펴들고 앉아
발밑에 그레고리우스 달력을 밟고, 파브르 데글랑틴이 이름을 지은 공화력을 보여주고 있다.
드뷔쿠르Debucourt 그림(BNF 소장).

래 머무르지는 않았다. 지금 그를 비난하는 사람들이 그가 파리에 왔을 때 그의 곁에 붙어다녔다.

"파리의 모든 극장에서 뒤무리에 곁에 항상 누가 있었는지요. 여러분의 당통."

"아, 그대가 나를 성토하다니, 나를! 그대는 내 힘을 모르는 모양이군!"

이제 가데는 당통과 설전을 벌여야 했다. 당통은 오페라에서 뒤무리에의 칸막이 좌석 안에 같이 있은 적이 없고, 그 옆의 칸막이 좌석에 있었지만, 오히려 가데가 그와 함께 있었다고 맞섰다. 가데는 목격자들을 앞세울 수 있다고 말했다. 파브르 데글랑틴과 상테르 장군은 뒤무리에 장군에게 잘 보이려고 애썼다. 가데는 다시 로베스피에르를 겨냥하고 그의 논리를 역이용했다. 가데는 로베스피에르 자신이 반역자라 부르는 자와 소통했기 때문에 그야말로 반역자라고 비난하고, 자신은 뒤무리에와 아무런 관계가 없다고 잘라 말했다. 상상이 아니라 사실만으로 판단할 뿐이다. 그는 뒤무리에가 정복자이며 승리자일 때는 찬양했지만, 음모자일 때는 비난했다. 그는 로베스피에르를 향해 이렇게 외쳤다.

"그대는 브루투스가 자식들을 사랑하지 않았다고 믿는가? 브루투스는 자식들과 자연적인 관계를 맺었지만, 그들을 고발했으며, 아무도 그가 자식의 범죄에 공모했다고 생각하지 않는다. (……) 내가 말뜻을 제대로 이해했다면, 도당이란 정통성 있는 권위를 뒤집어엎고 권력을 찬탈하려고 노력하는 패거리를 일컫는다. 로베스피에르여, 그런 일을 하는 자가 그대인가, 나인가? 대답해보라."

몽타뉴파에 속한 의원이 "그대다!"라고 외쳤다. 가데는 의원들을 향해 말했다. 몽타뉴파는 그들끼리 했던 것을 다른 사람들에게 뒤집어씌운다. 그

것이 그들의 책략이다. 그들은 파리에서 약탈을 부추기고 "여러분과 내게" 뒤집어씌웠다. 주민에게 지나친 범죄를 저지르게 만들고 "또다시 내 탓"을 한다. 파리의 구에서 몇몇 패거리가 국가 권위를 뒤집는 명령을 내렸는데 그 것을 "지롱드의 반도들" 짓이라고 비난한다. 가데는 그동안 맺혔던 한을 원 없이 쏟아냈다. 그만큼 지롱드파가 권력투쟁에서 밀렸다는 뜻일 게다. 그는 베르니오의 의견에 동의하면서, 상식적인 사람이 뻔히 알듯이 뒤무리에가 필리프 에갈리테를 위해서 일했다고 단언했다. 마라가 중상을 멈추라고 외 쳤고, 지롱드파와 평원파가 웅성거렸다. 가데는 거침없이 에갈리테를 공격 했고, 그동안 에갈리테를 감쌌던 사람들이 누구냐고 물으면서 몽타뉴파를 싸잡아 비난했다.

『로고타시그라프Logotachygraphe』(속기사速記士) 신문 기사에는 그날 방청 석에서 어떤 사람이 가데에게 침을 뱉었고, 여러 의원이 그를 체포하라고 요 구했으며, 의원들은 그렇게 의결했다고 전한다. 그러나 『메르퀴르 위니베르 셀Mercure universel』(세계인의 전령傳令)에서는 마라와 다비드가 가데의 말을 중 단시켰고, 방청객 한 명이 '거지같은 놈들'의 목을 쳐야 한다고 말하고 나서 의원들의 요구로 체포되었다고 전한다. 의장이 국민공회를 모독한 시민을 체포했다고 공식 선포했다. 당통은 단순한 고발로 시민을 체포할 수 있느냐 고 따졌다. 의장은 지금 알오블레 구의 청원자들이 밖에서 기다리고 있는데 들여보내도 좋겠느냐고 물었고, 의원들은 가데의 말부터 마저 듣자고 했다. 다비드가 가데에게 물어볼 것이 있다고 하자, 가데는 자신이 신문을 받는 자 리에 오르지 않았다고 일축한 뒤, 필리프 에갈리테와 그의 뒤에 있는 사람들 을 비난했다. 가데가 왕정을 부활시키려는 적들을 심판하자는 취지의 법안 을 발의한 이튿날 필리프 에갈리테가 자신을 찾아와서 절대 왕이나 섭정이 될 의사가 없다고 주장했다고 말했다. 그는 에갈리테의 진심을 믿지만 뒤에 있는 사람들은 믿을 수 없다고 토로했다. 더 나아가서 가데는 지롱드파를 몰아내고 몽타뉴파의 무대가 된 자코뱅협회도 싸잡아 비난했다. 그는 그 증거로 자코뱅협회가 전국의 자매협회에 보낸 회람을 인용했다.

> 전국의 형제들이여, 우리는 배신당했다. 무기를 들자! 조국의 수호자들
> 이 승리하지 못하면, 공화국의 피 묻은 잔해 아래 뼈를 묻어야 할 두려운
> 순간이다. (……)
> 여러분의 안전과 희망의 중심인 국민공회에 범죄자 대표들이 우리의 숨
> 통을 끊으려고 떼로 몰려드는 폭군들과 음모를 꾸미고 있다. 바로 여기
> 서 불경한 도당이 영국과 다른 나라의 지휘를 받는다. (……)*

마라가 "옳소!"라고 외쳤다. 거의 모든 의석에서 격렬한 반응을 보여주었다. 사방에서 "아베 감옥으로, 아베 감옥으로!"라고 외쳤다. 여러 의원이 마라 기소법을 의결하자고 외쳤다. 마라가 연단으로 뛰어나가고, 방청객들이 박수쳤다. 의장이 방청객에게 경고했다. 마라는 왜 이따위 어릿광대짓을 두고 봐야 하느냐고 항의했다.

"지금 여러분에게 허구의 음모를 거론하면서 자신들의 음모를 덮으려는

---

* 4월 5일부터 21일까지 마라는 자코뱅협회 의장직을 맡았다. 그가 취임한 날 이 회람에 서명했다. 인상적인 내용을 소개한다. "공화주의자여, 무기를 들라! 당장 파리로 달려오라, 프랑스인의 집합장소로. 파리는 공화국의 사령부가 되어야 한다Aux armes, républicains! Volez à Paris; c'est là le rendez-vous de la France; Paris doit être le quartier général de la République."

자가 있습니다. 뒤무리에가 만천하에 그 음모를 명백히 드러냈습니다. 그는 몽타뉴파의 애국자들과 싸우는 반대파를 국민공회의 건전한 부분이라고 부르면서 그들을 위해 파리로 진격하겠다고 선언했습니다.

그러나 어젯밤, 나는 프랑스 전체에 내 충성심을 분명히 보여줄 증거를 제시하기 위해 아들 에갈리테와 자칭 섭정, 예전의 아르투아 백작과 모든 카페 가문의 반도들의 목에 상금을 거는 법안을 발의했습니다. 여러분은 음모자들이 반대하려고 난동을 부리는 동안 몽타뉴파는 내 제안에 대해 투표하자고 요구하는 모습을 보았습니다."

방청객들이 박수를 쳤고, 어떤 몽타뉴파 의원은 마라가 뒤무리에를 고소했다는 이유로 그를 기소하자고 요구한 사람들이 있다고 거들었다. 몽타뉴파와 방청객이 마라를 열심히 격려했고, 지롱드파와 평원파는 웅성거렸다. 마라는 음모자들이 가면을 벗고 법의 칼을 받아야 한다고 주장했다. 그러면 오를레앙 가문의 앞잡이들이 드러날 것이라고 말했다. 코트뒤노르의 기요마르Pierre Guyomar는 갱강Guingamp 태생의 포목상이며 1790년부터 시장직을 수행하다 국민공회 의원이 되었다. 그는 루이 16세 재판이 진행되는 동안 국민의 승인을 거치자, 전쟁 중에 감금했다가 평화 시에 추방하자, 마지막 판결인 사형에 대해서는 집행유예하자고 주장했다. 보수 성향의 그는 마라의 고소에 찬성하면서, 국민공회를 해산하고 왕정복고를 부추기는 사람을 모두 사형시키자고 했는데 왜 아직까지 실천하지 않느냐고 물은 뒤 지금은 모든 사람이 훌륭한 공화주의자인지 스스로 밝혀야 할 때라고 강조했다. 평소 자기 집을 지롱드파의 모임장소로 제공하던 오른의 뒤프리슈 발라제는 당통이 연단으로 향하는 모습을 보고 이미 범죄사실이 드러났는데 토론을 더 할 필요가 없다고 단언했고, 역시 지롱드파인 오트피레네의 페로Jean Féraud는 마라를 위해 변명해주는 말을 모두 들은 마당에 그 누구도 제대로 보호받지 못했다는 말이 나오지 않게 해야 한다고 주장했다.

당통은 정식으로 발언권을 얻고서 연단에 섰다. 그는 가데가 발언할 때 자신의 이름이 나왔는데, 문제의 핵심을 요약하면 과연 음모가 있는지, 특히 오를레앙의 음모가 있는지 따지는 일이라고 말했다. 자신은 의원들이 그 문제를 논의할 때 벨기에에 있었으니 그 어떤 인물의 편도 들지 않았으며, 게다가 오랫동안 오를레앙파가 허구라고 생각했지만, 오늘에야 비로소 어느 정도 현실로 받아들이게 되었다고 말했다. 그러므로 그는 마라를 위해서건 전체의 이익을 위해서건 가장 자유롭다고 강조했다. 지롱드파인 피레네조리앙탈의 비로토와 여러 의원이 "마라에게만 집중하시오!"라고 항의했다. 당통은 "여러분, 내 발언권을 행사하지 못하게 막을 명령이라도 내리시렵니까?"라고 되받아쳤다. 당통은 이 사건에서 죄인이 누구냐고 묻는다면 의원들은 마라라고 대답할 것이고, 마라는 정치인들이라고 대답할 텐데, 자기가 보기에는 '오를레앙'(에갈리테)이 진짜 죄인이라고 말했다.

"국민공회의 좌우 양쪽의 의원들이 말한 정치적 이익이나 정의에서 볼 때, 모두 그를 비난하고 있습니다. 그렇다면 어째서 동료 의원들을 오를레앙의 가문과 혼동하는 대신 그들을 혁명법원에 넘기지 않았습니까?"

박수로써 그의 말을 지지하는 가운데, 몇몇 의원은 "아직은 그럴 때가 아니니까요"라고 대답했다.

"아직도 때가 아니라고요? 양측 의원들이 모두 고소했는데 무엇을 기다린단 말입니까! 여러 의원이 그와 공모했다고 의심받는데도 아직 이유를 밝힐 때가 아니라니, 도대체 왜 이렇게 조심합니까?"

의원들은 마라가 동료 의원들을 모욕했기 때문에 고소했음에도, 당통은 마라의 문제를 필리프 에갈리테의 문제로 방향을 바꿔놓았다. 당통은 에갈리테를 빨리 혁명법원에 넘기라고 촉구했고, 여러 의원이 재판을 파리에서 하면 석방해줄 것이니 마르세유에서 해야 한다고 떠들었다.

"방금 몽타뉴파 의원들이 오를레앙을 옹호하는 것 같았는데, 내가 그를 혁명법원에 넘기자고 주장하니까 우파에서 갑자기 '파리는 안 된다'고 외치는데, 왜 파리는 안 된다는 것이죠?"

당통은 반대파 의원들이 파리를 믿지 못한다는 점을 부각시키는 데 성공했다. 여러 사람이 쑥덕거리는 모습을 보면서 당통은 계속 말을 이었다.

"나 또한 마르세유에서 재판하는 것을 바랍니다. 마르세유는 프랑스공화국이 자유롭고 통일을 이룬 하나임을 바라기 때문입니다. 마르세유는 어떠한 죄인도 용서하지 않겠다는 의지를 보여주었습니다. 이제 재판할 장소에 대해 합의합시다."

그의 말에 박수가 터졌다. 그는 "내가 타협적인 사람인 줄 아시겠지요"라고 말했다. 여러 의원이 "아, 타협적이라고요"라고 빈정댔다. 당통은 타협적인 이유를 설명하겠다고 말했다.

"마라에 대해 판단하기 전에 무엇보다도 '오를레앙을 혁명법원에 넘겨야 한다'는 제안을 통과시켜야 하기 때문입니다. 나는 혁명법원이 오를레앙 사건을 심판하는 과정을 정확히 기록한 보고서를 국민공회에 제출하도록 요청합니다. 그래야 국민공회는 그 사건에 가담한 의원들이 누구인지 알 수 있을 테니까요. 두 가지 중대한 사건을 연결시키는 김에 뒤무리에처럼 카페 가문의 망명객들의 머리에도 상금을 걸자고 요구합니다."

당통은 하필이면 몽타뉴파 의원 다수가 지방과 전방에 파견된 시점에서 마라를 심판하자는 것은 부당하다고 주장했다. 지롱드의 부아예 퐁프레드는 몽타뉴파와 가끔 타협할 수 있는 성격이었음에도 마라에 대해서는 단호했다. 그는 프랑스 전체가 마라를 고소했고, 의원들은 단지 그를 재판할 뿐이라고 말했다. 마른의 튀리오는 한편에 마라와 로베스피에르가, 다른 편에 브리소·베르니오·가데·장소네가 서로 고소와 맞고소를 하는 실정인데, 이렇게 중요한 문제를 빨리 결판내려고 서두르지 말고, 입법위원회가 검토해서 다음 날 오전회의에서 보고하게 하자고 제안했다.

마라는 자기가 서명한 회람 때문에 의원들이 자신을 고발했다고 운을 뗀 뒤, 그날 자기가 자코뱅협회의 의장 노릇을 7∼8분 했을 때 비서들이 서명한 문서를 내밀기에 내용도 모르고 읽지도 않은 상태에서 서명했노라고 해명했다. 그의 말은 사실이다. 그 회람은 알오블레 구의회가 작성해서 제출했기 때문이다. 이 말에 지롱드파와 평원파 의원들은 코웃음을 쳤다. 그는 그 문서를 쓰지 않았으며, 그것이 협회의 의견이라는 사실을 나중에 알았다고 발을 뺐다. 그리고 가데가 그 문서를 인용할 때 거기에 나타난 원칙에 동의했기 때문에 "옳소!"라고 동조했다고 말했다. 마라는 자신이 고발한 사람들에게 맞고소를 당했는데, 자신의 시민정신과 결백은 모든 사람이 안다고 강조했다. 자기가 쓴 편지를 손에 넣은 적들도 거기서 수상한 내용을 찾아내지 못했으며, 그들이 자신에게 익명으로 편지를 보냈을 때 함정인 줄 알아차리고 안보위원회에 넘겨주면서 잘 대처했다고 주장했다. 그는 국민공회를 해체시키려 한다는 비난을 받지만, 자기는 오히려 결속시키려고 무던히 애썼다고 주장했다. 자기를 비난하는 자들이야말로 국민공회의 분열을 막는다는 헛된 구실로 음모자들에게 면벌증免罰證을 발급해준다고 말했다. 그는 국민공회의 걸림돌이 된다면, 또 물러나야만 국가를 구할 수 있다고 확신한다면 당장 의원직을 사퇴하겠다고 선언했다. 그러나 자기를 공격하고 고발한 당파만큼은 끝까지 고발하겠노라고 다짐했다.

몽타뉴파 의원들과 방청객들이 박수와 환호로 지지했다. 의장은 방청객들에게 조용히 하라고 주의를 주었다. 어떤 우파 의원이 "몇 푼이라도 벌도록 놔두세요"라고 빈정댔다. 돈을 주고 사람을 동원한다고 생각하는 일은 오늘날에도 익숙하다. 특히 정치는 설득의 기술이므로 여론 조작이 필요하며, 조작을 위해서 돈이 필요하게 마련이다. 마라는 아직 말을 끝내지 않았다. 자신에 대한 기소법안을 상정하지 못하게 하려면 자신을 고소한 사람들의 음모를 부각시켜야 하기 때문이다.

"나는 이른바 정치적 파벌의 우두머리들에게 맹목적으로 휘둘린 사람들을 지목하지 않습니다. 나는 그들이 길을 잘못 들었더라도 순진한 사람이라는 사실을 알기 때문입니다. 어제오늘 추잡한 장면이 수없이 일어났습니다. 이때 여러분이 죄인들을 법의 칼날에서 벗어나게 하려는 음모가 분명히 있음을 전국에 알리고 싶지 않다 할지라도, 나는 필리프 에갈리테를 혁명법원에 넘기고, 카페 가문의 망명객에게 상금을 걸자고 했던 제안을 반대하지 말아달라고 요청합니다. 애국자들이 자리를 비운 순간을 이용해서 몽타뉴파를 공격하지 말아주십시오. 나는 여러분이 판사가 되어 정의를 실현할 수 있다고 믿습니다. 언도하십시오."

몽타뉴파의 몇몇 의원은 입법위원회에 맡기자고 외쳤지만 의원들은 지지하지 않았다. 오히려 중도파 의원들이 마라 기소법을 호명투표에 부치는 안을 표결하자고 제안했고, 대다수 의원이 동의했다. 마라가 다급히 나서서 자신을 위해서가 아니라 국민공회를 위해서라며 발언권을 신청했다. 외르에루아르의 들라크루아는 마라를 당장 체포하는 동시에, 입법위원회가 다음 날까지 기소법안을 보고하라고 제안했다. 훤칠한 미남인 들라크루아는 국회의 좌파와 우파라는 말을 처음 쓴 사람이었고, 입법의회를 거쳐 국민 공회에서 의정활동을 하며 구국위원회 위원이 되었다. 지롱드파와 몽타뉴 파 사이에서 망설이는 듯한 모습을 보여주던 그가 마라를 체포하고 위원회 가 법안을 연구하게 하자고 제안하자, 마라가 "대대적인 소동을 피하기 위 해서 발언"하겠다고 나섰다. 의장은 "당신은 파리 주민들을 모독했습니다" 라고 경고했다. 리부른 태생의 도매업자 출신이며 지롱드파인 라카즈Jacques Lacaze는 "소동이 일어난다면 마라가 정말 위험한 사람임을 증명하는 셈입 니다"라고 말했다. 평원파 의원들은 마라 기소법안을 표결에 부치라고 다그 쳤다. 마라가 다시 나섰다.

"내 적들은 정의와 수치심을 전혀 모르는 사람들입니다. 나를 죽도록 미 워하는 사람들을 결코 인정할 수 없는 내겐 그들의 광기에 맞서는 길밖에 없 습니다. 그러나 불행한 사태를 피하기 위해 나를 군사경찰 두 명이 자코뱅협 회로 데려가라고 부탁합니다. 나는 거기서 평화를 장려하겠습니다."

수많은 의원이 쑥덕거리는 가운데 의장은 "마라, 당신은 파리 주민들이 법을 존중하지 않는다고 모독하고 있습니다"라고 다시 한번 경고했다. 평원 파 의원들은 전보다 큰 소리로 기소법안을 표결에 부치라고 떠들었고, 몽타 뉴파는 자리에서 일어서서 호명투표를 하자고 외쳤다. 50여 명의 몽타뉴파 의원이 비서에게 달려가 이름을 적기 시작했다. 이를 본 방청객들은 박수로 그들을 격려했다. 곧바로 의원들은 마라 기소법안에 대한 찬반의사를 파악 할 호명투표를 실시하기로 의결했다. 몽타뉴파 의원들이 "호명투표의 결과 를 인쇄해서 모든 도와 군대에 보내자"고 제안했고, 의원들은 그렇게 하기로 했다. 몽타뉴파 의원들은 동료 의원을 보호하려고 시간을 늦출 만큼 늦추려 고 노력했지만 한계를 드러냈다.

의장이 호명투표를 실시한다고 선언했다. 여러 의원이 심의할 문제를 분명하게 제시하지 않고서 투표를 실시한다고 선언한 것은 무효라고 공격했다. 르망Le Mans에서 외과·산과 의사로 활동했던 몽타뉴파 의원인 뫼르트의 르바쇠르가 회의장 중앙의 평원파를 향해 가더니 자기도 기소법을 발의하겠다고 말하자, 두세 명의 의원이 달려들어 그를 물리쳤다. 회의장에 한바탕 소동이 일어났고, 의장은 질서를 회복하려고 모자를 쓴 채 기다렸다. 그 틈을 타고 들라크루아가 연단에 서서 "나는 압제에 저항할 것이며, 힘은 힘으로 물리치겠노라고 공화국 앞에 선언합니다"라고 단호히 말했다. 그는 마라를 체포하고, 입법위원회가 그 문제를 검토해서 내일 회의를 시작하자마자 보고하게 하자고 다시 한번 호소하면서 다음과 같이 주장했다.

이 시점에 국민공회는 무엇을 원하는가? 피고인을 확실하게 법의 칼날 아래 놓으려고 한다. 그러나 지금은 성숙한 모습을 보여줄 때다. 이미 국민공회에서는 특정 위원회가 기소법안을 만들기 어렵다는 이유로 여러 차례 기소명령을 발동했다. 물론 마라에게 전혀 죄가 없다고 주장하고 싶지 않지만, 국민공회는 기소법을 의결하고 집행하기 전에 위원회의 보고를 먼저 들어야 한다.

"따라서 나는 기소법이 아니라 입법위원회에 회부하는 게 먼저라고 주장합니다. 나는 공화국의 전 국민에게 지금은 기소법을 심의할 수 있는 때가 아니라고 선언합니다."

지롱드파와 평원파 의원들이 웅성거리면서 의장의 반응을 기다렸다. 비서인 라레블리에르 레포가 법안을 상정했다.

"국민공회는 의원인 마라를 지금부터 체포상태에 두고, 내일 정오에 입법위원회가 마라의 죄에 대해 보고하도록 의결한다."

어떤 의원이 마라를 가택연금하라고 수정안을 내자, 다른 의원이 아베 감옥에 가두라고 맞섰다. 몽타뉴파 의원들이 웅성대는 가운데, 들라크루아는 자기가 제안했던 내용도 마라를 아베에 가둔다는 것이었다고 확인했다. 의원들은 마라를 아베 감옥에 감금한다는 명령을 통과시켰다. 몽타뉴파가 계속 소리를 질러 반대의사를 표시했다. 의장은 의문의 여지가 없이 국민공회의 의지는 명백하며, "마라를 아베에 감금상태로 둔다"고 선언했다. 바랭의 방타볼은 아베 감옥에는 음모자들이 있는데, 마라를 거기에 보낸다는 것은 정의롭지 않다고 항의했다. 몽타뉴파가 "우리 모두 함께 갑시다, 모두!"라고 외쳤고, 방청객들도 박수로써 호응했다.

4월 13일 토요일에 멘에루아르의 들로네가 입법위원회를 대표해서 마라의 죄를 정리한 보고서를 읽었다.

"나는 위원회의 대변자로서 여러분이 기다리던 결과를 보고하겠습니다. 오랫동안 이곳에는 마라에 대한 불평의 소리가 울려 퍼졌습니다. 오랫동안 모든 행정기관·민중협회는 그를 법의 칼로 심판하라고 주장했습니다."

방타볼이 들로네의 말을 끊고 "마라의 적들이 보고를 하게 놔둬서는 안 됩니다"라고 말했다. 들로네는 어제 만장일치로 의결한 대로 입법위원회가 준비한 보고서를 읽는 것일 뿐이라고 대답했다. 또 그는 자코뱅협회가 전국 자매협회에 보낸 회람은 정부와 국민공회에서 반혁명을 획책한다고 모욕했는데, 마라는 거기에 서명했으니 명백히 죄를 지었다고 주장했다. 그러자 몽타뉴파 의원들이 회람의 내용을 승인한 자신도 체포하라고 떠들었다. 다비드는 회람을 열람하게 하고 의원들이 서명하게 하자고 제안했다. 순식간에 96명이 비서 책상 앞으로 우르르 몰려들더니 잇따라 서명했다. 몽타뉴파가 회람에 의원들이 서명한 대로 인쇄해서 전국에 돌리자고 하니, 지롱드파도 찬성했다.

물론 두 편의 의도는 달랐다. 지롱드파는 모든 도가 회람에 찬성하지 않을 것이 빤하기 때문에 누가 내란을 부추기는지 드러날 것이라고 생각했다. 두 편 의원들은 설전을 벌였고, 어떤 이는 상대편 의원을 모욕하고 욕설도 서슴지 않았다. 의원들은 모든 논란을 다음 월요일인 4월 15일에 헌법을 논의할 때까지 멈추고 다시 들로네의 보고를 듣기로 합의했다. 들로네는 언론의 자유를 남용하는 작가들이 인민을 그릇된 길로 이끌고 살육과 약탈을 부추기며 심지어 국민공회의 동료 의원들까지 모욕하면서 헌법기관의 권위를 무시하는데, 마라도 그런 죄를 지었기 때문에 고발당했다고 말했다. 특히 마라는 1월 5일에 국민공회를 해체해야 한다고 주장했고, 2월 25일에는 파리의 가게들을 약탈하라고 부추겼다. 4월 1일에 마라는 국민공회 의원·장군·장관의 행동을 검토해서 반역자를 가려내자고 제안했다. 이렇게 해서 그날 국민공회는 "인민을 구원하는 일이 최상의 법*임을 생각해서 국민공회 의원의 면책특권과 상관없이 자유·평등·공화국 정부의 적들과 공모했다고 강력히 추정할 수 있는 의원을 고소할 수 있다"고 의결했는데, 마라가 글을 함부로 써서 살육과 약탈을 부추기고 질서를 뒤흔들었다는 죄를 뒤집어쓰고 고소당했으니 스스로 면책특권을 내려놓고 올가미에 걸린 셈이었다. 따라서 입법위원회는 다음과 같이 법안을 상정했다.

입법위원회의 보고를 들은 뒤, 국민공회는 마라가 약탈·살육·국민공회

---

* 앞에서 구국위원회를 얘기할 때 키케로의 작품에서 나온 말임을 지적했다.

해체를 획책했음이 분명하다고 생각해서 그를 특별형사법원의 재판에 회부하기로 의결한다.

양편 의원들이 잇따라 제안을 하면서 다시 한번 회의장이 시끄러워졌다. 의장이 마침내 호명투표를 시작하겠다고 선언했다.

"국민공회 의원인 마라를 기소할 이유가 있습니까? 각자 가부 의견을 말하시오."

비서인 부아예 퐁프레드가 투표 순서를 추첨한 결과 뫼즈 도의 의원들부터 차례로 호명투표를 실시한다고 선언했다. 간단하게 '찬성'이나 '반대'라고 말하거나, "늦게 와서 무엇에 관한 투표인 줄 몰랐다"고 하거나, 자기 의견부터 길게 늘어놓거나, 결석하거나 등등 의원이 투표하는 방식은 아주 다양했다. 로베스피에르는 긴 연설 끝에 기소법 자체를 거부한다고 말했다. 파브르데글랑틴은 양심상 투표할 수 없다고 말했다. 오랫동안 투표를 실시하고 나서 의장이 결과를 발표했다.

360명이 투표에 참여했으니, 181명이 넘어야 가결입니다. 찬성 220명, 반대 92명, 미결정 41명, 연기 7명, 투표 참여 자제 4명, 투표 거부 3명. 따라서 국민공회는 의원 마라를 기소하기로 의결한다.

어떤 의원은 입법위원회가 다음 회의에서 마라의 기소장을 제시하도록 하자고 제안해서 의원들의 지지를 받았다. 또 다른 의원은 회의장에 200명만 남아 있기 때문에 국민공회가 어떠한 법이나 명령을 선포할 수 없다고 말했다. 세 번째 의원은 마라 기소법의 보고서를 요구했다. 최종적 집계 결과는 의장이 선포한 결과와 달랐다. 관행적으로 의원의 수를 745명으로 얘기했지만, 그동안 새로 합병한 지역(예를 들어 몽블랑 도의 의원 6명 등)이 생겨서 의원수가 늘었기 때문이다. 그리고 결과는 동일했다. 총원 756명 가운데 377명이 투표에 참여했다. 파견·휴가·결석이 374명이고 기재하지 않은 5명, 이렇게 379명이 투표에 참여할 수 없었다. 총투표자 가운데 찬성 226명, 반대 93명, 참여 자제 47명, 기피 3명, 연기 7명, 모호한 대답 1명이었다. 4월 13일부터 14일 아침 7시까지 22시간의 투표 끝에 내린 결정이었다. 마라는 자기 신문에서 이렇게 말했다.

> 인민의 친구를 기소하는 논의에 22시간을 연속적으로 바친 이 잊지 못할 회의에서 100여 명의 애국자 의원들이 박해받는 동료 의원을 위해 250여 명의 귀족주의자들과 싸웠다. 전자는 순수한 마음과 시민정신으로 무장하고 여론의 지지를 받으면서 불굴의 용기를 발휘했다. 후자는 앙시앵레짐의 하수인, 왕정의 지지자, 전제주의를 회복하려는 음모를 꾸민 장군의 공모자들이었다.

마라는 지지자들의 도움을 받아 피신했다. 4월 17일 수요일에 법무장관 고이에는 마라의 집으로 갔지만 없었기 때문에 파리 시장을 만나 다시 수색해달라고 부탁했다고 국민공회에 보고했다. 요즘은 피의자를 일부러 잡지 않는 경우가 있지만, 옛날에도 그랬을까? 18일에 마라는 국민공회 의장에게 편지를 써서 자신의 처지를 변명하려고 노력했지만, 의원들은 그의 편지를 읽지 말자고 의결했다.* 평소 마라를 폭군들의 도구이며 공모자로 생각했던 오트피레네의 뒤퐁Pierre-Charles-François Dupond은 그를 무법자로 선포하자고 발의했다. 방타볼은 끝까지 그를 체포해야 한다고 강조했다. 모르비앙의 르아르디는 마라가 스스로 아베 감옥에 들어간 뒤에 그의 편지를 읽자고 요구했다. 베르니오는 르아르디의 제안이 의원들 스스로 법을 어기는 예를 보여주는 것이므로 반대하며, 스스로 들어가기를 기다리지 말고 끊임없이 체포하려고 노력해야 한다고 주장했다. 의원들은 다음과 같이 의결했다.

> 국민공회는 마라가 체포명령에 복종할 때까지 그의 편지를 읽지 않을 것이며, 이에 덧붙여 입법위원회는 회의를 마치기 전에 그에 대한 기소법안을 발의해야 한다.

20일 금요일에 베르니오가 마라 기소법안을 읽자고 발의하자 몽타뉴파 의원들이 호명투표로 결정하자고 외쳤다. 마침내 멘에루아르의 동생 들로네가 지난 13일부터 마라에 대해 여러 차례 기소법을 발의하고 의결한 결과를 종합해서 최종 법안을 보고했고, 의원들은 그 안을 통과시켰다.

> 국민공회는 의원 마라를 다음과 같은 죄목으로 특별형사법원에 고소한다. 그는 약탈과 살육을 부추기고, 인민주권을 훼손하고, 국민공회의 품위를 실추시키고 해산을 부추겼다. 그러므로 그를 특별형사법원에 넘겨 법의 심판을 받게 한다.

———

* 마라는 자코뱅협회에 편지를 보내면서, 몽타뉴파 의원들이 낮잠이나 자고 있는데 자코뱅 회원들은 도대체 무엇을 하고 있느냐고 질책하고 난 뒤, "내 지하 은신처에서 씀de mon souterrain"이라고 서명했다.

그날도 법무장관 고이에는 마라를 체포하려고 사람을 보냈지만 잡지 못했다. 4월 24일 수요일 10시에 마라는 혁명법원에 자진 출두했다. 그는 자신에게 유리한 판결을 내릴 분위기임을 감지했고 출두할 때부터 당당했다. 그는 판사들을 향해 말했다.

"여러분 앞에 선 사람은 죄인이 아니라 인민의 친구요, 자유의 사도이자 순교자입니다. 그는 조국의 철천지원수에게 오랫동안 박해를 받았고, 오늘은 비열한 정치인들의 추적을 받았습니다. 그러나 그는 박해자들 덕분에 이러한 기회를 얻어 자신의 결백을 증명하는 동시에 그들에게 치욕을 안겨줄까 합니다."

방청객들이 사방에서 마라를 응원했다. 재판장의 인정신문에 마라는 "의사이며, 테아트르 프랑세 구의 코르들리에 길에 사는 49세의 국민공회 의원"이라고 또박또박 대답했다. 의장은 검사에게 소장을 읽으라고 명령했다. 마라는 혐의 내용이 모두 거짓이라고 주장했다. 그는 비열한 정치가들을 고발했는데, 그들이 공작을 은폐하려고 오히려 자신을 고발했다고 비난했다. 그들은 외국에 망명한 반도들이며 왕정주의자이자 뒤무리에의 공범이라는 사실을 폭로했다는 이유로 자신에게 원한을 품었다고 주장했다. 그는 자기 신문에서 문제가 된 기사들을 읽은 뒤에 대중에게 "내 명분이 바로 여러분의 명분이며, 그것은 자유를 지키려는 목적"임을 열렬히 해명했다. 재판장이 "당신은 살육과 약탈을 부추기지 않았습니까?"라고 묻자, 마라는 자신에게 그 혐의를 씌운 악랄한 정치가 도당도 그것이 얼토당토않다는 사실을 잘 알 정도로 날조한 것이라고 해명했다.

재판장 당신은 국가의 우두머리를 다시 세우려는 계획을 세운 적이 있습니까?

마라 나는 폭군·전제군주·왕·제후들을 가장 철저히 미워하며, 어떤 종류의 독재권도 가장 열렬히 공격하며, 혁명 초부터 계속 인민주권을 회복하고자 노력한 사람인데 그런 혐의를 씌우다니 어처구니없습니다. 나는 항상 관리들의 권한을 제한하고, 그에 걸맞은 책임감을 부여하고, 독직행위를 반드시 처벌해야 한다고 주장했습니다.

재판장 당신은 국민공회의 품위를 훼손하고 해체하도록 부추겼습니까?

마라 어떠한 작가도 국민공회의 품위를 손상하고 해체할 권한이 없다고 생각합니다. 국민공회는 그 스스로 명성을 유지할 주체입니다. 그 평판에 대해 비방하고 공분을 사지 않을 자 그 누구입니까? 인민이 믿고 존경할 만한 자격을 갖추었음을 스스로 증명하는 입법가를 그 누구도 공격할 수 없습니다.

혁명법원 재판장 몽타네Jacques-Bernard-Marie Montané는 국민공회에 편지를 써서 브리소를 마라 사건의 증인으로 법원에 출두시켜달라고 요청했다. 브리소는 『파트리오트 프랑세』에 쓴 기사에서 자유를 찾아 프랑스로 건너온 영국인이 마라의 기사를 보고 자살했다고 썼기 때문이다.* 마라는 그 영국인 존슨을 토머스 페인의 집에서 만난 적이 있다고 시인했지만, 존슨이 쓴 글에 대해서는 알지 못한다고 대답했다. 그러고 나서 마라는 자기 신문에서 논란

---

* 4월 17일자 1,343호의 발행인은 브리소가 아니라 지레J. M. Girey였다. "나는 자유를 찾아 프랑스로 왔지만 마라가 자유를 죽였다. 프랑스의 무정부상태는 전제정보다 더 잔인하다. 나는 재능과 덕목을 누르고 우둔함과 몰인정이 판치는 가슴 아픈 광경을 견딜 수 없다."

거리가 된 기사를 읽고 해명했다. 마라는 모든 진술을 끝내고 45분 동안 배심원들의 평결을 기다렸다. 마침내 그는 대기실에서 다시 법정으로 나가 판결을 받고 즉시 풀려났다.

피고가 쓴 글에서 살육과 약탈, 국가의 우두머리의 복권, 국민공회의 품위훼손과 해체를 부추겼다는 혐의에 대한 확실한 증거를 찾을 수 없다.

마라가 명예를 회복하는 판결을 받자마자 법정의 지붕이 떠나갈 듯이 방청객들이 환호했다. 법원 건물 안팎에 모여 있던 '애국자들'이 모두 기뻐했다. 가장 열렬한 두 명이 마라에게 달려가 무동 태우려 했다. 그러나 마라가 구석으로 몸을 빼자 여럿이 달려들어 그를 얼싸안으려 했다. 시정부 관리·국민방위군·포병·군사경찰들이 마라를 보호하려고 울타리를 치고 법원 층계로 나갔다. 거기서 그들은 잠시 멈춰 마라를 군중에게 보여주었다. 마라는 시민들이 머리에 씌워준 월계관이나 떡갈나무관을 겹겹이 쓰고 환영을 받았다. 법원부터 강둑길을 따라 강 건너편 국민공회로 가는 길목에는 사람들이 줄지어 늘어서서 "공화국 만세, 자유 만세, 마라 만세!"를 외쳤다. 마라는 그때 자신을 환영한 인파가 "20만 명"이라고 말했다. 주최(마라) 측과 경찰 측 추산은 언제나 큰 차이가 있다. 아무튼 수많은 사람이 길목에 늘어서서 마라를 축하했다. 마라를 호위하던 시 관리들과 국민방위군이 먼저 국민공회를 향해 걸음을 재촉했다. 회의장을 한 바퀴 돌아도 좋은지 허락을 받기 위해서였다. 의원들은 마라 일행을 받아들이기로 했다. 국립공병대 소속의 뒤로셰 Durocher가 "의장님, 용감한 마라를 여기 모셔왔음을 알려드리고자 발언권을 신청합니다"라고 말하자 몽타뉴파 의원들과 방청객들이 박수로 화답했다.

"마라는 언제나 인민의 친구였습니다. 인민은 언제나 마라의 편으로 남을 것입니다. 나는 리옹에서 마라를 옹호한다는 이유로 목을 잘릴 뻔했습니다. 마라를 처형해야 한다면 공병대원의 목부터 쳐야 합니다. 의장님, 우리는 의사당을 행진하고 싶으니 허락해주십시오. 인민의 친구를 모셔온 사람들에게 이만한 호의를 베풀어주시리라 믿습니다."

마라를 법정에 세운 의원들이 대세에 굴복했는지 모르겠으나 동의했다. 남녀 시민들이 의사당 안을 행진하면서 "공화국 만세, 국민 만세, 마라 만세, 인민의 친구 만세"를 거듭 외쳤다. 그들은 의원석으로 흩어져 올라갔다. 회의장은 외부에서 들어온 남녀 시민들 차지였다. 갑자기 더욱 크게 환호하는 소리가 나더니, 시정부 관리들과 시민들의 호위를 받으면서 마라가 들어섰다. 몇몇 의원이 그를 얼싸안았다. 그는 떠밀려서 연단에 섰다. 박수와 환호성 때문에 그는 오랫동안 기다리다가 조용히 해달라고 몸짓으로 말했다.

"프랑스 인민의 입법가님들이여, 여러분의 전당에서 시민정신의 눈부신 증거를 보셨습니다. 인민의 대표 중 한 명인 내가 모든 권리를 침탈당했음을 증인들이 똑똑히 보았습니다. 이 순간 여러분 앞에 모든 혐의를 벗어나 완전히 복권한 시민이 있습니다. 그는 여러분에게 순수한 마음을 보여드립니다. 그는 앞으로도 힘닿는 대로 인간의 모든 권리와 자유를 지켜나갈 것입니다."

마라가 말을 마치자, 거기에 있던 모든 시민이 회의장이 떠나갈 듯이 환호했고, 일부는 모자를 흔들었다. 그들은 일제히 "공화국 만세!"를 외치고, 자유의 모자를 공중에 던지면서 기쁨을 표현했다. 마라는 연단에서 내려갔지만, 사람들에게 떠밀려 다시 올라갔다. 의장이 마라에게 "할 말이 있으면 하시오"라고 말했지만, 마라는 "할 말이 없습니다"라고 대답했다. 몽타뉴파 의원들이 의장에게 마라의 말에 대답하라고 말했지만, 의장은 "청원자들에게만 답변하는 것이 관행입니다. 마라는 청원자가 아니라 인민의 대표입니다"라고 말했다. 엿새 전(4월 18일)부터 의장은 타른의 라수르스였다. 지롱드파였던 라수르스는 마라의 공격을 받았고 마라를 기소한 사람으로서 그의 복귀를 달가워하지 않았다. 마라가 연단에서 내려간 뒤에도 시민들과 몽타뉴파 의원들 때문에 회의장의 질서를 회복하기 어려웠다. 어떤 의원은 차분히 회의할 분위기가 아니므로 끝내자고 제안했다. 당통은 국민공회도 시민들과 기쁨을 공유했으니 이제는 시민들이 회의장에서 물러나고 회의를 속개할 수 있도록 해달라고 말했다. 파리의 오슬랭은 혁명법원의 판결문을 회의록과 관보에 올리자고 제안해서 통과시켰다. 의원들은 한두 가지 더 논의한 뒤에 저녁 6시에 회의를 마쳤다.

마라를 혁명법원에 세운 것은 지롱드파의 승리였다. 그들은 의원의 면책특권을 없애고, 중도파의 지원을 얻어 눈엣가시인 인민의 친구를 국민공회에서 잠시 떠나게 만드는 데 성공했다. 몽타뉴파 의원들은 상당수가 파견임무를 수행하고 있는 때여서 마라를 지켜주지 못했고, 더 나아가 공화국 헌법을 지롱드파가 마음대로 제정하고 통과시킬까봐 두려웠다. 그러나 오히려 파리의 민중은 단합해서 마라를 보호하고 더 나아가 지롱드파를 제거하려고 노력했다. 그들은 국민공회에 지롱드파 지도자들을 체포하라고 청원했지만, 뜻을 이루지 못하자 다시 한번 국민공회를 압박하게 된다. 마라의 재판과 승리는 5월 말과 6월 초의 국민공회 포위사건이 일어날 때까지 파리 민중을 단합시킨 상징적인 사건이었다.

2
파리의 청원

3월 21일 목요일에 엔의 장 드브리는 외교위원회의 이름으로 외국인과 이방인에 대한 중대한 법안을 상정해서 통과시켰다.* 공화국을 외부의 영향과 국내의 적의敵意에서 보호하기 위해, 애국자들이 똘똘 뭉쳐서 감시를 강화함으로써 국내외의 적들이 일반의지 대신 사적인 의지를 행사하지 못하게 막아야 한다는 취지의 법이었다.

> 공화국의 모든 코뮌과 구마다 총회에서 미리 정한 시각에 시민 열두 명을 투표로 뽑아 위원회를 구성한다. 종교인·옛 귀족·옛 영주나 그 하수인은 위원회 구성원이 될 수 없다. 위원회는 자기 코뮌이나 구에 거주하는 외국인의 신고를 받고 이름·나이·직업·출생지·생계수단을 파악한다. 이 법을 선포하고 8일 안으로 현황을 파악해서 보고한다.

이로써 전국이 전보다 훨씬 살벌한 분위기에 휩싸이게 되었다. 파리에서는 이미 조사위원회를 거쳐 감시위원회를 운영했는데, 이제부터 모든 구에 이른바 '12인 감시위원회'를 설치할 수 있게 되었다. 파리에서는 집을 뒤져 수상한 사람들을 잡아가고 감춰둔 무기를 빼앗았다. 파리 투사들은 툭하면 국민공회를 찾아가 청원했다. 4월 15일 월요일에 의장석에 앉은 부의장

---

* 그날 그는 선거에서 의장으로 뽑혔다.

튀리오가 파리의 48개 구 대표단이 청원을 하기 위해 대기 중이라고 알렸고, 지롱드의 부아예 퐁프레드는 그대로 회의를 진행하자고 말했다. 국민공회에 대한 파리 주민들의 불신과 공세가 점점 심해지고 있음에 우파 의원이 민감하게 반응한 것으로 이해할 수 있다.

어떤 의원이 청원은 저녁회의 때 듣자고 제안했고, 아르데슈의 부아시 당글라François-Antoine Boissy-d'Anglas가 의장과 실무진을 뽑을 때를 제외하고 저녁회의를 없애자고 제안했다. 모든 위원회가 기진맥진했고, 모든 의원이 수없이 밤을 지새웠기 때문에 더는 버티기 어렵다는 이유였다. 부아시 당글라는 주간회의를 끝내는 시간을 연장해서라도 저녁회의를 없애야 한다고 주장해서 지지를 받았다. 앞으로 의원들은 의장을 비롯해서 실무진을 선출할 때만 저녁회의를 열기로 했다. 의원들은 회의 중에 리옹 대표단의 발언을 먼저 듣고 파리 대표단의 청원을 듣기로 의결하고 나서 회의를 진행했다.

로베스피에르는 "인민의 행복을 결정할 헌법에 대한 토론은 모든 열정을 억눌러야 하는 종교적 행위"라고 믿는 자신에게는 남의 화를 돋울 의사가 전혀 없다고 말했다. 계속해서 그는 왕정을 원하는 헌법과 자유·인권에 바탕을 둔 헌법이 있다고 하면서, 이성과 인류애의 영원한 원리에 기초한 공화제 헌법을 모두가 원하며, 거기에 도달하려면 인간의 영원한 권리를 선포해야 한다고 주장했다. 로베스피에르의 긴 연설이 끝난 뒤, 의원들은 국민공회의 일정을 다음과 같이 정했다.

월·수·금에는 헌법에 관한 모든 문제를 다루겠으며, 특히 인간과 시민의 권리에 대해 전반적인 토론부터 시작한다. 다른 날에는 국가 재산의 분배·화폐의 거래·공공구호·군사법, 그리고 재정과 군대에 관한 모든 사항을 다룬다. 더욱이 연단에서 어떤 의원의 고발도 더는 청취하지 않는다. 그러나 만일 고발하고 싶은 사람이 있다면 고발장에 서명해서 구국위원회에 제출하면, 위원회가 검토해서 일정 기간 안에 답해줄 것이다.

튀리오가 의장석에서 물러나고, 옛 의장인 라보 생테티엔이 의사봉을 잡았다. 예고한 대로 리옹의 대표단 연설을 들을 차례였다. 대표는 리옹에서 마리 조제프 샬리에Marie Joseph Chalier가 상퀼로트를 동원해서 질서를 흔들고 있다고 호소했다. 샬리에는 1792년 11월 5일에 리옹 시장을 뽑을 때 경쟁자이며 지롱드파인 니비에르 숄Antoine Nivière-Chol에게 패했다. 리옹의 형사법원장인 그는 코뮌 검찰관 로셀François-Auguste Laussel과 손잡고 민중협회 중앙위원회를 지배하면서 사사건건 시장에게 맞섰다. 니비에르 숄은 지난 2월 초에 한 번 사임했지만, 19일에 투표를 실시한 결과 1만 명 가운데 9,000표를 얻어 다시 시장이 되었다. 그러나 샬리에는 리옹 민중협회들의 중앙클럽에 나가 시장을 뽑은 사람들을 악당이라고 비난하면서 시장을 인정하지 않았다. 니비에르 숄 지지자들은 거리에서 대대적으로 환영행사를 벌이면서 춤추고 노래하다가 샬리에 소식을 듣고 중앙클럽으로 달려갔다. 샬리에는 도망쳤지만 붙잡혀 코뮌의 집에 갇혔다. 중앙클럽 회원 가운데 미처 피하지 못한 사람들은 폭행당했고 그 때문에 죽기도 했다.

혼란이 지속되자 기초의회가 모여 시장을 새로 뽑기로 했다. 여론에 따라 베르트랑Antoine-Marie Bertrand, 질리베르Jean-Emmanuel Gilibert, 카레Carret의 세 사람 중에서 한 명을 뽑도록 했다. 계속 논란이 있었고, 마침내 3월 8일 샬리에의 친구이며 마라의 추종자인 베르트랑이 새 시장으로 취임했다. 니비에르 숄의 지지자들은 파견의원 로베르*에게 청원서를 제출했다. 로베르가 청원서를 읽자마자, 르장드르가 그것을 빼앗듯이 받아들더니 몇 명이나 서명했느냐고 물었다. 그는 700~800명이 서명했다는 말을 듣고, 법으로 150명이면 족한데 너무 많이 모였으니 반도들이라고 하면서 직접 해산시키러 가겠다고 으름장을 놓았다. 청원자들은 계속해서 진상을 조사해달라고 요구하다가 완강한 파견의원들이 전혀 말을 듣지 않자 순순히 물러나 기초의회로 돌아가서 해산하자고 말했다. 그러나 국민방위군이 무장하고 나타나 강제로 해산시켰다. 르장드르는 기초의회에 와보지도 않고 그곳에 모인 사람들에게 살인자의 낙인을 찍고, 로셀은 리옹의 애국시민들을 반혁명분자로 규정했다. 그래서 니비에르 숄과 질리베르의 지지자들은 직접 국민공회에 새 시장 베르트랑의 당선을 무효로 해달라고 청원했다. 지롱드파와 마라파의 권력투쟁이 벌어졌고 그 결과 전자가 밀려났음을 알 수 있다. 의원들은 긴 토론을 끝내고 이렇게 의결했다.

입법위원회가 리옹 시민들의 청원을 검토해서 마련한 안을 심의 의결할 때까지 리옹 코뮌 검찰관 로셀을 독직의 혐의로 체포상태에 둔다. 또한 법무장관은 내일 회의에서 부아소나Boissonnat를 리옹에서 아베 감옥으로 이감한 이유와 체포 이유를 보고하며, 그때까지 판결을 유예한다.

---

* 2월 25일 국민공회는 리옹의 혼란을 수습하라고 코트도르의 바지르, 부슈뒤론의 로베르Joseph-Stanislas-François-Xavier-Alexis Rovère, 파리의 르장드르Louis Legendre를 파견했다. 이들은 진보적인 샬리에와 중도파를 중재하려고 노력했지만 실패했고, 4월 중순에 파리 자코뱅협회에서 반혁명 혐의로 고발당했다. 급진파들은 '중재'를 반혁명 행위로 보았던 것이다.

이것은 국민공회에서 파견의원들을 제외한 의원들이 내린 결정이었다. 마라 기소법을 의결할 때 몽타뉴파 의원들이 걱정하던 것과 같은 상황이 또다시 벌어진 것이다. 라보 생테티엔은 튀리오에게 의장석을 넘겨주고 물러났다. 튀리오는 파리의 30여 개 구의 대표단을 받아들였다. 루슬랭Alexandre-Charles-Omer Rousselin de Corbeau이 연설자로 나서서 청원서를 읽었다. 파리는 혁명 초부터 전국에서 지도자 위치를 차지했고, 늘 애국심으로 혁명의 방향을 이끌었다. 일부 인사들이 폭군과 싸운다는 명분을 앞세워 자기네 이익만 추구하면서도 파리가 국민공회를 해산하려고 노력한다는 혐의를 씌웠다. 그들의 존재를 누구나 알고 있는 이때, 파리의 대표단은 그들을 적시해서 국민공회를 정화하려고 왔다.

루슬랭은 국민공회에서 몰아내야 할 의원으로 외르에루아르의 브리소, 지롱드의 가데·베르니오·장소네·그랑주뇌브Jean-Antoine Grangeneuve, 외르의 뷔조, 부슈뒤론의 바르바루, 뫼르트의 살, 피레네조리앙탈의 비로토, 칼바도스의 둘세 드 퐁테쿨랑Louis-Gustave Doulcet de Pontécoulant, 외르에루아르의 페티옹, 일에빌렌의 랑쥐네, 오른의 뒤프리슈 발라제, 센앵페리외르의 아르디Antoine-François Hardy, 모르비앙의 르라르디, 루아레의 루베 드 쿠브레, 센에우아즈의 고르사스, 칼바도스의 포셰Claude Fauchet, 론에루아르의 랑트나François Lanthenas, 타른의 라수르스, 아베롱의 이자른 드 발라디Jacques d'Izarn de Valady, 코레즈의 샹봉을 고발했다. 4월 1일에 의원의 면책특권을 없애는 법을 통과시켰으니 이제는 표 대결만 남은 상태였다.

튀리오는 의장 자격으로 청원인들에게 회의를 참관할 권한을 주고 의원들이 그 문제를 처리하는 과정을 지켜보라고 했다. 방청객들은 계속해서 박수를 쳤다. 코레즈의 페니에르Jean-Augustin Pénières는 75명의 서명자 가운데 시장의 이름이 없다고 문제를 제기했다. 지롱드파에 속하는 그는 청원의 형식을 문제 삼아 조금이라도 시간을 벌려고 노력했다. 파리 시장 파슈는 자신이 청원자에 속하지 않으며, 단지 파리 코뮌평의회가 자신을 인솔자로 선정했기 때문에 왔다고 설명한 뒤, 오해를 피하기 위해 서명하겠다고 했다. 방청객들의 박수가 끝나지 않았는데, 의장은 며칠 전에 결정한 대로 시장에게 파리의 생필품 현황을 보고하라고 요청했다. 파리에서는 주민들이 빵을 구하지 못할까봐 걱정하고 있다는 소식이 파다했기 때문이다.

사실 그날(4월 15일) 파리 코뮌평의회는 시장이 보고한 내용을 듣고 대응책을 논의했다. 빵을 실은 마차들이 수없이 파리 밖으로 나가고, 심지어 사람들이 빵을 강물에 던진다는 소문도 돌았다. 시장은 사실을 알아보려고 센 강에 그물을 던지라고 명령하는 한편, 48개 구에 회람을 보내 빵을 파리 밖으로 반출하지 않도록 협조해달라고 요청했다. 파슈는 파리의 상황이 2주 전과 동일하다고 운을 뗀 뒤 구체적으로 현황을 설명했다. 밀가루도 그만큼 비축했고 또 속속 들어오고 있으므로, 제빵업자들이 빵을 공급하는 데 지장이 없다. 그러나 사방에서 황당한 소문이 돌기 때문에 시민들이 사재기를 하려는 경향이 있다. 파리에서 근처의 농촌으로 밀가루가 빠져나가는 일이 있는데, 그것이 빵을 구하기 어렵게 만드는 원인이다. 그래서 국민방위군 사령관에게 감시를 강화하고, 배·마차·수레를 검색해달라고 부탁했다. 파리 주민이 굶는다는 헛소문이 퍼졌기 때문에 주민들이 두려워하지만, 파리의 생필품 수급 현황은 원만하다. 파슈는 이렇게 의원들을 안심시키고 연단에서 내려갔다.

지롱드의 부아예 퐁프레드는 청원자들이 방금 읽은 명예로운 스물두 명의 명단에 자기 이름이 빠져서 몹시 섭섭하다고 말했다. 마라를 고발할 때 몽타뉴파 의원들이 나섰듯, 이번에는 지롱드파 의원들이 "우리도 마찬가지요, 모두, 모두!"라고 외쳤고, 몇몇 의원은 호명투표를 실시하자고 요구했다. 우파와 중도파가 몽타뉴파보다 많았기 때문에 파리의 청원은 기대와 다른 결과가 나올 가능성이 높았다. 자코뱅협회에서도 몽타뉴파 의원이 113~114명이 출석할 수 없는 상황에서 투표를 하는 것에 대해 우려했다. 부아예 퐁프레드는 호명투표에 찬성하면서 "인구 2,500만 명인 프랑스 인민의 주권은 하나일 뿐이며, 그것을 일부가 행사하려 들면 폭군이나 찬탈자일 뿐"이라고 비난했다. 몽타뉴파 의원들이 계속 웅성거렸지만 그는 냉철하고 정당하게 추론하기 위해 오직 이성과 원칙에 의존한다고 강조하면서 자기 말에 모순이 있다면 언제라도 말해달라고 주장했다.

우아즈의 마시외Jean-Baptiste Massieu가 기다렸다는 듯이 "당신은 이미 폐기한 89년 헌법을 주장하고 있습니다"라고 말하자 우파와 좌파가 동시에 말을 끊었다. 그러나 마시외는 8월 10일 이후 기초의회와 구민회의가 동일한 것이었으며, 국회에 주권자 인민의 이름으로 청원권을 한 번 이상 행사했음을 강조하면서, 자기가 보기에 그들의 의견이 전체의 주권이라 하기는 어렵다 할지라도 주권을 상당히 대변할 수 있기 때문에 항상 존중할 만하다고 주장했다. 이에 대해 부아예 퐁프레드는 조금도 물러나지 않고 한걸음 더 나아갔다. 파리 청원자들이 금지한 의원들을 자기네 대표로 뽑은 프랑스인들은 결코 비겁자가 아니라서 자신들의 대표를 보호하려고 나설 것이라고 말했다.

여러 의원이 "연방주의와 내전을 부추기지 마시오!"라고 외치자, 부아예 퐁프레드는 오히려 파리의 청원자들이 연방주의를 처음 부추겼다고 맞받아쳤다. 모젤의 티리옹Didier Thirion은 다채로운 경력을 쌓고* 국민공회에 진출한 뒤에 몽타뉴파 쪽에 자리 잡았다. 그는 루이 카페의 사형에 찬성하면서, 앞으로 사형제를 폐지하자고 주장했다. 자코뱅협회에 열심히 출석했고, 당통을 언제나 위대하고 정당한 사람이라고 평가한 그는 혁명법원 설립에 적극적이었다. 4월 13일 마라 기소법의 호명투표에서 마라가 변명할 기회를 얻지 못했기 때문에 의원들이 정의의 원칙을 침해했다고 비판하면서 아무런 의견도 내지 않겠다고 선언했다. 그는 부아예 퐁프레드가 극히 일부가 전체 인민을 대표할 수 없다고 한 말은 옳다고 인정하면서도 이렇게 물었다.

"의장님, 50만 명 이상이 전방에 있기 때문에 기초의회에 참석할 수 없는 상황에서 그들이 부추긴 중대한 재판은 사실에 근거해서 이미 판결났습니다. 지금은 아주 간단한 질문을 할 때입니다. 프랑스 인민은 폭군의 왕좌를 무너뜨린 폐허 위에 공화국을 세운 국민공회의 의원 400명의 행위를 승인하고 비준하는가? (……)

이러한 질문에 대해 프랑스 인민은 폭군의 죽음에 투표한 사람들, 또는 거기에 반대한 사람들에 대해 잘 알 것입니다. 나는 이 질문의 답이 사실로써 드러났으며, 모든 도에서 온 청원에 따라서 이들에게 어느 정도 염치가 있다면 자신들이 국민공회의 명예에 먹칠을 하고 있다는 사실을 깨닫고 일찌감치 의원직에서 물러났어야 한다고 주장합니다."

방청객들이 박수로써 티리옹을 지지했고, 우파 의원들은 그가 국민공회

---

* 메스의 군병원에서 해부학·생리학·화학의 공개강좌를 듣다가 21세인 1784년에 중등학교 선생이 되었다. 3년 뒤에는 귀족의 가정교사가 되었다가 렌에서 법학을 공부해서 1789년 8월에 법학대학 입학자격을 얻었다. 9월 28일 랭스에서 법학사 학위를 받고 1790년 1월에 변호사가 되었다. 이듬해에는 메스 중등학교의 역사·지리 담당교사가 되었다.

가 아니라 자코뱅협회에서 연설하는 줄 착각하는지 횡설수설한다고 말했다. 다른 의원들이 발언권을 요청하는데, 의장대행 튀리오는 파견의원들이 보낸 편지를 당장 읽어야 한다고 고지했다. 파견의원들이 보낸 편지를 읽고 토론하는 동안 밤 9시가 되어 청원에 대한 호명투표를 다음 날 실시하기로 하고 정회했다.

4월 16일 화요일에 의장대행 튀리오는 수많은 편지·청원·공문을 차례로 처리한 뒤에 예정대로 지롱드파 의원 스물두 명에 대한 고발을 의제로 다룬다고 선언하고 타른의 라수르스에게 발언권을 주었다. 라수르스는 스위스 로잔의 신학교를 졸업한 뒤 21세인 1784년에 목사가 되었고 입법의원을 거쳐 국민공회에 들어갔다. 다양한 교육을 받고 불같은 성격인 그는 선서 거부 사제·망명객·왕족을 맹렬히 비난했다. 지롱드파에 가담했지만 루이의 재판에서는 집행유예 없는 사형을 지지했고, 1월 24일부터 안보위원회 위원이 되었다. 2월에 그는 망명객들에 대한 법에서 부모 때문에 외국에 나간 자녀를 제외하자고 제안했고 그 기준으로 남자 18세, 여자 21세 이하를 제시했다. 그는 모든 외국인을 추방하는 데 반대했고 마라와 뜨거운 설전을 벌였다. 그는 4월 1일에 당통에 대해 막연하고 증거도 없는 비난을 퍼부으며 공격해서 돌이킬 수 없는 실수를 저질렀다. 특히 그는 당통을 뒤무리에의 공범이며 음모자라고 맹렬히 공격했다. 그 때문에 자기 이름이 스물두 명에 끼어 있다는 사실을 잘 알았다. 그는 5월 5일에 기초의회를 소집하고, 국민공회의 모든 의원 명단을 보내 한 사람씩 신임을 묻게 하자고 제안했다.

"우리가 오늘 스물두 명을 음모에 의해 몰아낸다면, 내일 새로운 음모로 100명을 몰아내는 일을 아무도 막지 못할 것입니다. 그리고 국민공회는 음모자들의 공작 덕분에 존재하게 될 것입니다. 국민공회는 오직 신뢰에 의해서만 선을 행할 수 있습니다. 국민공회에 신뢰를 주는 유일한 방법은 국민의 의사를 묻는 데 있습니다. 국민이 우리를 심판하게 해야 합니다."

르망의 필리포가 연단으로 나섰다. 1754년에 우아즈에서 태어난 그는 1790년에 르망 디스트릭트 법원의 판사가 되었고, 1792년 2월 2일부터 1793년 11월 30일까지 『자유의 수호자*Défenseur de la liberté*』를 발간했다. 국민공회에 나간 그는 당통과 가까이 지냈으며, 처음에는 기존의 기관들을 유지하자고 하다가 곧 마음을 바꿔 모든 행정기관과 법원을 개혁해야 한다고 주장했다. 그는 루이 카페의 재판을 서둘렀고, 루이 16세가 국민공회 증언대에 나온 날에 8월 10일에 다친 애국자들을 행진시켜 그에게 보여주자는 우아즈의 부르동의 제안을 지지했고, 국민공회의 의결사항을 국민에게 승인받자는 안을 지지하다가 곧 태도를 바꿨고, 루이 16세가 지은 범죄를 응징하기 위해서만이 아니라 모든 왕을 단 한 방으로 두렵게 만들기 위해서 사형시켜야 한다고 주장했다. 그러나 마지막에는 집행유예에 투표했다. 그는 적이 코앞에 다가섰고 깜짝 놀란 국민이 의원들에게 구조를 요청하는 이때, 의원들이 나라를 구하려고 나서기는커녕 분열하고 있으니, 날마다 우리 위를 짓누르는 먹구름을 쫓아내기 위해서라도 목소리를 높여야겠다고 말했다. 그는 가장 먼저 해야 할 일로서 지금까지 서로 입에 담지 못할 정도로 추잡한 말로 욕하면서 모두 벼랑 끝에 몰린 상황에서 벗어나야 한다고 말했다. 의원들 가운데 역적이 존재한다면 서로 끊임없이 고발하면서 힘을 빼지 말고 차라리 모든 사람이 믿는 구국위원회에 고발하자고 제안했다.

몽타뉴파 의원들이 이 연설을 인쇄하라고 요구했다. 스물두 명에 속한 그랑주뇌브는 자코뱅 회원들에게 본보기로 설교하라고 비꼬았고, 역시 숙청 대상에 낀 장소네는 필리포의 법안이 청원보다 더 심한 비방을 담고 있으니 인쇄를 반대한다고 말했다. 의원 대다수가 인쇄할 것인지 말 것인지 물어보라고 말했다. 장소네가 발언권을 신청했지만, 의장은 최고행정회의에서 보낸 편지부터 읽고 대책을 마련하자고 하면서 비서에게 보고하라고 지시했다. 의원들은 각지에서 일어난 일에 대해 논의한 뒤 저녁 7시에 그날의 회의를 마쳤다.

4월 17일 수요일에 이제르의 제니시외는 파리의 문제를 거론했다. 그는 1751년에 샤뵈이Chabeuil에서 태어나 그르노블 고등법원의 변호사로 일하다가 1791년에 그르노블 디스트릭트 법원 판사가 되었고 이듬해에 이제르에서 국민공회 의원이 되었다. 그는 평원파에 속했지만 대부분의 투표와 의견에서 몽타뉴파의 성향을 보여주었다. 그러나 루이 카페의 재판에서 먼저 왕의 가족 모두를 추방하자고 요구했고, 국민의 승인에 반대하고 사형과 집행유예에 찬성했다. 그는 13일에 마라의 기소법을 토론할 때 "마라는 자기 신문에서 나를 비방했지만, 나는 그를 시답지 않게 생각하기 때문에 별다른 유감이 없습니다"라고 말한 뒤, 따라서 자신은 편견 없이 공평하게 투표할 수 있겠지만 투표에 참여하지 않겠다고 말했다.

그랬던 제니시외는 파리 주민이 불안에 떠는 모습을 보면서 입을 다물고 있을 수 없어서 한마디 하겠다고 나섰다. 사실상 파리에 밀가루가 부족하지 않으며, 국민공회가 수도의 생필품을 확보하려고 모든 수단을 동원하고 있음을 누구나 안다. 국민공회는 이 문제에만 800만~900만 리브르를 쏟아부었다. 이 돈을 원래 목적대로 썼다면 생필품이 부족할 리 없다. 그런데도 파리의 모든 구역에서 새벽 3시부터 시민들이 빵집 문으로 몰려드는가? 벌써 아낙 여러 명이 다치는 불상사가 발생했다. 대부분의 시민이 동요하지 않고 질서를 지키려고 노력하는데도 악의에 찬 사람들이 온갖 수단을 동원해서 소요사태를 조장하기 때문에 품귀현상이 일어나는 것처럼 보인다. 그러므로 파리 시장을 불러 그가 내린 조치와 국민공회가 붙이라고 명령한 벽보에 대해 결과보고를 하게 해야 한다. 이 말에 의원들이 동의했다.

22인 명단에 있는 모르비앙의 르아르디가 그 말을 이어받았다. 그는 브르타뉴 지방에서 1758년에 태어나 조슬랭Josselin에서 의학에 종사하다가 1790년에 그곳의 검찰관이 되었고 1792년 9월에 모르비앙에서 국민공회 의원이 되었다. 10월 1일에 그는 파리 코뮌 감시위원회의 문서를 목록화하는 임무를 맡은 24인위원회에 들어갔고, 11월 26일에는 동료 두 명과 사르트 Sarthe 도에 파견되어 곡식이 잘 유통되지 않는 원인을 찾고 유통망을 재건하는 일을 했다. 돌아온 뒤에는 이 도에 생필품을 지원하고, 곡식의 최고가격제를 요구한 시민들을 더는 추적하지 말아달라고 의원들에게 호소했다. 루이 카페의 재판과정에서 그는 차례로 과반수의 정확한 의미에 대해 묻고, 국민의 승인을 지지했으며, 헌법을 제정할 때까지 감금하고 승인한 뒤에 추방과 집행유예에 찬성했다. 그는 제니시외가 파리 주민들이 생필품 때문에 술렁거렸다고 말했는데, 이 같은 소요는 특히 파리 구민들이 의원 스물두 명을 고발하러 온 날 일어났다고 주장했다. 그는 파리 시장이 생필품 현황에 대해 아무런 문제가 없으며, 여기저기서 작은 소란이 있었지만 몇몇 사람이 빵을 구하지 못할까봐 두려워 빵집으로 몰려들었기 때문이라고 설명했음을 상기시켰다.

"그러나 여러분, 우리가 이런 대답을 믿을 만큼 바보인가요? 소요는 월요일부터 오늘까지 계속 일어났습니다. 오늘 아침 나는 집 근처 빵집 앞에서 300명 이상의 긴 줄을 보았습니다. 생필품이 왜 부족합니까? 돈 많은 부자도 빵을 살 수 없는 이유가 무엇입니까? 파리 시정부는 이 상황에서 무엇을 하고 있습니까? 시시각각 일어날 수 있는 무질서에 제대로 대응하고 있나요? 아니요, 그들은 그저 회의만 합니다. 무엇에 대해? 지금은 말하지 않겠습니다. 곧 말할 때가 오겠지요."

몽타뉴파 의원들이 웅성거렸고, 어떤 의원은 뒤무리에가 파리에 올 때 얘기할 것이라고 비꼬았다. 지롱드의 베르니오는 "의장, 제발 웅성거리지 않게 하시고, 발언을 마치게 해주세요"라고 항의했다. 튀리오는 "당신이 이 자리에 앉아보세요, 그게 쉬운 일인가"라면서 의장으로서 편파적이 아니라는 점을 강조했다. 누군가 의장이 월요일에 저 유명한 청원을 받기 전에 의장석을 넘겼다가 파리 구의 대표들이 회의장에 들어왔을 때 다시 의장석에 앉았는데 그것을 공정한 행위라고 생각하는지 물으면서 핀잔을 주었다. 르아르디가 말을 이었다. 그는 파리 행정관들이 시의 꼭대기에 앉아 법을 집행할 임무마저 저버린 채 벌을 받지 않는다고 개탄하면서, 국민공회가 빵집의 손해를 보전해줄 막대한 금액을 인준했으니 제빵업자는 시정부로부터 마땅히 받을 돈을 받아야 한다고 강조했다. 더불어 그는 제니시외가 발의한 안에 동의한다고 말했다.

그다음은 베르니오 차례였다. 1753년 5월 31일에 리모주에서 태어난 베르니오는 리모주 중등학교에 다니다가 툴루즈 지사인 튀르고의 후원을 받아 파리의 플레시스 중등학교에서 장학금을 받았다. 거기서 동향이며 나중에 동료 의원이 된 고르사스를 만났다. 아버지가 파산한 뒤 그는 신학원에 들어갔으나 종교인이 되지 않았다. 잠시 뱅티엠(5퍼센트세) 징세인인 다이이Dailly 밑에서 일하다가 1780년에 무작정 리모주로 돌아갔다. 그리고 보르도에서 법학을 공부했고 1781년 8월에 변호사가 되었다. 그러나 아주 무기력하고 게으른 성격 때문에 돈벌이도 게을리 했고 늘 가난했다. 그러다가 혁명의 시대를 맞아 활력을 찾았다. 그는 지롱드의 행정관이 되었고 헌우회에 가입했다. 루이 16세가 도주하자(제5권 참조), 그는 루이를 최고법원에서 재판한 뒤 국민의 의견을 물어야 한다고 주장했다. 그 뒤 입법의원이 되었고 8월 10일에는 입법의회 의장으로 제2의 혁명(제7권 참조)을 맞이했다. 국민공회 의원이 된 그는 1793년 1월 10일부터 24일까지 의장으로 활동했는데, 그때가 루이 카페 재판의 절정이었다.

"여러분은 정의의 이름으로 위대한 결정을 수행할 것입니다. 나는 여러분이 인류애를 발휘해서 아주 조용히 결과를 받아들이기 바랍니다. 정의가 입을 열 때, 인류애도 자기 몫을 해야 합니다."

이렇게 말하고 나서 베르니오는 루이 카페에 대해 국민공회가 내린 벌은 사형임을 선포했다. 그날 이후 그는 줄곧 몽타뉴파와 투쟁했다. 3월 10일에 그는 "베네치아의 종교재판보다 1,000배나 두려운" 혁명법원의 설립에 반대했고, 누가 자유를 들먹이면서 자유를 말살하는지 알기 위해 호명투표를 실시하자고 제안했다. 3월 9일과 10일 사이의 파리 봉기가 실패한 뒤, 그는 국민공회에 대한 테러행위를 프랑스 전역에 고발하는 임무를 맡았다. 4월 10일에 그는 브리소·장소네·가데와 함께 고발당했다. 그날 봉콩세이 구와 알오블레 구의 청원을 토론하는 자리에서 로베스피에르는 그들이 라파예트·뒤무리에와 공모해서 왕을 구하려 노력했고, 온건파·쾨이양파로 활동했다고 비난하면서 신문해야 마땅하다고 주장했다. 베르니오는 이렇게 답했다.

"나는 내각이 침묵하는 가운데 근거 없이 아무렇게나 써 갈긴 공상소설과 냉랭한 조롱으로 일관하면서 국민공회에 새로운 불화를 일으킨 로베스피에르에게 감히 대답하겠습니다. 깊이 생각할 필요도 없이 감히 대답하겠습니다. 내게는 그처럼 기교art가 필요하지 않습니다. 단지 내 영혼만 가지고도 충분합니다."

베르니오는 자신들을 고발한 사람을 하나씩 거론하면서 반박했다. 입법의회를 파리에서 다른 곳으로 옮기자고 했다는 비난을 받았던 그는 마르세유로 도주하기를 원했던 로베스피에르에게 그런 얘기를 들으니 놀라울 뿐이라고 맞받았다. 그도 22인에 끼어 있었다. 그는 헌법을 논의할 때 중대한 제안을 했고 의원들은 만장일치로 그의 안을 받아들였다.

"나는 '자연적'이라는 말과 '사회적'이라는 말을 구별하지 말고 이렇게 문구를 작성하자고 제안합니다.

사회에서 인간의 권리는 평등·자유·안전·재산권·사회보장, 그리고 압제에 대한 저항권이다."

베르니오는 빵이 귀하다는 소문이 퍼지는 것은 국민공회의 잘못이지만, 파리의 생필품에 대해 불안을 호소할 때마다 국민공회가 필요한 조치를 취했으니, 이제는 인민에게 진실을 제대로 알려야 한다고 주장했다. 따라서 그는 추가조치로 파리 시장이 국민공회에서 인준한 자금 700만 리브르를 가지고 생필품의 안정에 집행한 결과보고서를 받자고 발의했다. 또 그는 파리에서 1리브르(약 500그램)짜리 빵을 3수에 사서 농촌에 5수를 받고 파는 사람들 때문에 파리의 빵이 귀해지므로 농업위원회는 이처럼 빵의 유출을 막는 방법을 연구해야 한다고 주장한 뒤, 우습게 들릴지 모를 제안을 한 가지만 더 하겠다고 말했다. 의원들은 베르니오의 제안과 부가조치를 채택하기로 의결했다.

"국내에서 일어난 소요와 군대의 소비를 생각할 때, 내년에 쇠고기 수급이 부족하지 않을까 두렵습니다. 일정 기간 동안 송아지 고기의 소비를 금지할 필요는 없을까요? 종교적으로 하느님을 기리기 위해 사순절을 두었습니다. 조국을 구하는 일에 정치적으로 이러한 조치를 취하지 못할 이유가 어디 있습니까? 나는 두 가지 안을 농업위원회에서 검토하고, 내가 제안한 부가조 치를 채택해달라고 요청합니다."

그날(4월 17일), 파리 코뮌평의회에서도 전날에 결정한 대로 생필품 문제를 토론했다. 몇몇 의원이 난국을 헤쳐 나가려면 시정부의 모든 창고에 있는 밀가루를 방출할 수 있는 만큼 내다가 중앙시장의 판매장에 전시해서 시민들을 안심시키라고 제안했다. 그러나 코뮌 검찰관보는 그 방법에 반대했다. 제빵업자들에게는 오히려 외부에서 밀가루를 구하기 어렵게 만들어주는 폐단이 발생할 수 있다는 이유였다. 모든 창고가 일단 텅텅 비게 되면, 시정부와 제빵업자들은 외부에서 밀가루를 들여와야 할 텐데, 그때는 사태를 더욱악화시킬 가능성이 높다. 파리 코뮌의 생필품 관리자인 가랭Garin*은 평의회에서 파리에 생필품을 충분히 공급하고 있는지, 비축량은 얼마나 되는지 하는 물음에 답했다. 그는 주민들이 근거 없이 불안해하기 때문에 관리계획에 차질이 있다고 호소했다. 그는 앞으로도 생필품이 부족하지 않을 것이라고 거듭 확인하고 나서 이 문제에 대해 포고문을 내걸라고 제안했다. 구 대표들은 회의에 참석하고 돌아가면 생필품에 대해 들은 대로 주민들에게 알리고 안심시키기로 했다.

시장도 지난 3일 동안 파리에서 일어난 소요사태의 원인·경과·결과를 밝히기로 했다. 그는 국민공회에서 보고한 내용을 의원들에게 설명했다. 그는 생필품에 대해 논의하면 할수록 불안감을 널리 퍼뜨릴 수 있으므로 주의

---

* 가랭은 동료 관리자인 파반Guillaume-Jacques de Favanne과 『생필품 관리로 구한 파리Paris sauvé par l'administration des subsistances』(1793)를 썼다.

해달라고 부탁했다. 생필품은 지난 보름 동안 안정적으로 공급했으며, 빵도 충분하다. 날마다 일정량이 꾸준히 도착한다. 그러므로 소요와 소동은 악의 있는 사람들 때문에 발생한다. 시장은 평의회의 결정대로 이러한 내용을 인쇄해서 벽에 붙이는 동시에 48개 구에 발송해 시민들을 안심시키기로 했다.

4월 18일에 파리 도 지도부는 도내 모든 코뮌 대표를 자코뱅협회에 모이라고 해서 생필품 문제를 논의한 뒤 100만 도민의 뜻을 모아 국민공회에 매년 최고가격제를 실시하라는 청원서를 냈다.

1. 빠른 시일 내 공화국 전체에 곡식과 밀가루 100리브르(약 50킬로그램) 당 최고가격제를 실시하라.
2. 곡식과 밀가루를 시장에 내놓지 않는 경작자를 엄중 처벌하고, 지방정부가 이 법을 집행하지 않을 경우에도 엄중 처벌하라.
3. 경작자와 제빵업자의 자연스러운 유통경로 이외의 거래는 모두 무효다. 개별 소비를 위한 구매를 막지 않는다.
4. 곡식을 거둘 때마다 전반적인 현황을 파악한다.
5. 이 순간부터 최고가격제를 최소한 내년까지 실시한다. 자연재해가 있을 경우는 따로 정한다.

가난한 사람들은 혁명 전에도 흉년이 들 때마다 최고가격제를 요구했다. 그리고 지역마다 부분적으로 실시하기도 했다. 혁명이 일어났을 때도 민중은 이러한 요구를 했고, 지방정부는 그 나름대로 묘수를 찾아내서 대응했다. 예를 들어 파리 시정부는 국가 재정의 지원을 받아 빵값을 고정하고 제빵업자의 손해를 대신 보전해주었다. 국민공회는 농업위원회에 이 문제를 맡겼다. 파리 도민 100만의 요청을 어떻게 받아들일지 두고 볼 일이다.

지난해 12월 2일에 파리 검찰관이 된 쇼메트는 파리 코뮌에 모인 각 구 대표들에게 다시 한번 애국심을 다지는 맹세를 제안했다.

"신성한 맹세를 다시 할 시간이 왔습니다. '한데 뭉쳐 목숨을 걸고 자리를 지키면서 인민의 권리가 조금이라도 훼손당하지 않도록 힘쓰겠습니다. 이를 맹세합니다.' 우리 모두 맹세합시다. 단결과 우애, 그리고 모든 구·민중 협회·파리 인민의 상호 보호를 맹세합시다."

대표들이 맹세를 마치자 쇼메트는 한 가지 더 제안했다.

> 파리 코뮌은 다음과 같이 선언한다. 모든 생필품을 확보할 때까지 혁명
> 의 상태를 유지한다. 구성원이 자기 의견 때문에 공격받는다면 곧 파리
> 코뮌이 공격받는 것과 같다. 애국자협회나 구민의회의 의장 또는 비서,
> 간단히 말해 파리의 일반 시민이 자기 의견 때문에 공격받을 때도 마찬
> 가지다.

파리 코뮌평의회는 검찰관 쇼메트가 요구한 사항을 모두 채택했다. 평의회는 회의록을 국민공회에 보내서 의결사항을 알리고, 통신위원회를 다섯 명에서 아홉 명으로 늘려서 전국 4만 4,000개의 지방정부와 활발히 교류하기로 했다. 그리고 지난 15일에 지롱드파 의원 축출에 대해 국민공회에 파리 35개 구가 제출한 청원서에 아직 찬성하지 않은 13개 구에도 참여를 촉구하기로 하는 한편, 청원서를 1만 2,000부 인쇄해서 지방에 발송하기로 의결했다.

4월 20일 토요일에 국민공회에서는 베르니오가 발의한 대로 마라에 대

한 기소법을 다시 한번 확인했다. 그날은 평상시보다 조용했다. 빵집 앞에서 줄을 서고 다투는 일이 일어나지 않았다. 그래서『파트리오트 프랑세』신문은 빵의 품귀현상이 아무래도 마라 같은 작전세력의 농간인 것 같다고 진단했다. 마라가 잠적하고 나니까 빵집 앞이 조용해졌다는 뜻이다. 의원들은 파리의 35개 구*가 15일에 제출한 의원 스물두 명에 대한 청원을 가지고 찬반 토론을 벌이기로 했다. 마른의 바틀리에Jean-César Battellier가 18일에 의장이 된 라수르스의 자격을 문제 삼았다.

"의장, 당신은 비서 세 명과 함께 청원서에서 고발당했으므로 의장석에서 물러나야 합니다."

여러 의원이 동조했지만, 또 어떤 의원은 그 자리에 머물러야 한다고 주장했다. 15일에 고발당했지만 그 사실을 아는 의원들이 18일에 뽑았으니 의장직을 그대로 수행해도 좋다는 뜻이다. 라수르스는 반대의견이 나왔기 때문에 논란을 피하기 위해 동료 의원에게 의사봉을 맡기려고 부탁해놓았지만, 지금은 그대로 회의를 진행하겠다고 선언했다. 모젤의 티리옹이 뼈 있는 한마디를 던졌다.

"맘대로 하세요, 사필귀정일 테니. 찬반 토론 신청자 명단에는 찬성과 반대의 두 난欄만 있습니다만, 마르세유 의용군과 상퀼로트의 제3의 난이 필요합니다."

당시의 소수파가 다수결 원칙의 의회 민주주의에서 자신의 의지를 관철시키려면 제3자가 개입해야 한다는 말이었으므로, 정적들에게 노골적인 위

---

* 그날 파리 코뮌에서는 포팽쿠르 구도 청원에 동참했다고 확인했다.

협이 아닐 수 없었다. 이 말을 놓고 한바탕 소동이 일어났다. 그 결과는 몽타뉴파가 예측했듯이 지롱드파와 평원파의 승리였다. 그날 의원들은 마라를 혁명법원에 넘기는 법을 통과시키고, 또다시 폭풍이 몰아치듯 설전을 벌인 끝에 코르시카의 시아프Ange Chiappe가 발의하고 코레즈의 페니에르Jean-Augustin Pénières가 수정 보완한 안을 통과시켜 15일에 "파리 코뮌평의회가 35개 구의 이름으로 스물두 명 의원에 대해 제출한 청원을 허위사실의 무고 誣告로 인정하며, 이 사실을 모든 도에 전파한다"고 선포했다.

지롱드파·중도파와 몽타뉴파 쌍방은 이런 결과를 충분히 예측했을 것이다. 의원들은 18일 파리 도가 주도한 최고가격제 청원과 그날 파리 코뮌평의회의 의결사항을 놓고 또다시 양편으로 나뉘어 설전을 벌였다. 비서가 쇼메트의 맹세를 읽어줄 때 몽타뉴파 의원들이 일제히 "우리도 합시다"라고 외쳤다. 지롱드파인 손에루아르의 마쥐예는 파리 코뮌이 마라를 보호하기로 의결했다는 기사를 『모니퇴르』에서 읽었는데 왜 비서는 그것을 보고하지 않느냐고 따졌다. 비서는 허위사실이라고 확인해주었다. 지롱드파를 적대시하던 아리에주의 클로젤Jean-Baptiste Clauzel은 사실이 와전된 경위를 설명했다. 오세르 민중협회가 마라의 기소에 대해 반대의사를 표명했으며 파리 코뮌은 그것을 환영했을 뿐이다. 동생 로베스피에르가 파리 코뮌의 청원을 받아들여야 한다는 취지로 거들었다.

"자코뱅협회를 고발한 사람이 큰 목소리로 파리 코뮌을 고발하는 것을 보았습니다. 나는 파리 코뮌이 반혁명을 지지한다고 믿었기 때문에 무척 놀랐습니다. 그러나 지금 나는 파리 코뮌이 혁명을 수행한다고 말하는 것을 보면서, 파리 코뮌이 전 국민을 흉내 내고 있을 뿐이라고 생각합니다. 프랑스 인민 전체가 혁명을 수행하고 있습니다. 그들은 자유를 지키려고 전쟁을 하고 있습니다. 또 그들은 국내의 모든 반역자를 상대로 혁명을 하기 때문에 모든 폭군과 혁명을 하고 있습니다. 파리 인민은 코뮌이 엄중한 상황에 맞게 처신하지 못했다면 몹시 꾸짖었을 것입니다. 어째서 반혁명분자들이 방데와 그 인근 지역을 휩쓸고 있습니까? 그곳 행정기관들이 유약하기 때문이며, 공공정신을 앙양하지 못했기 때문입니다."

방청객과 몽타뉴파 의원들이 중간에 크게 호응했기 때문에 그는 말을 끊었다가 다시 했다. 이윽의 부알로가 지롱드파답게 "그들은 질서와 자유를 지키려고 자리를 지키다가 숨졌습니다"라고 불쑥 말했다. 동생 로베스피에르는 부알로가 지적한 대로 의무를 다하다 숨진 사람들을 비방할 의사가 전혀 없다고 해명하고 나서 할 말을 덧붙였다.

"파리 코뮌에 통신위원회를 설립하는 것을 범죄시하는 사람들이 있습니다. (……) 조국의 위험을 알리고 진짜 음모자들의 정체를 밝히기 위해 지방정부들과 우호적으로 통신하는 것을 방해하고 싶은가요? (……) 파리 코뮌은 국민공회를 정화하라고 요구했습니다. 우리는 국민공회에서 조국을 배반할 음모를 꾸미고 국내외 공모자들과 범죄의 통신을 주고받는 역적들을 몰아내야 합니다. 도대체 이런 청원을 비난한 사람들이 누구입니까? 오를레앙을 왕좌에 앉히려는 사람들이 아니겠습니까?"

모든 문제가 지롱드파와 몽타뉴파의 권력투쟁으로 연결되었다. 이번에는 파리 시정부 관리가 회의록을 국민공회에 맡기는 한편, 코뮌의 정당성을 입증하기 위해 인쇄해서 전국에 돌려도 좋은지 물었다. 의원들은 파리 시정부 관리들에게 회의를 참관할 기회를 주는 문제를 놓고 또다시 설전을 벌였다. 비서가 관련 규정을 읽으려 하자, 몽타뉴파가 이미 회의장에 관리들이 들어와 있는데 무슨 규정이냐고 하면서 관리들에게 자리를 내주었다. 이런 식으로 설왕설래 끝에 라수르스는 전임 의장인 들마에게 자리를 내주고 물러났다.

마라가 『인민의 친구』 176호에 쓴 내용을 뒤집어 말한다면, "악당이 물러나고, 선한 사람이 의장석에 앉았다." "청렴하고 솔직하고 충직하지만 활기 없는" 들마는 결기가 없기 때문에 상황에 순응하는 사람이었다. 그는 파리 시정부 관리들을 받아들일지, 관련 규칙을 적용할지에 대해 호명투표 여부를 물었다. 비서가 한 시간 반 전에 이미 점호를 시작했다고 말했다. 뫼르트의 살이 이미 의원 절반이 그냥 문안을 채택하자고 요구했는데 왜 다시 시작하자느냐고 볼멘소리를 했다. 의장은 다시 시작한다고 고집을 부렸고, 한바탕 소동이 일어났다.

그러나 몽타뉴파는 어떻게든 점호를 다시 실시해서 시간을 끌고 싶었다. 피레네조리앙탈의 비로토가 공평하게 정회하자고 요구하자, 센앵페리외르의 알비트는 법대로 호명투표를 하자고 맞섰다. 뫼르트의 말라르메François-René-Auguste Mallarmé는 9시부터 지금 11시 반까지 호명투표를 진행하고 있는데, 반대하는 사람들의 저의가 무엇이냐고 공격했다. 중도파 의원들이 가세해서 과반수를 정의하고 넘어가자고 말했다. 결국 의원들은 호명투표를 다시 시작한다고 의결했다. 의장이 투표를 시작하겠다고 선언하자 우파와 중도파 의원들이 모두 퇴장했다. 의장은 147명 투표에 109명이 찬성, 6명이 반대했으므로 시정부 관리들이 회의를 참관할 수 있게 되었다고 선언했다.

4월 21일 일요일의 회의에서는 수많은 청원을 받았다. 코르베이Corbeil 코뮌의 대표가 증언대에 서서 의원들에게 다음과 같이 호소했다. 인민은 빵이 없어서 고통을 받는데, 의원들은 서로 아웅다웅하고 있으니 참으로 안타깝다. 날마다 파리 주민들에게 발목을 잡혀 있느라고 그 주변에 있는 평화로운 주민들이 빵을 구하지 못하는 사실도 인식하지 못하는 실정이다. 빵을 구할 수 있도록 최고가격제를 실시하라. 의장은 농업·통상의 두 위원회가 날마다 이 문제를 논의하고 있으니 걱정하지 말고 기다려달라고 청원자들에게 말했다. 그 뒤에도 수많은 코뮌에서 역시 최고가격제를 실시해달라고 요구했다.* 주목할 만한 청원자로는 '8월 10일의 주역들hommes du 10 août'인 83개 도의 연맹군이었다. 그들은 1789년의 바스티유 정복자와 같은 지위로 대우해주는 동시에 국립군사경찰대를 조직할 수 있게 허락해달라고 요구했다. 의원들은 이 청원을 전쟁위원회에서 연구하도록 명령했다.

4월 24일 수요일, 파리 코뮌평의회는 '시민정신 증명서certificat de civisme'를 발급하기로 의결했다. 매주 한 번씩 오전회의에서 증명서 발급 위원회가 몇 명에게 발급할 것인지 보고하고, 발행한 증명서에 이의가 있을 때 평의회에 보고하라는 내용이었다. 증명서는 일정한 형식을 갖춰 발행하며, 신청자에게 일정한 요금을 받기로 했다. 이 기회에 시민정신 증명서에 대해 조금 더 알아보자.

1792년 10월 17일에 국민공회에서는 국립군사경찰대에 복무하려는 사람은 시민정신 증명서를 제출하게 하자는 안을 발의했고, 이튿날에는 이미 복무하는 군사경찰까지 증명서를 제출하도록 의결했다. 11월 1일에는 모

---

* 타베르니Taverny, 생뢰Saint-Leu, 피에를레Pierrelaye, 생프리Saint-Prix, 프레피용Frépillon, 브상쿠르Bessancourt, 프랑콩빌Franconville, 에르몽Ermont, 플레시부샤르Plessis-Bouchard, 쇼브리Chauvry, 아르장퇴이Argenteuil, 코르메이유앙파리지Cormeilles-en-Parisis, 사르트루빌Sartrouville, 사누아Sannoois, 브종Bezons, 몽티니레코르메이유Montigny-les-Cormeilles, 프레트la Frette, 베르시Bercy.

든 공증인·소송대리인·집달리에게 증명서를 제출하라고 요구하기로 했다. 1793년 1월 29일에 사르트의 필리포가 시민정신 증명서법이 훌륭하기는 하지만 실제로 적용하는 데는 문제가 있으므로 보완할 필요가 있다고 지적했다. 그는 증명서 소유자가 동종업자에게 이름을 빌려줄 경우 한 건당 1,000리브르의 벌금을 부과하자고 제안했다. 외르에루아르의 르사주는 필리포의 말에 동의하지만 제대로 적발하기 어렵기 때문에, 오히려 발급권자인 전국의 코뮌평의회의 의무를 잘 지키게 해야 문제를 해결할 수 있다고 말했다. 그는 시민정신 증명서가 양심의 증서acte de conscience이기 때문에 전국의 모든 코뮌평의회는 오직 양심문제에 국한시켜 발행을 결정해야 한다고 발의했고, 지롱드의 가로는 코뮌의 상위기관인 디스트릭트와 도가 간섭하지 못하게 하자고 제안했다. 의원들은 두 가지 제안을 받아들여 통과시켰다. 그러나 증명서를 제출하지 않고 활동하는 사례를 뿌리 뽑지는 못했다.

2월 27일에 내무장관 가라는 증명서를 제출하지 않은 공증인·소송대리인·집달리의 자격을 정지시킬 것인지, 그들의 자리를 어떻게 채울 것인지 국민공회에 문의했다. 일에빌렌의 랑쥐네가 법에 정해진 대로 시민자격을 얻지 못한 모든 사람의 자격을 즉시 정지하자고 발의해서 통과시켰다. 지금까지 보았듯이, 시민정신 증명서는 국립군사경찰대나 공증인을 상대로 요구하는 것이었고, 여러 가지 꼼수로 그 제도를 피하는 방법이 지속적으로 퍼졌다. 양심의 증명서를 요구하는 일은 점점 더 끈질기게 나타나며, 그 절정에서 '관심법'인 반혁명혐의자법이 나올 것이다.

4월 25일 목요일에 국민공회는 파리 도내 모든 구와 코뮌 대표들이 18일에 청원한 최고가격제*에 대해 농업위원회와 통상위원회가 연구한 결과를 듣고 토론하다가 27일에 다시 논의하기로 했다. 의원들은 남쪽의 디뉴Digne

에서 공화주의자들이 보낸 청원서를 읽었다. 첫째 합법적인 동기 없이 디뉴 코뮌을 떠난 사람들과 앞으로 떠날지 모르는 사람들에게 적용할 법을 제정하고, 둘째 디뉴 공화주의협회는 폭군을 재판할 때 국민의 승인과 집행유예에 동의한 의원들을 신임하지 않기 때문에 의원자격을 박탈해줄 것이며, 셋째 디뉴의 상퀼로트는 부자들이 재산을 헌납해서 공동체의 빈자를 구하게 해달라고 요청했다. 파리 코뮌평의회에서도 디뉴의 청원을 읽은 뒤 파리에서 지원할 일이 없는지 시정부와 협력하고 통신위원회에서 전국의 다른 코뮌들에도 알리기로 의결했다.

파리의 봉콩세이 구의회에서는 중요한 결정을 내렸고, 이튿날 파리 코뮌평의회의 추인과 함께 후속조치를 얻어냈다. 첫째 방데와 인근에서 일어난 반란은 역적 뒤무리에를 돕는 사람들로부터 무기·탄약·생필품을 보급받는 덕에 성공하고 있다. 둘째 고통받는 형제들에게 구호의 손길이 너무 늦게 닿는다. 그 때문에 더 큰 불행이 닥칠까 두렵다. 그러므로 역적 뒤무리에의 공모자들이 더 큰 세력을 갖기 전에 절멸시켜야 한다. 도적떼가 애국자들을 말살시키기 전에 싹을 잘라야 한다. 제3의 혁명을 시작한 파리가 전국의 형제들에게 본보기를 보여주어야 한다. 국민공회에 대표를 파견해서 당장 파리와 전국적으로 여러 곳에 전투부대를 창설해 각 도에서 고통받는 애국자를 구하고, 반란을 진압해서 공공질서를 안정시켜야 한다. 파리 코뮌은 좀더 적극적으로 처벌의지를 발휘하고 반혁명세력이 태어나지 못하도록 막아야 한다고 생각했다. 그들이 국민공회가 의회 민주주의에 발목을 잡혀 신속하고

---

* 20일에는 베르사유 코뮌도 청원에 동참했다.

명쾌한 의사결정을 내리지 못한다고 생각한 나머지 화가 나고 초조해졌음을 읽을 수 있다.

4월 28일 일요일에 국민공회에서는 최고가격제에 대해 좀더 구체적인 안을 논의했다. 비엔의 크뢰제 라투슈Jacques-Antoine Creuzé-Latouche는 최고가격제를 요구하는 이유가 곡식을 구하기 어려운 동시에 비싸기 때문이라고 말했다. 국민공회는 이미 지난해 12월 8일에 법을 제정했다.[*] 그러나 국민공회나 지자체가 홍보를 소홀히 한 데다 곡물시장의 문제까지 겹쳐 법을 제대로 적용할 수 없었다. 법의 모순을 보여주는 사례는 곡식이 풍부한 지방에서도 품귀현상이 발생했다는 데 있다. 육군과 해군의 식료품 조달방법이 구태의연하고, 파리 같은 거대 도시의 공급방법에도 문제가 있기 때문이다. 육군과 해군의 군수품조달위원회는 지난 9월부터 3월까지 경작자에게 시장가격과 상관없는 이익을 제시하는 방법으로 곡식을 구입했다. 이 때문에 풍부한 지방도 곡식이 부족하게 되었다. 더욱이 파리의 경우, 빵값을 곡식가보다 싸게 유지할 수 있도록 기금을 마련해주었다.[**]

파리의 관리들은 곡가를 적절히 책정하려고 노력하는 대신 흥정도 하지 않고 무조건 곡식을 앞당겨서 확보하려고 서둘렀다. 경작자들은 시장의 논리에 곡식을 맡기는 것보다 더 편안하게 집에 앉아서 구매자가 오기를 기다리면서 유리하게 팔 수 있었다. 게다가 아시냐 지폐의 가치가 떨어졌기 때문

---

[*] 9개조 법에서 중요한 내용을 추리면, 곡식·밀가루·건채소의 국외반출을 금지하고 위반자 사형과 재산몰수(제1조), 국내에서 곡식·밀가루·건채소의 자유로운 유통 보장(제4조), 이에 직접 반대하는 자 또는 군중집회 주도자는 사형, 집회 참가자는 1년 징역(제7조)이다.
[**] 제3장 "파리의 상황" 참조.

에도 곡식을 구하기 어려웠다. 지난 2월 12일에 파리의 48개 구가 전국적으로 통일된 법을 실시하라고 촉구한 일도 국민공회에는 큰 부담이었다. 2월 25일에 크뢰제 라투슈가 생필품에 대한 보고서를 작성한 것도 식량문제가 불안의 요인으로 남아 있었기 때문이다. 크뢰제 라투슈는 자기가 분석한 문제점을 오랫동안 설명하고 나서 10개조의 법안을 소개했다. 의원들은 전국적인 압력을 받으면서도 5월 4일에 가서야 농업·통상의 합동위원회가 마련한 31개조의 최고가격제법을 통과시켰다.

이 법을 반포하는 즉시 모든 상인·경작자·지주는 자기가 소유한 곡식이나 밀가루의 종류와 양을 지방정부 당국에 신고한다(1조).

8일 안으로 시정부 관리나 그 대리인은 신고 내용을 확인하고 보고서를 작성하여 단계적으로 상급기관에 보내고 그렇게 해서 최종적으로 내무장관과 국민공회에 제출한다(2~3조).

공공시장이나 관행상 곡식을 사고팔던 항구에서만 곡식을 거래한다(6조).

최고행정회의는 구국위원회의 감시 아래 공화국의 생필품 공급을 확보할 모든 수단을 마련해야 하며, 내무장관은 생필품이 남는 도에서 여분을 징발하여 부족한 도에 공급한다(13~14조).

공무원이 직접·간접으로 정부의 거래에서 사익을 취해서는 안 되며, 어길 때는 사형에 처한다(21조).

곡식 소매상은 16조에서 언급한 도매상의 장부를 기록할 필요가 없으며, 17조에서 언급한 무관세 통관 허가증을 발급받아야 한다(22조).

곡식의 자유 유통에 관한 법은 계속 유효하다(23조).

각 도에서 곡식의 최고가격제를 실시하기 위해 모든 디스트릭트 지도부는 1월 1일부터 5월 1일까지의 시장가격표를 모아 도 지도부에 제출한다. 도 지도부는 두 시기의 각종 곡식의 평균값을 산정해서 최고가격으로 책정하고 도내 모든 행정기관에 포고하는 한편 내무장관에게도 보고한다(25조).

이렇게 정한 최고가격은 다음과 같이 조금씩 낮춘다. 6월 1일까지 10퍼센트를 낮추고, 9월 1일까지 한 달에 한 번씩 각각 5퍼센트, 3.3퍼센트, 2.5퍼센트씩 추가 인하한다(26조).

파리가 국민공회에서 청원한 두 가지 중요한 사안에 대해 의원들은 지롱드파 숙청을 거부하고, 최고가격제를 5월 4일에 받아들였다.* 파리의 젊은이들이 징병에 반대해서 시위를 벌인 날이었다. 이튿날인 5일에 국민공회는 아시냐 12억 리브르를 발행하기로 하고, 20일에는 부자를 대상으로 10억 리브르를 강제로 기채하기로 했다.

3
지롱드파의 몰락

단결이냐, 분열이냐? 국민공회의 지롱드파와 몽타뉴파는 모두 통일성·일체성·동질성을 뜻하는 '위니테unité'라는 말을 썼다. 여러 요소가 하나로 뭉치는 것을 전제로 한 말이다. 국민공회 밖에

___

* 9월 11일에 국민공회는 곡식의 최고가격제를 전국으로 확대하기로 의결했다.

서도 지롱드파와 자코뱅파는 모두 이 말을 쓰면서 상대방이 분열을 부추긴다고 공격했다. 특히 몽타뉴파 의원들의 독무대가 된 자코뱅협회는 상대방을 연방주의자라고 비난했다. 그러므로 통일성이라는 말에 상반된 뜻이 생겼다. 말에는 고유한 의미가 있지만, 맥락 속에서 새로운 의미를 얻기 때문이다. 지롱드파는 18세기의 계몽주의에서 중시하는 자연권의 절대적 원칙을 바탕으로 개별주의 이론을 존중했다. 그들은 고대 라틴어의 금언을 신조로 삼아 "통일성은 더 강한 힘을 준다Vis unita fortior"고 믿었다. 홉스·로크·루소의 '사회계약론'의 바탕은 힘없는 개인들이 강자의 권리를 무력화시키기 위해 사익을 억제하고 공익을 추구한다는 목표에 가담하는 행위인데, 그것이 지롱드파가 생각하는 통일성의 뜻이었다. 그들은 전국의 모든 도가 동등한 권리를 가지고 프랑스 전체를 이루는 단결을 생각했고, 그렇게 해서 정적에게 '권리의 연방'이라는 인식을 심어주었다.

그런데 자코뱅파가 생각하는 통일성은 프랑스와 국민의 공통의무를 일치시키는 말이었다. 그들도 역시 계몽주의의 영향을 받았기 때문에 이론을 잘 알았음에도 좀더 현실적으로 생각했다. 그들은 이론에 대한 무한토론이 가능하다고 여겼고 이론의 정치와 실물정치의 차이를 인정했다. 그래서 그들은 실질적으로 프랑스를 구하는 방법을 강구하는 일에 전념했다. 통일성은 국민의 의무에 존재했다. 자코뱅파가 이론상 지롱드파와 같은 얘기를 하는 것처럼 보일 때도 실제로는 전혀 다른 뜻으로 말했다. 자코뱅파 협회에서 지롱드파와 몽타뉴파로 나뉘어 싸우다가 1792년 10월 10일에 브리소를 제명한 뒤에 몽타뉴파만 남게 되었고, 국민공회에서 두 파는 사사건건 부딪혔다. 루이 카페의 재판에서 전자는 집행유예를 주장하고, 그 뒤에는 혁명법원 설치에 반대했으며, 마라를 기소하고, 헌법을 먼저 제정해야 한다고 주장했으며, 후자는 헌법보다 정부가 먼저라고 주장하는 차이를 보여주었다.

　지롱드파가 몽타뉴파와 결정적으로 멀어지고 몰락하는 과정을 한번 되짚어보자. 루이 16세가 바렌에서 붙잡힌 뒤 그의 자격을 정지하라는 여론이 들끓었지만 제헌의원들은 어떻게든 헌법제정 작업을 끝내려고 꼼수를 부렸다. 입법의회 시절, 푀이양파가 내각을 이끌면서 점점 전쟁의 길로 들어섰고, 1792년 4월 하순에 막상 전쟁이 일어나고 패전을 거듭하면서 몰락의 길을 걸을 때, 브리소가 대안으로 떠올랐다. 브리소는 자코뱅 클럽에서 전쟁의 필요성을 설득해 로베스피에르의 반대에 부딪쳤지만 정치적인 몸무게를 불렸다. 그는 패전의 책임을 지고 물러나는 푀이양파의 뒤를 잇는 내각을 구성하는 데 큰 영향을 끼쳤다. 그러나 브리소파가 장악한 정부는 계속 의심받았다. 공화국이 대안이라고 주장하던 브리소와 그가 선임하다시피 한 내각이 왕에 대해 전적으로 저항하지 못했다. 이에 실망한 민중이 6월 20일 튈르리 궁에 들어가 루이 16세에게 자신들의 의지를 강요했다. 민중이 그런 식으로 혁명 의지를 표출했음에도 왕과 내각은 물론 입법의회까지 그에 호응하지 않았다. 민중이 라파예트를 처벌하라고 그렇게도 요구했지만, 처벌은커녕 자격도 정지하지 않았다. 파리 혁명코뮌은 제2의 혁명을 일으켜 보수화하는 혁명을 한 단계 도약시켰다.

　그러나 그날 이후에도 브리소파는 민중이 처벌해야 마땅하다고 생각하는 죄인들을 무죄로 옹호해주었다. 예를 들어 그들은 나르본Louis Marie de Narbonne-Lara의 망명을 도와주었다.* 그들은 국내외의 반혁명세력이 나라를 위험하게 만들 때 역적을 처벌하려는 의지가 약했고 개인들을 봐주었기 때문에 대중의 의심을 샀다. 나라가 더욱 위급한 상황으로 내몰리면서 급진파는 반혁명세력과 실제로 피를 흘리며 싸우기 시작했다. 이 상황에서 정적뿐 아니라 대중에게도 지롱드파를 포용하는 마음이 사라지고 있었다. 후대에는 9월 학살(제8권 참조)도 그들이 현실을 외면하거나 임무를 소홀히 했기 때문에 일어난 사건이라고 해석하기도 한다. 그들이 반혁명세력에 대해 단호하게 대응하지 못한 것은 지성과 양심 때문이라고 옹호할 수도 있겠지만, 또 한편 그들의 그릇된 신념 때문이라고 비판할 수도 있다. 한마음으로 혁명에 매진해야 할 때, 누구의 편을 들어야 할 것인가?

이처럼 나라가 위급해질수록 더욱 미움을 받은 지롱드파는 1793년부터 제거해야 할 반혁명세력으로 분류되었다. 루이 카페의 재판, 혁명법원 설치 반대, 뒤무리에의 반역이 그들의 몰락을 재촉했다. 4월 3일에 국민공회에서 몽타뉴파의 공격을 받은 지롱드파의 브리소는 혐의 내용을 부인했다. 전부터 그는 뒤무리에와 공모했다는 혐의를 받고서도 침묵했지만, 이제는 말할 때가 되었다고 입을 열었다. 몽타뉴파는 "너무 늦었다!"고 외쳤다. 브리소는 그동안 침묵한 것처럼 보였겠지만 실은 국방위원회에 뒤무리에의 공모자들을 고발했다고 변명했다. 그는 뒤무리에를 대신으로 천거한 적이 없으며, 왕비가 탈롱Talon과 본카레르Bonnecarrère의 천거를 받아 그 일에 깊이 관여했다고 말했다. 탈롱은 왕실비총관인 생트푸아Sainte-Foye의 조카였고, 본카레르는 미라보 백작의 친구였으며 외무대신 밑에서 일했다. 브리소는 오스트리아와 전쟁을 벌이는 문제에 대해 뒤무리에와 같은 의견을 표명한 적도 없

---

* 루이 16세의 할아버지 루이 15세의 서자로 태어난 나르본은 1792년 12월에 전쟁대신이 되어 북부·동부·중부의 3군(각 군 총사령관 로샹보·뤼크네·라파예트)을 창설하고, 3월 초에 대신직에서 해임된 뒤 동부군에 복귀해서 전쟁을 수행하다가 파리에서 루이 16세를 만나 전쟁대신직을 부탁했다. 제2의 혁명이 일어나자 그는 네케르의 딸인 마담 드 스탈의 도움을 받아 영국으로 망명했다.

는데 로베스피에르가 근거 없이 비방한다고 반박했다. 자신은 뒤무리에를 몰랐으며, 그가 대신이 되기 4개월 전부터 자코뱅 클럽에서 연속 네 번이나 오스트리아와 전쟁을 해야 한다고 연설했으며, 그래야만 프랑스가 공화국으로 발전할 것이라고 생각했다고 변명했다. 그는 로베스피에르가 자신과 다른 방향으로 생각했다고 설명했다.

"로베스피에르는 오스트리아에 선전포고하기 전에 국내의 병폐를 고치기를 원했습니다. 그는 라파예트의 지휘권과 왕의 권한을 박탈하면 공화주의를 한결 더 확실히 성취할 수 있다고 믿었습니다. 그러나 나는 그 당시 상황에서 그의 의견이 비정치적이라고 생각했습니다. 왜냐하면 사람들은 우리가 취해야 할 조치에 대해 언제나 헌법을 들먹이면서 반대했기 때문입니다."

평화를 유지하는 한 입헌군주정의 헌법은 존속할 것이며, 왕실은 막대한 왕실비를 받아 사람들을 타락시키고 자유를 파멸시키는 데 활용했을 것이다. 그러므로 브리소는 오스트리아와 전쟁을 해야 한다고 주장했고, 수많은 사람이 동조했다고 변명했다. 그리고 그것은 자기 의견이었으며, 뒤무리에를 알기 전부터 품었던 생각이었다고 설명했다. 그는 뒤무리에가 파리를 비방했듯이 자신도 비방했기 때문에 공모자라고 비난받지만, 비방의 내용이 다르다고 말했다. 그는 국회 연단이나 글에서 언제나 파리 주민과 도적떼를 구별했다고 강조했다. 후자가 툭하면 들고일어나 질서를 무너뜨리거나 선동해서 국민을 피곤하게 만들고 외부의 적들에게 유리한 혼란을 야기하는 것을 어찌 비판하지 않겠는가. 그는 이러한 사람들을 그냥 놔두기 때문에 영국·벨기에·네덜란드 같은 곳에서 혁명을 받아들이지 않는다고 주장했다. 지롱드파는 국민공회가 파리에 있는 한 제대로 의사결정을 할 수 없다고 판단했다.

4월 30일 화요일에 지롱드파의 가데가 연단에 섰다. 그는 파리의 모든 권력기관이 국민공회를 우습게 여기고 있으니, 이제는 애국자로 위장한 한 줌의 반혁명세력과 국민 전체의 투쟁을 끝내야 할 때라고 말했다. 그는 우선 다음 월요일(5월 6일)부터 국민공회를 베르사유로 옮겨서 회의를 하자고 요구했다.

5월 10일 금요일은 국민공회가 3년 6개월의 마네주 시대를 끝내고 새로운 장소에서 회의를 여는 날이었다. 의장 부아예 퐁프레드는 옛 튈르리 궁에 마련한 회의장에서 첫 회의를 열었다.* 바르의 이스나르는 헌법과 그 구성원리를 논의하기 전에 필요한 행위에 합의해야 한다고 주장했다. 그는 사회조직이 따라야 할 원리를 사물의 자연질서에서 찾았으며, 그것을 바탕으로 차례대로 자신의 독창적인 생각을 설명하겠다고 말했다. 그가 제일 먼저 던진 질문은 "이 순간 프랑스인이란 무엇인가, 그리고 그들이 우리에게 무슨 임무를 주었는가?"였다. 공화국의 시민이 되려는 사람들이 의원들에게 헌법을 제정할 임무를 주었다는 논리를 길게 설명하면서 그는 가장 처음 해야 할 일이란 모든 의원이 만장일치로 사회협약pacte social부터 맺어 차후의 논의 결과에 무조건 승복할 근거를 마련해야 한다고 주장했다.

"사회조직의 자연스러운 질서를 추구하려면 헌법보다 먼저 사회협약을

맺어야 합니다. 이 협약은 가장 근본적인 행위이며, 「인권선언」의 기초이자 헌법의 울타리이며 조정자 노릇을 합니다. (……) 사회협약을 맺는 일, 그것은 틀림없는 쌍무계약으로서 당사자 모두의 권리를 분명하고 정확하게 상기시키는 동시에 자세한 조항을 명시함으로써 그들의 권리를 효율적으로 보장해주는 행위입니다. 그리하여 법과 미래사회의 의지로도 넘을 수 없는 한계를 마련해주는 행위입니다."

그는 이미 제정했던 헌법이 인권을 침해했을 때 속수무책이었던 이유도 사회협약을 체결하지 않았기 때문이라고 말했다. 루소가 『사회계약론』에서 사회계약을 체결하기 전에 만장일치를 전제조건으로 내걸었던 것과 같은 맥락이다. 그는 긴 연설을 끝내면서 모두 18개조의 '사회협약(안)'을 제시했다. 전문만 읽어보자.

> 사회조직을 재편할 특별 임무와 권한을 가지고 국민공회에 모인 프랑스인의 대표들은 인간의 자연권이 모든 단체의 영원한 기초임을 인식했으며, 유권자의 이름으로 그들의 승인을 받지 않고 자유롭게 토론을 거쳐 합의하여 사회협약을 체결했음을 선언한다.

당통은 인민의 대표들이 폭군의 궁전(튈르리 궁)을 소유하는 날에 헌법의 첫 번째 기초를 마련하는 일도 아름다울 것이며, 그러므로 프랑스 정부는 공화제 정부임을 다시 한번 선언하고 나서 가장 기본적인 개념들을 토론하자고 제안했다.

"행정권은 인민이 선출해야 하며, 막강한 권한을 주면서도 다른 헌법기관의 견제를 받게 해야 합니다. 국립법원을 설치해서 공직을 떠나는 모든 관리의 잘잘못을 따지도록 해야 합니다. 또한 모든 사람이 인민은 근본적으로 선량하며, 공무원은 타락할 가능성이 있다는 점을 진리로 받아들여야 합니다. 따라서 나는 이스나르의 제안과 상관없이 프랑스가 공화국임을 만천하에 선언하자고 요청합니다."

마라는 사회협약에 대한 이스나르의 발의는 사실상 공화국을 와해시키고 연방정부로 가자는 뜻이라고 비판했다.

5월 14일 화요일, 국민공회에 보르도 시민들이 9일에 작성한 청원서가 들어왔다. 그들은 변방에서 인민의 대표 300명이 추방당할 운명이며, 22명이 '100인의 재판관들Centumvirs'이 자유를 말살하는 도끼의 제물이 되었다는 소식을 듣고 깜짝 놀랐다. 얼마 전에 방데의 반란군을 진압하는 데 병력을 보내서 애국심을 증명한 보르도의 시민들이 자신들의 고장에서 국민공회로 진출한 의원들을 지원하고 나섰다.

"우리가 의원들을 뽑을 때 이 세상에서 가장 신성한 덕을 갖춘 법의 보호를 받을 줄 알았으며, 인간들 속으로 보냈다고 믿었는데, 알고 보니 피에 굶주린 호랑이들 속으로 보냈습니다. 우리의 용감한 시민들이 지금 살인마들의 칼의 표적이 되었습니다. (······)

국민공회여, 그리고 한때 그다지도 당당하고 위대했던 파리 시민들이여, 인민의 대표들을 구해주세요, 우리를 절망에서 구해주세요, 우리를, 제발 우리를 내전에서 구해주세요. 네, 우리는 당장 우리의 국민방위군의 절반을 동원하겠습니다. 우리의 한을 풀어줄 명령을 내려주지 않는다면 파리로 달려가서 우리의 대표들을 구하거나 그들의 무덤 위에서 죽겠습니다. 맹세코!"

인구가 12만 명인 대도시 보르도를 대표해서 청원서를 낭독한 뒤비뇨Duvigneau는 지롱드 도민이 그동안 혁명에 얼마나 열심히 참여했는지 설명했다. 그들은 2만 5,000명을 전방에 보냈고, 곧 6,700명을 더 뽑아 국난을 극복하는 데 이바지할 예정이다. 파리에서는 빵값이 3수인 데 비해 그곳의 용감한 시민들은 10수에 사먹으면서도 모욕을 당하고 있다. 시체를 뜯어먹는 독수리처럼 거짓말로 먹고사는 인간들이 보르도가 반혁명의 편이라고 비방한다. 마침 그날까지 의장직을 수행하던 보르도 태생의 부아예 퐁프레드는 청원자들에게 찬사를 보낸 뒤, 고향에 돌아가거든 파리에 있는 용감한 애국자들이 영국 수상 피트의 뇌물을 받고 반혁명을 일삼는 사람들을 감시하면서 목숨을 걸고 국민의 대표들을 수호하고 있다고 전하라고 부탁했다. 먼 남쪽의 님에서 태어나 개신교 목사 노릇을 하다가 파리 동쪽의 오브에서 의원이 된 중도파 라보 생테티엔이 지롱드 도민의 애국심을 치켜세워주자 몽타뉴파 의원들이 상대적으로 파리 주민들을 폄훼한다고 항의했다. 가데는 한층 수위를 높여 '정신 나간 파리 주민들parisiens égarés'을 비판했다. 몽타뉴파가 계속 웅성거리고 누군가 "당신이 폭군을 구하려고 했소"라고 비난했지만 가데는 아랑곳하지 않고 말했다.

"안보위원회는 입법위원회와 협력해서 파리에서 국민공회가 처한 상황, 날마다 국민공회를 해치려는 음모를 무산시킬 방법, 음모자들을 처벌해달라고 요구하는 모든 프랑스인을 만족시킬 조치에 대해 8일 안으로 보고해주십시오."

가데는 자신과 라보 생테티엔의 제안을 인쇄해서 모든 도에 발송하고 파리에 벽보로 알리는 내용을 포함하는 명령을 가결해달라고 발의했다.

국민공회는 지롱드 도 주민들의 시민정신과 용기와 아울러 국민의 대표들에 대한 존경과 충심을 치하한다.

이에 덧붙여 될수록 이른 시일 안에, 입법위원회와 안보위원회가 합동으로 국민공회를 위협하는 음모에 대한 대책을 마련하도록 명령한다.

중도파의 지원을 받은 지롱드파와 파리 투사들의 지원을 받은 몽타뉴파의 대립은 점점 극으로 치달았다. 5월 16일 목요일에 바르의 이스나르가 의장으로 첫 회의를 주재했다. 남쪽 그라스의 향수 상인이던 그는 상퀼로트의 정치 개입을 두려워했고 지롱드파에 속했는데 의장 임기가 끝나는 5월 30일까지 파리 민중의 위협을 받으면서 날마다 힘겹게 의장직을 수행했다. 18일 토요일에는 방데 도의 서쪽 해안지방의 사블돌론Les Sables-d'Olonne의 청원자가 영국 해적들이 행패를 부리는 데 대해 경비를 강화해달라고 부탁했다. 그때 여성들이 증언대 쪽으로 몰려들면서 혼란이 일어났다. 그들은 진입을 막는 사람들에게 욕설을 퍼부었다. 의원들이 회의장 질서를 지켜야 한다고 주장했고, 몽타뉴파 의원은 모든 파리 시민에게 방청을 허락해야 한다고 맞섰다. 렌의 변호사 출신인 일에빌렌의 랑쥐네는 "방청객들이 자코뱅파 여성들의 돈을 받을 것인지 아닌지가 본질이지요"라고 빈정대서 몽타뉴파의 반발을 불러일으켰다. 의원들은 잠깐 논란을 거친 뒤에 복도에서는 자유롭게 통행할 수 있다고 의결했다.

프라테르니테* 구·1792년 구·뷔트데물랭 구 시민들의 대표단이 증언대에 섰다. 대표 연설자는 5월 16일에 작성하고 여러 구가 참여한 청원서를 읽었다. 그들은 조국을 구하러 떠나는 마당에 전쟁비용을 전국에 골고루 분담

---

* 생루이 구는 1792년 11월에 우애를 뜻하는 프라테르니테 구로 이름을 바꿨다.

시키고 반도들을 막는 조치만큼은 취해달라고 부탁했다. 외르의 뷔조가 청원자들이 법의 보호를 받게 하자고 제안해서 분란을 일으켰다. 평소 파리의 투사들과 몽타뉴파를 지겹게 여기던 그였으니 뼈가 있는 제안이었다. 마른의 튀리오는 파리 시민들을 모욕하지 말라고 반박했다. 언제 청원자들을 보호해주지 않은 적이 있는가? 뷔조는 프라테르니테 구가 주도한 청원이 다른 구민들의 의사와 별개인 것처럼 소개해서 분열시키려는 꼼수를 품었다고 비난했다.

랑쥐네가 입법위원회의 3개조 법안을 상정하자 또 한바탕 소동이 일어났다. 의원 100명이 헌법에 관한 문제로 호명투표를 요구할 수 있으며, 그 밖의 문제에 대해서는 150명이 호명투표를 요청할 수 있고, 호명투표를 실시할 때 의원은 자기 의견을 간추려서 제안할 수 있다는 안이었다. 튀리오는 두 번째 150명을 문제 삼으면서 언제나 100명이 요청하면 호명투표를 해야 한다고 말했다. 마른의 샤를리에는 3월 18일에 모든 시민에게 망명객과 선서 거부 사제를 체포하거나 사살할 권한을 주자고 제안할 만큼 강성이었다. 그는 의원 200명이 회의를 한다고 가정할 때, 99명 이상의 요구를 강요한다면 소수파가 호명투표를 요구할 수 없게 된다고 말했다. 루아레의 부르동, 파리의 다비드, 모젤의 티리옹과 수많은 의원이 헌법에 대해서는 50명, 다른 문제에 대해서는 100명이 요구하면 충분하다고 주장했다. 그러나 몽타뉴파가 소수파였기 때문에 안건은 부결되었다. 지롱드파가 지배하는 국민공회는 몽타뉴파를 지지하는 파리의 투사들에게도 깊은 상처를 남겼다.

타른의 라수르스는 파리의 투사들을 싸잡아 비난하면서 그들이야말로 국민공회를 해체하고 공화국을 분열시키는 연방주의자들이므로 선량한 파리 시민들이 나서서 그들과 싸워야 한다고 역설했다. 마라가 격분해서 연단으로 뛰어가 발언권을 신청했다. 의장은 발언권을 신청한 사람들의 이름을 나열했고, 우파 의원들이 발언순서를 지키라고 떠들자, 마라는 의장이 위선자임을 증명하겠다고 장담했다. 의원들이 그를 아베 감옥으로 보내라고 아우성쳤다. 마라는 순서를 무시하고 할 말을 했다. 그는 우파 의원들의 파렴치한 언행을 방청객들이 증언해줄 것이라고 장담했다. 가데가 나서서 파리의 혁명위원회를 맹렬히 공격했다. 또한 그는 3월 10일의 음모자들을 아직도 벌하지 못한 현실이 모두 파리의 권력기관 때문이라고 비난하면서 3개조의 법안을 발의했다.

1. 파리의 모든 권력기관을 해체한다. 시정부는 24시간 안으로 권한을 정지하고 당분간 48개 구의회 의장들이 운영한다.
2. 의회의 대리인들이 빨리 부르주Bourges에 모여 국민공회가 해산했다 는 소식을 듣는 순간 일을 시작한다.
3. 이 명령을 긴급히 모든 도에 전달한다. 이 조치를 채택하는 순간 우리 는 신성한 소임을 안전하고 안정적으로 수행할 수 있을 것이다.

얼마 전에 국민공회를 베르사유로 옮기자고 제안한 가데는 자기의 지역구 쪽으로 한걸음 더 멀리 갔다. 그는 국민공회가 해산하는 즉시 부르주에서 대기하는 의회가 일을 물려받도록 하자고 제안했다. 콜로 데르부아가 "이렇게 새로운 음모가 드러났다"고 외쳤다. 자코뱅협회와 파리의 투사들도 이렇게 연방주의가 드러났다고 생각했다. 국민공회가 지롱드파 의원 스물두 명을 구한 대신 파리와 혁명을 우습게 보았다고 생각했다.

오트피레네의 바레르가 구국위원회를 대표해서 가데의 안을 반박하고 나서, 국민공회에 12인위원회commission de 12 membres, Commission des Douze를 새로 창설하고, 위원들이 내무·외무 장관들과 구국위원회의 의견을 듣고 질서안정에 필요한 조치를 취하게 하자고 제안했다. 그는 12인위원회에서 파리 코뮌평의회가 지난 한 달 동안 내린 명령을 심사하게 하자고 덧붙였다. 손에루아르의 마쥐예는 당장 파리 코뮌 검찰관 쇼메트를 체포하라고 촉구했고, 당통은 이에 반대했다. 의원들은 12인위원회로 하여금 "파리 코뮌과 48개 구가 내린 모든 명령을 검토하고, 공화국의 자유를 해치려는 모든 음모를 적발하게 하며, 국민공회를 위협하는 음모와 관련해서 내무장관·외무장관·안보위원회·구국위원회가 파악한 사실을 바탕으로 음모자를 밝히고 증거를 수집하여 적절한 조치를 취하게 한다"고 의결했다.

그러나 12인위원회의 열한 명이 지롱드파였기 때문에 파리 코뮌과 갈등을 빚을 것이 뻔했다. 과연 12인위원회는 5월 24일에 파리 코뮌 검찰관보인 에베르와 바를레를 체포해서 아베 감옥에 넣었다. 그들은 지롱드파가 지배하는 국민공회를 연일 공격하던 과격파enragés였다.* 25일부터 파리의 구민 대표들이 석방을 호소했지만 허사였다. 심지어 의장 이스나르는 "만일 파리가 날마다 반란을 일으켜 국민공회에 해를 끼친다면, 프랑스 전체의 이름

---

* 12인위원회는 에베르를 새벽 2시에 아베 감옥으로 보냈다. 이것은 명백한 불법이었다.
   에베르는 『뒤셴 영감Père Duchesne』에서 민중의 언어와 욕설을 적절히 버무려서 특권층을 고발했다. 그는 "사기꾼들을 음지로 보내고, 그들의 비열한 도당이 국민공회에서 그들의 유골을 가지고 놀도록 만들어야 합니다"라고 썼다.
   바를레는 인민에게 이렇게 연설했다. "우리의 적은 전방에 있지 않습니다. 방데의 반란자들만 반란자가 아닙니다. 가장 큰 적과 반란자들은 법을 팔아먹는 상점에 있습니다. 바로 거기서 적을 찾아야 합니다."

으로 여러분에게 장담컨대, 파리는 이 세상에서 사라질 것"이라고 위협했다. 1792년 7월 25일에 프랑스를 협박하던 브룬스비크 공이 했던 말과 다를 바 없다. 이스나르는 잇따라 "법의 칼날은 국민의 대표 위로 올라서는 자의 머리를 벨 준비"를 갖추었다고 말한 뒤, 이 진실은 파리 시민을 겨냥하는 것이 아니라 국민공회를 주무르려는 도당을 겨냥한 것이라고 말했다. 과연 이스나르는 무엇을 믿고 이렇게 말할 수 있었을까?

5월 27일에는 몽타뉴파가 절대로 물러서지 않겠다는 각오로 맞섰다. 마라는 『뒤셴 영감』을 발행하는 에베르 같은 애국자들을 탄압하는 일을 멈추고 12인위원회를 해체하라고 주장했다. 12인위원회는 자유의 적이고 인민을 봉기하게 만들며, 특히 지롱드파가 지배하는 편파적인 기구라는 이유에서였다. 시테la Cité 구의 대표단이 붉은 모자를 쓰고 창을 든 채 회의장에 들어와 "공화국을 구하거나 우리 자신을 구하려고" 왔다고 말했다. 그들은 자유의 적인 12인위원회를 혁명법원에 넘기라는 결의문을 낭독하고 나서 회의장을 행진하겠다고 말했다. 의장이 난색을 표하자 방청객들이 야유했다. 그날 의장은 질서를 되찾으려고 계속해서 모자를 썼다 벗었다를 반복했다. 특히 국민공회가 필요 없으니 기초의회를 소집하라는 발의에 대해 호명투표를 하느니 마느니 격론을 벌인 뒤, 이스나르는 옛 의장 부아예 퐁프레드에게 자리를 내주고 물러났다.

의장석은 다시 한번 옛 의장 에로 드 세셸에게 넘어갔다. 밤 10시였다. 아까부터 회의를 끝내라고 의장을 다그치던 의원들이 다시 한번 에로를 재촉했다. 에로는 오후 3시부터 파리 28개 구 대표단이 기다린다고 말했다. 대표단은 회의를 끝마치기 전에 역겹고 폭압적인 위원회를 해산하고 3일 전에 아베 감옥에 갇힌 에베르와 바를레를 석방해달라고 청원했다. 에로는 청원자들의 호소를 듣고 긍정적으로 평가하면서 "시민들이여, 이성의 힘과 인민의 힘은 똑같습니다"라고 격려했다. 잠깐이지만 의장이 바뀌면 회의의 진행방향도 바뀌었다. 크루아 루즈 구 대표가 "자유의 진짜 친구들만 공격하고 한밤중에 체포"하는 12인위원회를 해체하라고 요구하고, 들라크루아가 발의한 대로 임시의장 에로는 의원들에게 안을 상정해서 통과시켰다. 안에 반대한 200여 명은 다수의 의원이 회의장을 떠난 다음에 변칙적으로 통과시켰다고 격렬하게 항의했지만 결과를 뒤집지는 못했다. 하루 종일 진을 빼던 문제를 불과 두 시간 안에 해결하고 회의를 끝냈을 때가 밤 12시 반이었다.

1. 12인위원회의 명령으로 감옥에 있는 시민들을 즉시 석방한다.
2. 12인위원회를 해체하고, 그 구성원들의 행위를 안보위원회에서 검토한다.

파리 코뮌은 지롱드파가 지배하는 국민공회를 더는 견디기 어려워졌다. 5월에 그들이 내린 중요한 조치를 잠시 훑어보고 국민공회를 공격하는 준비 과정을 살펴보자. 3일에 파리 코뮌평의회는 방데의 반혁명세력과 싸울 병력 1만 2,000명을 보내기로 하면서 그에 필요한 특별비로 1,200만 리브르를 마련하기로 하고, 각 구 혁명위원회가 할 일을 지정해주기로 의결했다. 6일에는 검찰관 쇼메트가 발의한 안을 심의해서 확정했다. 모두 9개 사항에서 중요한 내용만 추리면 다음과 같다.

1. 매주 목요일과 일요일 오전에 모든 권력기관·기초의회·위원회의 장들이 모여 질서를 유지하고 공화국의 번영과 행복을 추구하는 수단을

강구한다.

2. 평의회의 특정 의원이 분열을 조장하면 48개 구에 고발해서 자격을 박탈한다.

3. 빠른 시일 안에 공공교육과 구빈기관을 설치해달라고 국민공회에 청원한다. 또한 농업·통상 합동위원회가 빈민구제뿐만 아니라 생계수단이 없는 건강한 젊은이의 노후대책을 마련해서 가난을 근절하고 언젠가 재산을 모을 수 있는 방법을 찾도록 촉구한다.

4. 파리 코뮌에 감시위원회를 두고 각 구의 혁명위원회와 수시로 소통한다.

그날도 파리는 사방에서 사람들이 모여 험악한 분위기를 자아냈고, 평의회는 보고를 받는 즉시 병력을 동원해서 군중을 해산시키고 주모자나 저항하는 사람을 잡아 가두었다. 퐁뇌프 구민회의에서는 외국인의 보안증carte de sûreté 문제로 소동이 일었다.* 이튿날 검찰관 쇼메트는 1789년 이후 파리에 도착한 모든 시민의 동향을 파악하자고 제안했다. 브리소와 지레 뒤프레Jean-Marie Girey-Dupré가 발행하는 『파트리오트 프랑세』는 각 구의 젊은이들이 방데의 반란을 평정하러 떠나라는 명령에 거부한다고 보도하면서 파리 코뮌의 무정부상태를 조장하는 마라와 로베스피에르를 맹렬히 비난했다. 자코뱅

---

* 파리 코뮌은 1792년 9월 19일에 15세 이상의 남성으로서 파리에 8일 이상 거주 또는 체류하면 반드시 보안증을 지녀야 한다고 명령했다. 파리의 질서와 안전을 위해 발행하는 보안증은 인구파악의 수단이기도 했다. 그리고 1793년에는 외국인 체류자의 동향을 면밀히 파악하기 위해 붉은색 보안증을 발행해주었다. F. Olivier et G. Cyril. "Un recensement parisien sous la Révolution. L'exemple des cartes de sûreté de 1793." in *Mélanges de l'École française de Rome. Italie et Méditerranée*, tome 111, n° 2. 1999. pp. 795~826.

협회에서 지롱드파를 몰아냈지만, 아직도 지롱드파는 파리의 여론에 영향을 끼치고, 파리 코뮌의 행동을 방해했다.

5월 10일에는 여성들이 시정부로 몰려가 여성만 가입할 수 있는 협회를 조직하게 해달라고 호소했다. 그들은 공화국의 적들을 분쇄할 방법을 논의할 목적으로 생토노레 길의 자코뱅 도서관에 모일 것이며 협회 이름을 '공화주의혁명협회Société Républicaine Révolutionnaire'로 짓겠다고 신고했다. 폴린 레옹Pauline Léon과 클레르 라콩브Claire Lacombe는 이렇게 해서 '여성공화주의자혁명협회Société des citoyennes républicaines révolutionnaires'를 창설하고 27일에 자코뱅협회에 대표를 보냈다.

"여러분은 이제 우리가 비굴한 여성이 아니며 가축 같은 존재도 아님을 아실 때가 되었습니다. 우리가 여러분이 지키려는 영광스러운 명분에 걸맞은 존재임을 보여드릴 때가 왔습니다. 귀족주의자들이 우리 목을 졸라 죽이려고 할 때가 바로 우리가 나타나야 할 때입니다. 우리는 잠이나 자면서 칼에 찔릴 때를 기다리지 않겠습니다. 우리는 대오를 지어서 귀족주의자들을 짓뭉개놓겠습니다. 우리는 준비를 충분히 갖추었습니다. 우리는 모든 이의 마음속에 자유의 종을 울렸습니다. 우리는 여러분의 열정을 뒷받침하고 여러분과 위험을 분담하고자 합니다. 우리가 필요한 곳을 알려주십시오."

바렝의 방타볼은 자코뱅협회 의장으로서 화답했다.

"예나 지금의 모든 공화국에서 여성은 언제나 뛰어난 존재입니다. 그들은 조국의 위험에 초연하지 않습니다. 우리 협회는 지난 8월 10일에 여러분이 얼마나 활약했는지 잘 기억합니다. 우리는 여러분이 우리와 함께 계셔서 기쁩니다. 우리는 여러분의 헌신을 치하하며, 위험과 그것을 타개할 수단이 어디나 있음을 말씀드립니다."

10월 9일, 리옹의 반군을 진압하기 전에 국민공회군의 포격이 격렬했다(BNF 소장).

파리의 부촌에 사는 젊은이들이 상퀼로트를 공격하려고 벼르는 모습(BNF 소장).

1793년 10월에 제정된 공화력의 열두 달.
맨 위 왼쪽부터 차례로 방데미에르(포도의 달), 브뤼메르(안개의 달), 프리메르(서리의 달),
니보즈(눈의 달), 플뤼비오즈(비의 달), 방토즈(바람의 달),
제르미날(싹트는 달), 플로레알(꽃의 달), 프레리알(초원의 달),
메시도르(수확의 달), 테르미도르(무더운 달), 프뤽티도르(열매의 달)를 가리킨다(카르나발레 박물관 소장).

1793년 10월 16일, 콩시에르주리 감옥을 나서는 마리 앙투아네트(BNF 소장).

마리 앙투아네트는 1793년 10월 16일에 단두대에 서서 처형될 때까지 온갖 모욕을 당했다.
모네Monnet 그림을 엘망Helman이 판화로 제작(BNF 소장).

1793년 6월 24일에 채택된 공화력 1년 헌법(BNF 소장).

정치가인 방타볼이 핵심을 벗어난 말로 대표를 어르고 있다. 지나간 일을 치하하면서, 앞으로 일어날 일에는 분명히 끼워주겠다고 약속하지 않는 노회함. 여성들이 정치적 협회를 꾸린 이상 스스로 정치를 깨우치고 현장을 찾아다녀야 할 것이다. 수동시민이었던 사람들이 능동·수동의 경계를 없앴듯이, 여성이 남녀의 경계를 허물어야 했다. 아무튼 그날 파리의 투사들은 튈르리 궁을 에워싼 채 국민공회를 압박했고, 자정에 12인위원회 해체와 파리 코뮌 요원의 석방을 관철시켰다. 이튿날 일에빌렌의 랑쥐네는 의장 이스나르에게 간밤의 결정이 무효라는 취지로 문제를 제기해서 또다시 분란을 일으켰다. 이스나르는 의원들에게 의견을 물었고, 의원 다수가 호명투표로 그 법이 실효를 가지는 것인지 묻자고 했다. 이렇게 해서 또다시 지루한 토론 끝에 호명투표를 마친 결과, 12인위원회를 부활시키기로 했다. 오전에는 지롱드파가 평원파를 끌어들여 다수파가 되어 몽타뉴파를 제압하고, 저녁 늦게 그들이 빠져나간 뒤에 몽타뉴파가 중대한 결정을 내리면, 이튿날 오전에 뒤집는 식이었다. 517명이 투표했고 259명이 과반수였다. 279명이 12인위원회 존속에 찬성하고 238명이 반대했다. 그 뒤에도 파리 코뮌과 구에서는 12인위원회 해체를 계속 요구했다. 29일 수요일에 국민공회에서 마르셰les Marchés(예전의 레알) 구 대표가 혁명군을 창설하고, 12인위원회를 해체하며, 내전을 부추기는 말을 하는 사람을 처벌하는 명령을 내려달라고 요구했다. 아르시Arcis 구는 국민공회 의원의 일부를 더는 신임하지 않는다고 선언하면서 12인위원회를 혁명법원에서 심판하라고 촉구했다.

파리 코뮌에서도 12인위원회 구성원의 흠을 찾아내려고 노력했다. 5월 29일 수요일에 그들은 블루아Blois 혁명위원회에서 보내준 편지를 받았다. 12인위원회 위원인 앤드르에루아르의 가르디엥Jean-François-Martin Gardien이

1790년 4월 27일과 5월 30일에 쓴 편지였다. 그는 혁명 초기에는 반혁명적 성향이었다가 차츰 혁명에 동조하면서 국회에 진출했고, 몽타뉴파에 속했지만 시간이 흐를수록 지롱드파와 가깝게 지내게 되었다. 그의 편지는 반혁명의 증거로 활용할 만한 내용을 담고 있었다. 그는 국민의회를 "국민을 사칭하는 의회l'assemblée prétendue nationale"라 폄훼하고 아시냐도 믿지 못할 것이라고 깎아내렸다. 파리 코뮌평의회는 이 편지를 인쇄해서 벽에 붙여 12인위원회를 공격하는 데 활용하기로 하고 국민공회에 대표단을 보내 가르디엥을 고발하기로 의결했다. 국민공회는 30일 목요일 저녁회의에서 이튿날부터 일할 회장을 뽑았다. 투표 결과 뫼르트의 말라르메François-René-Auguste Mallarmé가 335명 투표에서 랑쥐네보다 83표 더 많은 194표를 얻어 당선되었다. 투표가 끝난 뒤, 랑쥐네는 파리에서 곧 봉기가 일어날 것이라고 말했다. 그는 노트르담 대성당의 주교청(에베세) 회의에서 음모를 꾸민 자들이 공공연히 이렇게 말했다고 전했다.

"다시 한번 충돌해야 할 순간이 왔습니다. 다른 도에 대해서는 아무 걱정하지 마십시오. 나는 모든 도를 돌아다녔습니다. 우리가 사태에 대해 정확한 정보를 조금만 주면 우리가 원하는 대로 그들을 동원할 수 있습니다. 파리가 시작하면 먼 지방도 따를 것입니다. 가까운 지역은 우리에게 충실합니다. 예를 들어 베르사유는 우리를 지원할 태세를 갖추었습니다. 우리가 대포를 쏘면 당장 베르사유 코뮌은 막강한 병력을 보내줄 것이며, 우리는 이기주의자들, 이른바 부자들을 덮칠 수 있습니다. 그렇습니다. 우리는 국민공회에서 부패한 다수파에 대해 봉기해야 합니다. 그것이 우리의 의무입니다."

그날 밤에도 국민공회에는 파리의 수많은 구에서 대표단을 보내 12인위원회가 마구잡이로 애국자를 가둔다고 항의했다. 이스나르는 27개 구 대표단이 파리 시장을 앞세우지 않았기 때문에 청원의 기본 요건을 충족하지 못했다고 말했지만, 대표단은 아랑곳하지 않고 요구사항을 전했다.

1. 12인위원회의 제안을 바탕으로 내린 모든 명령을 파기할 것. 특히 구 의회의 회의시간을 밤 10시까지 한정한 것을 무효화할 것.
2. 12인위원회의 모든 구성원을 기소하고, 그들을 86개 도의 혁명 배심 단에 넘겨 심판할 것.
3. 그들이 생산한 문서와 등록부를 봉인해서 안보위원회에 넘길 것.

파리 시민들은 지롱드파가 지배하는 12인위원회와 국민공회에 대해 최후통첩을 했다. 5월 30일과 31일 사이의 밤에도 그들은 계속 모여서 봉기할 계획을 세웠다. 파리 코뮌에서는 계속 급박한 상황을 보고받았다. 시장 파슈는 노트르담 대성당 주교관에서 열린 시민대회에 직접 참석하고 돌아와서 그들이 당장 봉기하고 울타리를 봉쇄하겠다고 결정하는 것을 막지 못했다고 말했다. 파리 코뮌은 뤽상부르 구도 봉기했고 울타리를 막았다는 보고를 받았다. 주교관에 모인 시민들의 대표단은 모든 구가 인정해준 무한한 권한을 발휘해서 자유를 억압하는 귀족주의 도당들을 물리치기 위해 이제부터 파리가 봉기하는 동시에 모든 울타리를 봉쇄한다고 선언했다. 31일 금요일 새벽 3시에 노트르담 대성당에서 경종을 울렸다. 파리 코뮌평의회는 당장 48개 구에 보낼 포고문을 작성했다.

시민들이여, 지금은 가장 평화가 필요한 때입니다. 파리 도는 구국의 조치를 마련하기 위해 오늘 아침 모든 헌법기관과 48개 구를 소집했습니다. 아침에 소집한 회의에서 조치를 마련하기 전에 어떠한 행위도 국가 안위에 치명적일 수 있습니다. 조국의 안위를 위해 여러분은 조용히 계 시면서 회의 결과를 기다리기 바랍니다.

5월 31일 금요일 아침 6시 반에 파리 코뮌평의회에는 과반수 이상의 구 에서 파견한 위원들이 모였다. 그들의 대표인 제6구(카트르뱅두즈 구)*의 돕 상Dobsen은 권리의 침해를 받은 파리 시민들이 자유를 보존하기 위해 필요 한 조치를 취했고, 헌법기관의 모든 권한이 무효임을 선언했다고 고지했다. 코뮌평의회의 권한을 정지시킨 뒤 새 평의회의 의장이 된 그는 파리 시장·검 찰관·시정부 관리들에게 평의회에 참석하라고 통보했다. 그러고 나서 그는 시장·부시장·검찰관·검찰관보·코뮌평의회가 지속적으로 애국심을 발휘해 서 인민을 만족시켰으므로 주권자 인민의 이름으로 직무에 복귀하도록 명령 한다고 선언했다.

복귀한 평의회는 48개 구 혁명위원회 시민들과 방청객들 앞에서 시민맹 세를 한 뒤 혁명평의회conseil-général révolutionnaire가 되었다. 부의장은 상퀼 로트 구의 국민방위군 사령관 앙리오François Hanriot를 파리 국민방위군 임 시총사령관에 임명한다고 발표했다. 국민공회에서 파리 시장을 불러 현황을 보고하라고 하자 혁명평의회는 48개 구의 대표단을 딸려 보내기로 하는 한 편, 앞으로 48개 구가 시장을 지켜주기로 의결했다. 날이 밝으면 쏘기로 한

---

* 원래 비블리오테크la Bibliothéque 구에서 1792년 9월부터 1792년을 뜻하는 카트르뱅두즈Quatre-Vingt-Douze 구로 이름을 바꿨다. 이 구는 1793년 10월에는 루이 카페의 사형에 투표했기 때문에 왕당파에게 살해당한 의원의 이름을 딴 르펠티에 구로 이름을 바꾼다.

대포는 새로운 명령을 기다리느라 쏘지 않고 넘어갔다. 혁명평의회는 계속해서 사태를 주시하면서 오전시간을 보냈다.

아침 6시에 국민공회에는 벌써 100여 명이 모여서 의장을 기다렸다. 임시로 옛 의장이었던 일에빌렌의 드페르몽Jacques Defermon이 회의를 개최했다. 그는 모든 구가 경종을 울리고 북을 치면서 비상사태에 들어가고 있으니 대책을 마련하자고 말했다. 의원들은 최고행정회의·도 지도부·시장을 부르기로 의결했다. 곧이어 의장인 말라르메가 의장석에 앉아 회의를 이끌었다. 그는 내무장관 가라에게 현황을 물었다. 가라는 48개 구 위원들, 8월 10일의 선거인들이 간밤에 주교청에 모여서 12인위원회의 복귀에 항의하는 봉기를 결정했다고 보고했다. 그들은 12인위원회가 파리를 비방하고, 멋대로 행정관을 구속했으며, 애국자를 탄압하는 계획을 세웠다고 분개하고, 모든 울타리를 봉쇄했다. 가라는 지금 파리의 모든 시민이 무장하고 있으며 각 구 지휘관의 명령에 따라 순찰을 강화하고 있으니 내무장관은 당장 구국위원회·최고행정회의·파리 시장이 모여 시민들을 설득하고 감독해서 봉기를 막을 조치를 취해야 한다고 제안했다.

파리 도의 검찰총장은 파리가 '정신적인 봉기상태insurrection morale'에 있다고 진단했다. 그는 시민들의 목적이 오랫동안 파리에 퍼진 수많은 비방을 바로잡으려는 데 있다고 말하고 나서, 파리 도에서는 수많은 조치를 취해 질서를 유지하고 인신과 재산을 지켜주려고 노력했음을 강조했다. 파리 시장이 대표단과 함께 증언대에 섰다. 파슈는 지난밤부터 새벽 사이에 과반수의 구를 대표하는 위원들이 새로 혁명평의회를 조직해서 모든 권한을 정지시킨 뒤에 재신임한 결과 자신이 다시 파리 시장직을 수행하게 되었다고 설명했다. 그는 국민공회에 오기 전에 임시총사령관 앙리오에게 되도록 사람들을 자극하지 않고 공공의 업무를 방해하지 않는 한에서 신중하게 병력을 모으라고 명령했다고 보고했다. 또한 국민공회·공공기관·감옥·재무부 주위에 수비대를 두 배로 늘리며, 특히 경고의 대포를 쏘지 못하게 퐁뇌프 다리에도 수비를 강화했으며, 파리 현황과 자기가 내린 조치에 대해 구국위원회에도 보고했다고 덧붙였다.

의원들은 12인위원회를 해체하는 문제, 수상한 자들을 체포하는 문제로 또 설전을 벌였다. 의장은 퐁뇌프 구민의회가 보낸 편지를 소개했다. 구민의회 의장은 파리 코뮌이 평화와 질서를 위해서 대포를 쏘지 말라고 명령한 포고문을 받은 차에 임시총사령관 앙리오가 날짜도 없는 명령서를 보내 대포를 쏘라고 했기 때문에 거절했음에도 앙리오는 무력으로 강요하고 으름장을 놓으니 어떻게 하면 좋겠는지 방침을 내려달라고 부탁했다. 오른의 뒤프리슈 발라제는 감히 경고의 대포를 쏘라고 권한을 남용한 앙리오를 증언대로 불러야 한다고 말했다. 방청객들이 격렬히 항의했다.

의원들이 차례로 나서서 프랑스에 자유가 사라지고 국민공회를 무시하는 경향이 퍼지고 있음을 개탄했다. 몰리에르 에 라퐁텐Molière et Lafontaine 구 대표단은 구국의 방법을 마련해달라고 부탁하는 한편, 지금같이 불행한 상황에서는 오직 헌법기관을 존중하고 음모자들의 계획을 무산시켜야 한다고 믿기 때문에 국민공회에 적극 협조하기 위해 위원 여섯 명을 뽑아 파견해야 한다고 말했다. 퐁뇌프 구의 대표단이 직접 의원들에게 앙리오의 요구에 대해 호소했다. 그들은 도 지도부로 찾아갔고, 거기서 국회의 명령이 없는 한 경고의 대포를 쏘는 것은 사형을 받을 죄라는 해석을 얻었으며 의무를 다했다고 주장했다. 파리의 투사들이 국민공회에 항의하려고 경종과 북을 치면서 분위기를 험악하게 만들고 있으며, 앙리오가 그들을 더욱 자극하려고 대포를 쏘게 했지만 거절한 뒤에 무슨 일을 당할지 몰라서 괴로워하는 마음을 읽을 수 있다. 8월 10일과 9월 2일의 끔찍한 기억*이 되살아나는 날이었으니. 의장은 그들의 열의를 치하하고 격려해주었으며 그들은 안심한 듯 돌아갔다.

의원들이 12인위원회의 존폐를 놓고 설전을 벌일 때, 지롱드의 베르니오는 오늘같이 소란스러운 날 이 문제를 논의한다면 국민공회가 자유롭지 못하다고 자인하는 꼴이라 오히려 불안을 가중시킬 것이라고 주장하면서, 지금은 차라리 누가 경종을 울리라고 명령했는지 알아내자고 제안했다. 덧붙여서 그는 전투가 일어나면 어느 편이 이기든 공화국이 파멸하게 된다고 경고한 뒤 임시총사령관 앙리오를 증언대에 불러 세우고, 의원들은 즉시 임무를 충실히 수행하다가 죽겠다는 맹세나 하자고 제안했다. 의원들은 자발적으로 그 제안을 받아들이고 맹세했다.

로의 장봉 생탕드레가 발언권을 신청하자 의장이 의원들에게 물어보겠다고 대답했다. 당통은 의원에게 발언권이 있으므로 묻고 자시고 할 일이 아니라고 하면서 장봉 생탕드레가 발언하지 않으면 자기가 발언하겠다고 말했다. 또다시 옥신각신하고 나서 당통이 연설을 시작했지만, 중간에 우파와 중도파가 개입하는 바람에 대꾸를 하다가 겨우 "12인위원회의 해체에 찬성하는지 호명투표로 결정합시다"라고 말을 끝냈다. 오브의 라보 생테티엔이 12인위원회를 대신해서 한마디 하겠다고 나서자, 코트도르의 바지르가 "만일 위원

---

* 1792년 8월 10일은 파리 혁명코뮌이 튈르리 궁을 공격한 날이며, 9월 2일은 1,000명 이상이 학살당한 '9월 학살'이 시작된 날이다(제8권 제1부 "공화국 선포" 참조).

회가 아직도 있다면, 내가 숨통을 끊겠소"라고 말했다. 라보와 몽타뉴파 의원들이 계속 말씨름을 했다. 라보는 목소리를 높여 항변했지만 점점 힘에 부쳤다. 외르의 뒤루아Jean-Michel Duroy는 위원회 폐지안을 표결에 부치라고 외쳤다. 베르니오가 나섰고 샤를리에가 맞섰다. 우파와 좌파가 차례로 나서면서 공방을 벌일 때, 의장이 파리 코뮌 혁명평의회 대표단이 호소문을 가지고 왔다고 알렸다. 그들에게 발언권을 허용할지 말지 또 설전을 벌였다. 우파는 혁명평의회가 누구로부터 권한을 받았는지 말하라고 다그쳤고, 좌파는 청원자라면 누구나 발언할 수 있다고 맞섰다. 우파가 아무리 시간을 끌려고 노력해도, 결국 좌파와 그 지지자들 쪽으로 힘이 쏠리고 있었다.

의장 당신들은 파리 코뮌평의회의 권한을 박탈한 위원들입니까? 당신들은 파리 48개 구의 혁명위원회들이 보낸 사람들인가요?
대표 어떤 혁명위원회도 우리를 보내지 않았습니다. 우리는 48개 구의 총회에서 권한을 받았습니다. 따라서 우리는 파리의 모든 시민으로부터 직접 명령을 받았습니다. 우리를 임명한 목적은 우리가 발견한 음모의 흔적을 찾고 나라를 구할 조치를 마련하는 데 있습니다. 우리는 두 가지 사전조치를 취한 뒤 혁명평의회에서 보고했으며, 혁명평의회는 그 조치를 채택한 뒤에 국민공회에 보고하도록 우리를 보냈습니다.

대표단은 혁명평의회를 대신해서 말했다. 48개 구의 위원들은 자유와 평등을 억압하려는 음모자를 법의 칼날 아래 보내라고 명령했다. 반혁명분자들이 조국을 위험에 빠뜨리는 것을 보고, 이미 7월 14일과 8월 10일에 자유를 쟁취한 파리는 그들을 분쇄하려고 세 번째로 일어섰다. 파리 인민은 국민공회의 모든 의원을 아직도 신뢰한다. 48개 구는 첫 번째 혁명조치로 상퀼로트 공화주의자들에게 책임지고 모든 재산을 지켜주는 임무를 맡겼으며, 파리의 주민들에게 재산상의 피해가 조금이라도 발생하지 않도록 목숨을 바쳐서 지키겠다는 맹세를 받았다. 노동자인 선량한 상퀼로트는 이 순간의 질서를 유지하고, 악의에 찬 계획을 압도적인 힘으로 무산시키는 데 꼭 필요한 존재지만 유복하지 않은 계층이기 때문에, 두 번째 혁명조치로 그들을 돕기로 했다. 그래서 자유의 적들이 꾸민 계획을 무산시켜 파리가 평온을 되찾을 때까지 공화국을 위해 시간을 희생하는 이외의 수단을 갖지 못한 노동자들에게 하루 40수씩 지급하기로 의결했다.

의원들과 방청객들이 모두 박수로써 승인의 뜻을 표현했다. 그러나 뫼르트의 살은 도대체 음모의 실체가 무엇이며, 누가 꾸몄느냐고 물었다. 그는 청원자들에게 답을 요구하라고 의장을 다그쳤다. 방청객들이 격렬히 반대했다. 의학아카데미 회원이었고 근본적으로 왕당파였던 크뢰즈의 바렐롱Jean-François Barailon은 청원자들에게 형평성과 정의가 없으므로 목숨을 걸고 저항하겠다고 말했다. 그러나 의장은 그들에게 회의를 참관하라고 허락했다. 바렐롱은 다시 한번 의장에게 음모자들을 밝히라고 촉구했고, 의장은 그것을 공개하기는 어렵다고 무마했다.

이제부터 가데가 나서서 파리 코뮌과 청원자들의 자격을 공격했다. 혁명평의회가 국민공회를 믿는다면 왜 청원자들을 임명해서 보냈는지 비판했다. 방청석에서 반대의 소리가 나오자 어떤 몽타뉴파 의원은 뒤무리에게 발언권을 주자고 빈정댔다. 가데는 "파리의 친구가 있다면 그는 나이며, 파리의 적은 당신들"이라고 편을 갈랐다. 몽타뉴파와 방청객들이 반발하는 가운데 가데는 목소리를 높여서 계속 발언했지만 들리지 않았다. 우파와 중도파 의원들은 의장 말라르메가 회의를 주재할 자격이 없다고 떠들었다. 가데는 지난 세 시간 동안이나 라보 생테티엔에게 발언권을 허용하지 않고 옥신각신하는 것만 봐도 국민공회가 자유롭지 못한 명백한 증거라고 말했다. 이제르의 아마르는 조국을 파멸시키려는 사람이라면 모두 자유롭게 놔두지 않는다는 뜻이라고 맞받았다.

12인위원회를 폐지하느니 마느니, 파리의 투사들이 선량한 시민들과 달리 연방주의를 옹호한다느니, 의원들은 목숨이나 건 듯이 치열하게 싸웠다. 그런데 이 과정에서 지롱드파 의원들의 발언이 줄을 이었다. 의원들은 드페르몽이 긴급 발의했듯이 최고행정회의·도 지도부·혁명평의회를 당장 국민공회로 불러 의원들이 의결한 명령을 파리 전역에 전파하고 그 결과를 구국위원회에 보고하게 하는 동시에, 구국위원회에는 한 시간에 한 번씩 필요한 조치를 강구해서 보고하라고 의결했다.

곧이어 베르니오가 한마디 하려고 나서자마자 여러 의원이 퓌드돔의 쿠통Georges Couthon에게 할 말이 있다고 하는데, 도대체 왜 지롱드파만 발언하느냐고 따졌다. 아베롱의 캉불라Simon Camboulas*는 파리의 모든 울타리를 불법으로 폐쇄한 자들이 누구인지 물었다. 방청석에서 "당신들이요"라고 떠들었다. 12인위원회가 마구잡이로 파리의 자유를 억압하고 있음에도 의원들이 그것을 보호하려고 애쓰기 때문에 파리 투사들이 봉기했다는 뜻이다. 라

---

* 그는 계몽주의자 레날 신부Abbé Raynal, Guillaume-Thomas Raynal의 외조카였다. 레날 신부는 『두 개의 인도에서 유럽인들의 식민활동과 통상에 관한 철학적·정치적 역사Histoire philosophique et politique des établissements et du commerce des Européens dans les deux Indes』(1770)의 저자다. 외삼촌의 영향을 받은 그는 국민공회의 식민지위원회에서 활약했다.

보 생테티엔은 시중에 대포를 쏘고 경종을 울리라고 명령한 사람들이 정치가라고 민중을 호도하는 '가짜 뉴스'가 돈다고 개탄하자, 동생 로베스피에르는 장군들이 나라를 배반하고 군기를 흩어지게 만들었기 때문이라고 받아쳤다. 우파 의원들은 일제히 그 장군들의 이름을 말해보라고 떠들었다.

우파와 좌파가 서로 싸우는 모습이, 아무런 증거를 제시하지 않고 일단 공격하고 보자는 모습이 어째 친숙하다. 좌우파가 설전을 벌이는 중간에 라보 생테티엔이 "의장, 단 한 가지 문제는 누가 울타리를 폐쇄하고 경종을 치고, 경고의 대포를 쏘라고 명령했는지 알아야 하는 것입니다"라고 말하자 방청객들이 야유하고 항의했다. 그사이 어물쩍하고 캉불라의 제안을 통과시켜서 "최고행정회의는 5월 30일과 31일 사이 밤에 소동을 일으킨 자들이 누구인지 조사해서 보고하고, 법원의 재판에 넘길 선동자를 정확히 찾아낸다"고 명령했다. 들라크루아는 발의할 때만 해도 "선동자를 찾는다"는 조항이 없었는데 어떻게 들어갔느냐고 항의했고, 다른 의원들은 시끄러워서 무엇을 발의했는지도 모르는 사이에 의결해버리면 어떡하느냐고 항의했다.

몽타뉴파의 거센 항의를 받고 다시 한번 법안을 상정하기로 하자 우파와 중도파가 웅성거렸다. 들라크루아와 로즈 드페레가 서로 욕을 했다. 마라가 연단으로 뛰어나가면서 발언권을 신청했다. 의원들은 10분 이상 토론을 벌인 끝에 마라에게 발언권을 주지 않기로 했다. 그 대신 아까부터 기다리던 구민 대표들의 청원과 구국위원회의 바레르의 말을 차례로 듣기로 했다. 가르드 프랑세즈 구 대표가 청원서를 읽었다. 그들은 이틀 전에 소수의 시민이 국민공회를 불신한다는 글을 읽은 것을 보고 몹시 화가 났으며, 퓌이양파의 지도자인 샤조가 인민을 호도해서 국민주권을 훼손하는 장본인임을 알고 파문했으며, 공화국의 모든 곳에서도 자신들처럼 해주기 바란다고 말했다. 곧이어 파리 48개 구 대표단이 증언대에 섰다.

입법가 여러분, 7월 10일, 8월 10일, 5월 31일의 주인공들이 여러분 앞에 섰습니다. 인민의 명분을 배반한 적이 없기 때문에 그들의 신임을 받는 대변자가 된 우리는 음모자들과 싸우는 여러분을 지원하러 왔습니다. (……)

그들은 다음의 아홉 가지 사항을 요구했다.

1. 상퀼로트의 중앙혁명군을 창설하고, 부자의 세금으로 하루 40수씩 수당을 지급하라. 공화국의 모든 도시에 인구비례로 창설하되, 국내의 적으로부터 애국자를 보호하는 임무만 맡긴다.
2. 파리 48개 구와 대다수 도가 지명한 의원 스물두 명, 그리고 12인위원회 위원들의 기소법을 시행하라. 파리 시민들은 모든 도에 인질을 자처하면서 그 답을 촉구한다.
3. 모든 도에서 1리브르짜리 빵값을 3수로 정하고, 제빵업자의 손해를 부자들의 특별세금으로 충당하라.
4. 공화국의 광장마다 모든 종류의 무기를 제작할 공작소를 설치하라. 10억 리브르를 차용해서라도 상퀼로트에게 시급히 무기를 지급하라.
5. 공화국의 모든 군인 가운데 고위직을 차지한 귀족을 모두 파면하라.
6. 지금 반혁명운동에 시달리는 마르세유와 남부지방에 시급히 의원들을 파견해서 파리 시민들과 우정의 통일관계를 강화하고, 탄압받는 애국자들을 구하라.

7. 파리 애국자들이 온갖 비방문을 뿌려 내란의 불씨를 퍼뜨리는 품팔이
   작가들을 처벌하는 행위가 정당하다는 포고문을 작성해 널리 알리라.
8. 당장 클라비에르와 르브룅을 체포하라. 그들은 아시냐·우편역참행정
   에 실패했다. 특히 우리는 우편역참행정을 개편하라고 촉구한다.*
9. 공화국은 평등을 위해 싸우다 숨진 용감한 전사들의 어머니·아내·자
   녀를 돕는 일에 전념하라.

　파리의 상퀼로트 계층은 '5월 31일'을 '제3의 혁명'으로 생각했음이 분
명하다. '8월 10일' 이후 그들은 부르주아의 이익을 대변하는 국민방위군에
끼어들었고 수동시민의 딱지를 떼었지만, 실질적인 힘을 행사하는 데 한계
를 느꼈다. 그들은 본격적으로 국내 치안의 담당자가 되고 최고가격제를 지
키겠다는 의지를 관철시키고자 나섰다. 상퀼로트가 주축이 되어 작성한 청
원서라서 '자유'보다는 '평등'을 강조했음이 두드러진다. 베르니오는 이 청
원서를 인쇄해서 전국에 보내라고 요구했다. 그의 속셈은 전국에서 파리 코
뮌·48개 구·상퀼로트 계층의 의견이 서로 다르다는 사실을 알리는 데 있었
다. 말라르메는 이 안을 처리한 뒤 옛 의장이었던 루아르에셰르의 그레구아
르Henri Grégoire에게 자리를 넘겨주었다.
　구국위원회의 바레르가 보고할 차례가 되었고, 로베스피에르가 발언권

을 신청했지만, 의원들은 마침 회의장에 들이닥친 파리 도의 대표단에게 발언의 기회를 주었다. 그들은 혁명평의회와 같은 취지로 청원하고 파리 코뮌이 고발한 사람들을 또다시 고발했다.

"조국의 적은 12인위원회 위원들, 브리소·가데·베르니오·장소네·뷔조·바르바루·롤랑·르브룅·클라비에르 같은 사람들, 여론의 비난을 받는 왕당파입니다. 파리 코뮌은 그들 가운데 다수를 고발했습니다."

말라르메가 다시 의장석에 앉은 뒤에 구국위원회가 마련한 6개 항의 안을 듣고 채택했다.

1. 새로 명령을 내릴 때까지, 파리 도의 공권력을 상시 징집한다. 모든 헌법기관은 날마다 인신과 재산의 안전을 지키고 공공의 안녕을 유지하는 데 필요한 조치를 취하고 국민공회에 보고한다.

2. 구국위원회는 모든 헌법기관과 협력해서 공화국과 국민공회의 안전을 해칠 수 있는 음모를 추적한다.

3. 12인위원회를 폐지한다.

4. 12인위원회 소속위원 세 명이 국민공회 의원 세 명이 보는 앞에서 그동안 위원회가 발행한 모든 명령과 서류의 목록을 작성하고 서명해서 구국위원회에 제출한다. 구국위원회는 3일 안으로 그 결과를 보고한다.

5. 공화국의 모든 시민에게 드리는 글을 작성해 오늘 회의에서 통과한 법과 함께 모든 도와 군대에 발송한다.

6. 파리의 헌법기관들은 이 명령을 당장 인쇄해서 포고하고 벽보를 붙인다.*

파리 코뮌 혁명평의회에서는 국민공회가 12인위원회를 폐지한다는 소식을 듣고 기뻐했다. 그 뒤에 보르페르 구에서 지롱드파 내무장관이었던 롤랑의 부인을 체포해 보호하고 있다는 소식을 들었다. 그날 하루 종일 파리 코뮌에는 각 구에서 수상한 사람들을 무장해제시켰다는 보고가 들어왔고, 과격한 개인들이 난입해 무장한 사람들을 동원해서 국민공회를 공격하겠다고 연설했지만 설득당하고 물러갔다.

6월 1일 토요일 아침 6시에 파리의 중앙혁명위원회는 롤랑 부인을 아베 감옥으로 보내도록 명령하고 나서 48개 구에 보내는 글을 작성했다. 주요 내용은 다음과 같다. 국내외의 적들에 맞서 일어나지 않으면 자유를 잃게 되며, 국민공회 안에서도 음모자들이 인민의 존경을 받는 애국자와 행정관들을 위협하는 위험에 당면해서 특별조치를 마련하지 않을 수 없다. 파리의 구석구석에 숨은 수상한 자를 모두 체포해야 한다. 지금 모든 곳에서 체포작전을 수행하고 있다. 파리를 지키는 2만 명의 혁명군을 창설하고 특히 시민정신이 부족한 부자들에게 비용을 강제 징수하기로 결정했다. 파리의 요구를 국민공회가 받아들여 12인위원회를 폐지하고 그 구성원들의 행위를 조사하기로 하며, 노동자들을 무장시키고 하루 40수씩 지급하기로 했다. 중앙혁명위원회는 국민공회가 어제 결정한 내용을 과연 오늘 이행할지 시민들은 두 눈을 부릅뜨고 지켜보자고 제안했다.

전날 아침부터 1일 새벽 3시 15분 전까지 회의를 했던 혁명평의회는 10시에 다시 모였다. 그들은 임시총사령관 앙리오가 31일에 파리 치안을 위해 취

＊ 구국위원회가 의결한 원안에서 "오는 8월 10일에 전국의 공화주의 연맹제를 개최한다"가 빠졌다.

한 조치에 대해 보고받고, 코뮌의 집에 있는 중앙혁명위원회를 공식적으로 '파리 도민들이 설치한 혁명위원회'로 부르기로 의결했다. 파리 시민뿐 아니라 도민이 한마음이라는 뜻이다. 몽트뢰이 코뮌과 뇌이 코뮌도 파리 코뮌 혁명평의회에 대표를 보냈다. 베르사유 코뮌은 자신들의 공화주의 활동을 지지해달라는 편지를 파리 코뮌에 보냈다. 12인위원회 때문에 갇혔던 바를레는 지난 24시간 동안 시장 파슈에게 금족령을 내리지 않아서 불만이었다. 그는 파슈가 혁명에 방해가 된다고 생각했고, 따라서 파리 코뮌평의회에 모인 각 구 파견위원들의 대표인 돕상이 그를 재신임한 일에 대해서도 불만이었다. 그는 돕상의 시민정신을 의심하지는 않지만 아무튼 혁명위원회의 일을 방해하는 결과를 낳았다고 성토했다.

그러나 에베르는 바를레의 주장을 반박했다. 그는 5월 31일을 공화주의자들에게 가장 아름다운 날이라고 묘사하면서, 파리 시민들이 똘똘 뭉쳐서 자신들이 겪은 잘못을 일부나마 바로잡고, 자신들이 언제나 합리적으로 판단하고 행동한다는 사실을 공화국 전체에 알렸다고 설명했다. 그는 중앙혁명위원회가 앞으로도 안보조치를 철저히 마련하겠다고 예고했다. 혁명평의회는 오후 1시부터 각 구 대표단의 활동을 보고받고, 국민공회에 보낼 청원서를 작성해서 저녁까지 제출하기로 의결했다. 3시부터 5시까지 쉬고 난 그들은 청원서를 작성하는 한편 국민공회에 파견할 위원들을 선정했지만, 그 사이 국민공회가 회의를 마쳤다는 소식을 들었다. 구국위원회에 다녀온 시장은 국민공회를 다시 소집할 테니 그때 청원서를 제출할 수 있을 거라고 말했다. 시장과 함께 구국위원회에 갔던 마라는 파리 대표단이 청원서를 들고 가서 제출하라고 격려했다.

혁명위원회는 각 구에서 노동자들의 목록을 작성해 이틀 동안 일하지 못한 임금 손실을 6리브르씩 보전해주기로 했다. 검찰관이 재원을 어떻게 마련하느냐고 물었고, 위원회는 국민공회에 신청했다고 대답했다. 몇몇 구에서 북을 치면서 사람을 모으고 있다는 소식을 듣고, 어떤 위원이 모든 구로 확대해서 북과 경종을 치고, 경고의 대포를 쏘게 하자고 제안했다. 그러나 코뮌 검찰관은 쓸데없이 시민들을 피곤하게 만들 위험이 있다면서 반대하는 한편, 당장 국민공회에 청원서를 보내자고 요구했다. 그 순간 모든 구에서 북을 쳐서 사람들을 모으고 있으며 질서를 유지할 병력이 대기 중이라는 소식이 들어왔다. 혁명평의회는 자체적으로 위원 열두 명과 혁명위원회 위원 여섯 명을 뽑아 열여덟 명의 대표단을 꾸려서 국민공회에 보내기로 했다. 검찰관은 농부와 상인이 파리 문밖을 자유롭게 드나들도록 통행증 관리자가 늘 정위치를 지켜달라고 부탁했다.

그사이 국민공회에 갔던 시장이 돌아와 의원들이 청원서를 논의하기 시작했다고 보고했다. 국민공회에서는 그레구아르가 의장석에서 회의를 주재하다가 파리의 대표단을 맞이했다. 화학자인 아센프라스Jean Henri Hassenfratz가 48개 구의 청원서를 읽었다. 주요 골자는 반혁명을 뿌리 뽑아야 하고, 군대를 선량한 장군들에게 맡기고, 모든 폐단을 불러온 도당을 심판하자는 것으로서 결국 지롱드파 지도자들을 고발하는 데 있었다. 의원들은 자정까지 설전을 벌이고 나서 다음과 같이 의결하고 헤어졌다.

구국위원회는 3일 안으로 국내외의 적들로부터 공화국을 지킬 방안을 마련하고, 파리의 헌법기관들이 고발한 의원들에 대해 보고하고, 파리 코뮌과 도는 고발을 뒷받침할 명령과 문서를 구국위원회에 제출한다.

몇 달을 질질 끌던 문제를 3일 동안 늦추려는 명령을 통과시켰다고 해서 파리 코뮌 혁명평의회와 투사들을 만족시킬 수 있을까? 코뮌 검찰관은 중앙 혁명위원회가 구국의 조치를 취하려고 회의를 하고 있다고 혁명평의회에 보고했다. 6월 2일 일요일 새벽 1시가 되었을 때, 혁명평의회는 혁명위원회가 앞으로 내릴 명령의 진위를 파악하도록 48개 구에 혁명위원회 의장과 비서의 서명을 미리 알려주기로 의결했다. 그리고 질서를 유지하던 병력을 집으로 돌려보내 쉬라고 명령했다. 그동안 국민공회를 포위하고 있던 무장시민 2만 명도 일단 집으로 돌아갔다. 센 강 남쪽의 보르페르 구에 다녀온 위원은 구 의장이 자신을 감옥에 넣겠다고 위협할 정도로 그곳의 분위기가 험악하다고 보고했다. 그는 다행히 상퀼로트 구민들과 보르페르 구의 포병들의 보호를 받고 돌아왔다. 봉콩세이 구에서 경종을 울리기 시작했지만, 정확한 지점을 파악하기 어려웠다. 혁명평의회는 임시총사령관 앙리오를 출석시켰다. 앙리오는 자기가 어떤 명령을 내리지 않았지만, 일단 인민이 들고일어난 이상 모든 역적을 체포할 때까지 자신도 계속 그들 편에 설 것이라고 말했다. 그때가 4시였고, 혁명평의회는 회의를 마쳤다.

　6월 2일 일요일 9시에 혁명평의회가 다시 모여 혁명위원회가 작성한 글을 읽었다. 파리 시민들은 지난 4일 동안 무장하고 있는데, 의원들은 극도로 침해받은 인권이나 들먹이면서 시민들이 잠잠하게 참고 있다고 비웃는다. 그사이 자유가 죽어가고 평등의 기조가 흔들린다. 악덕이 승리하고 덕을 탄압한다. 반혁명분자들이 고개를 빳빳이 들고 다닌다. "인민의 대표들이여, 인민의 잔인한 적들이 여러분 속에 있습니다. 그들의 범죄를 잘 아실 겁니다. 우리는 그들에게 정의의 심판을 내려달라고 마지막으로 부탁합니다. 그들이 국민의 신뢰를 잃었다고 선언하십시오. 그들을 체포하십시오. 우리는 모든 도에서 지지할 것입니다. 파리의 인민은 행복의 날을 뒤로 미루는 것에 지쳤습니다. 우리의 행복이 여러분에게 달렸습니다. 파리 인민을 구해주십시오. 그렇지 않으면 우리가 스스로 우리를 구하러 가겠습니다."

최후통첩이었다. 혁명평의회는 부슈뒤론의 바르바루 의원이 보낸 파발꾼을 잡았다는 소식을 듣고 마르탱과 베롱을 국민공회의 구국위원회에 파견해서 무슨 서류를 지니고 있었는지 정보를 얻으라고 명령했다. 앙리오가 출석해서 파리의 모든 지점을 잘 지키고 있으며, 저녁때까지 40명 이상의 역적을 체포할 것이라고 장담했다. 그는 용감한 상퀼로트들이 자유·정의·평등을 굳건히 지키기 위해 일사불란하게 움직이고 있으니 반드시 승리할 것이라고 덧붙였다. 혁명평의회 의장은 앙리오가 믿음직한 행동으로 더욱더 중요한 위치를 스스로 확보하고 있다고 화답했다. 혁명평의회는 행정의 우두머리에 적들이 있는 한 혁명을 완수하기 어렵다고 판단해서 즉시 명령을 내렸다.

1. 앞으로 옛 귀족과 비선서 사제는 장교나 공무원에 취임할 수 없다.
2. 48개 구는 모든 혁명위원회와 민간위원회에서 치안판사들, '8,000명 청원서'와 '2만 명 청원서' 서명자들, 생트샤펠 클럽과 푀이양 클럽 회원들을 추방한다.*

---

* 1789년 클럽과 몽테귀 클럽이 주도해서 작성한 청원서에 각각 8,000명과 2만 명이 서명했다. 이들은 병력 2만 명을 증원해 파리 근처에 주둔시키는 안에 반대했다. 귀족적 성향의 두 클럽은 정치무대에서 상퀼로트 계층이 힘을 얻는 것을 두려워했다(제7권 제2부 9장 "조국이 위험하다" 참조). 1793년 4월 8일 보르페르 구는 파리 코뮌평의회에 청원서 서명자가 한때 실수했지만 선량한 시민인데 감시해야 하느냐고 물었고, 평의회는 답을 보류했다. 그리고 6월 2일에 파리 코뮌평의회는 이러한 결정을 내렸다. 그 뒤, 공포정 시기에 이들의 운명은 바람 속의 촛불 같았다.

---

3. 이 명령을 당장 인쇄해서 48개 구에 배포한다.

파리 도 혁명위원회 위원이 체포할 의원만큼 파리 시민을 인질로 바꾸자고 제안하자, 코뮌 검찰관 쇼메트는 인질이 되려면 모든 시민이 되어야 한다면서 반대했다. 파리 시민이 목숨을 걸고 지롱드파 의원의 목숨을 지켜주겠다는 뜻이었다. 쇼메트는 망명객들이 농민으로 가장하고 파리로 잠입해서 애국자들을 함정에 빠뜨리려고 공작한다고 보고했다. 혁명평의회는 위원 네 명을 임명해서 울타리를 드나드는 상인들과 사업가들의 신분을 면밀히 조사하라고 명령했다. 이때 국민공회에서 그들이 기다리던 소식이 들어왔다. 마침내 의원들이 파리 코뮌 혁명평의회의 압력에 굴복했던 것이다. 국민공회에서 그 장면을 추적해보자.

의장 말라르메는 비교적 공평하게 회의를 진행했다. 지롱드파의 랑쥐네가 연단에 올라 자신이 지난 목요일(5월 30일)부터 경고했듯이 금요일부터 토요일 밤 사이 경종과 북을 울리면서 파리에 공포 분위기를 조장한 사람들이 국민공회를 위협한다고 말하면서 연단을 떠나지 않으려 했다. 몽타뉴파 의원들이 랑쥐네를 끌어내리려고 소란을 피웠다. 말라르메는 모자를 쓰고 장내를 진정시킨 뒤 랑쥐네에게 경고했다. 마침내 증언대에 선 파리 대표가 "파리 인민을 구해주십시오. 그렇지 않으면 우리가 스스로 우리를 구하러 가겠습니다"라고 청원서 낭독을 끝마치자, 의장 말라르메가 그들에게 말했다.

"우리 안에 역적이 있다면 반드시 찾아내고 심판해서 법의 칼날을 받게 하겠습니다. 그러나 벌할 일이 있는지 범죄부터 증명해야 합니다. 여러분은 국민공회에 마지막 요청을 하러 오셨습니다. 국민공회는 그것을 검토하고, 지혜를 짜내 조치를 마련하고 용기를 내서 실천하겠습니다. 회의를 참관하시기 바랍니다."

비요바렌·튀리오·탈리엥은 청원을 구국위원회에서 검토하게 하자고 말했다. 우파 의원들이 방해하려고 외쳤다. 루이 르장드르는 오늘의 의제는 구국의 조치라고 말했다. 의장은 방금 파리 48개 구와 모든 헌법기관의 대표가 마지막 구국의 조치를 취해달라고 청원했으며, 여성공화주의자혁명협회도 똑같은 조치를 청원하러 왔으니 발언을 허락할지 말지 의견을 묻겠다고 했다. 파리 코뮌 대표들은 역정을 내면서 회의실을 나갔다.

"모두 돌아갑시다, 모두, 모두. 인민의 대표들이 나라를 구하려 들지 않으니 우리가 직접 구합시다!"

방청석의 사람들도 모두 자기 구로 돌아가 무기를 들자고 외치면서 밖으로 나갔다. 이렇게 사태가 절박해지자, 지롱드파와 친하게 지내던 외르의 리슈Louis-Joseph Richou가 "의원들은 인민을 구하고 동료 의원들을 구하라"고 말했다. 그것은 파리 코뮌이 요구한 대로 지롱드파를 체포하라는 말이었다. 사르트의 르바쇠르가 리슈를 거들었다. 리슈는 지롱드파를 보호하려는 뜻에서 말했지만, 르바쇠르가 결정적으로 지롱드파의 운명을 나락으로 밀어 넣었다.

"누구는 고발당한 의원들을 성난 인민으로부터 구하려는 목적에서 임시로 체포하자고 제안합니다. (……) 그러나 이미 혐의자를 체포한다는 법이 있습니다. 우리가 선언한 권리도 있습니다. 만인은 법의 보호를 받든 벌을 받든 평등한 권리를 갖습니다. 설사 국민공회 의원이 의심을 받더라도, 우리는 가장 소박한 시민에게 법을 적용하듯 의원에게도 적용해야 합니다."

바레르는 구국위원회를 대표해서 시국을 안정시킬 안을 내놓았다. 그중에서 파리의 고발을 받은 의원들이 자발적으로 의원직을 정지하는 내용이 두드러졌다. 이스나르는 항의의 뜻으로 자기 권한을 비서에게 반납하고 몽타뉴파 의원들 사이에 앉았다가 청원자들 곁으로 옮겨가 앉았다. 말라르메는 에로 드 세셸에게 의장석을 넘겨주고 물러났다. 마라는 구국위원회가 발의한 안이 지롱드파의 범죄자를 오히려 나라를 구하는 애국자로 둔갑시키기 때문에 반대한다고 못 박은 뒤 "조국에 자신을 바치려면 순수해야 합니다"라고 말했다.

말라르메가 의장석을 넘겨주기 전부터 국민공회의 수비를 강화하기 위해 모든 병력을 동원해서 요소요소에 배치해놓고 지휘관들과 수시로 연락했다. 그들은 앙리오가 이끄는 파리 국민방위군과 대치하고 있었다. 의원들은 자유로운 상태에서 국사를 의논한다는 사실을 증명하는 한편 앙리오에게 병력을 물리라고 요청하기 위해 회의장에서 밖으로 나갔다가 돌아오기로 했다. 의장 에로는 장례식 차림으로 맨 앞에 나서서 앙리오에게 군대를 물리라고 요청했지만, 앙리오는 기세등등한 모습으로 거부하면서 대포로 회의장을 공격하겠다고 위협했다. "포병, 조준!" 크게 당황한 의장과 의원들은 8만 명의 무장시민을 헤치고 나갈 길을 찾지 못했기 때문에 겨우 튈르리 정원을 한 바퀴 돌고 나서 의사당 안으로 되돌아가 회의를 계속했다.

3일 전(5월 30일)에 구국위원회 위원이 된 쿠통이 지롱드파의 몰락에 결정적인 발언을 한 뒤, 지롱드파 지도자들의 가택연금법을 통과시켰다. 결국 지롱드파 지도자 스물두 명이 아니라 스물아홉 명과 재무·외무의 두 장관이 대상이었다. 그러나 몇몇 의원은 전날 밤이나 앙리오가 국민공회를 완전히 포위하기 전에 이미 도주한 상태였다.*

장소네, 가데, 브리소, 고르사스, 페티옹, 베르니오, 살, 바르바루, 샹봉,

뷔조, 비로토, 리동, 라보 생테티엔, 라수르스, 랑쥐네, 그랑주뇌브, 르아르디, 르사주, 루베, 발라제, 재무장관 클라비에르, 외무장관 르브룅을 가택연금하고 프랑스 인민·국민공회·파리 시민의 보호하에 둔다. 여기에 12인위원회의 케르벨레강Kervélégan, 가르디엥, 라보 생테티엔, 부알로, 베르트랑, 비제Vigée, 몰보Mollevaut, 앙리 라리비에르Henry Larivière, 고메르Gomaire, 베르고잉Bergœing을 추가한다. 단, 위원회의 체포명령에 반대한 퐁프레드와 생마르탱Saint-Martin은 제외한다.

의장이 법안을 가결했음을 알리자마자 의원들이 앞다투어 비서에게 달려가 반대의 서명을 했다. 그러나 이미 늦었다. 나중에 그레구아르는 말라르메가 바보같이 굴어서 일을 그르쳤다고 비판했고, 에로가 앙리오를 체포하라고 명령했다면 국민공회가 그런 모욕을 겪지 않았을 것이라고 말했다. 상퀼로트 계층이 '제3의 혁명'으로 만들고 싶어하던 거사가 끝났다. 그들이 두 번째로 들고일어났던 '8월 10일'은 '제2의 혁명'으로 공화국으로 들어가는 입구였지만, 세 번째로 들고일어난 '5월 31일과 6월 2일'은 몽타뉴파가 국민공회를 지배하는 '일당독재체제'로 넘어가는 문턱이었다. 6월 2일에는 국민공회 의원들만 욕보지 않았다.

『파리의 혁명』을 발행하는 프뤼돔은 오전 11시에 위니테 구 혁명위원회가 보낸 50명에게 붙잡혀 며칠 동안 갇혔다가 풀려났다. 그는 몇 개 기사에

---

* 루베는 전날 주요 인사들과 저녁을 먹으면서, 회의장으로 돌아가 몽타뉴파의 인질이 되느니 일단 보르도나 칼바도스로 피신해서 투쟁의 불씨를 살리자고 제안했다. 르사주는 동의했고, 브리소·베르니오·장소네 등은 반대했다.

서 왕당파, 지롱드파라는 혐의를 받았기 때문이다. 그의 집과 인쇄소가 압수수색을 당하고, 함께 일하던 사람들도 고생했다. 결코 혁명의 반열에 오르지 못한 '제3의 혁명'에서 마라의 역할이 컸다. 지롱드파가 그를 기소하면서 의원의 면책특권을 부정한 것은 그가 바라던 바가 아니었지만, 그는 지롱드파와 12인위원회에 대해 끈질기게 공격하고 파리 민중을 선동하면서 정적을 몰락시키는 데 큰 역할을 했다. 7월 13일에 지롱드파의 영향을 받은 샤를로트 코르데에게 살해된 일도 그가 얼마나 미움을 샀는지 잘 보여주는 사건이다.

4
반혁명

마라는 오직 철학의 힘으로 새 질서를 만들 수 있다고 믿은 것이 잘못이라고 말했다. 현실은 이론보다 훨씬 복잡하게 마련이다. 더욱이 인민이 들고일어나 전제정의 지지자들을 박살내는 데는 성공했지만 시간이 지나면서 보니 구체제의 앞잡이들이 부르주아의 옷을 입고 중요한 지위를 유지하면서 혁명의 앞길을 방해했다. 6월 3일부터 포진성 피부병 때문에 국민공회에 나오지 못하던 그는 『인민의 친구』의 제호를 바꾼 『프랑스공화국의 신문기자*Le Publiciste de la République française*』 211호(1793년 6월 8일)에서 "혁명을 유산流産한 이유"를 이렇게 분석했다.

인민은 구체제 하수인들의 거짓 시민정신에 수백 번 속고 반역의 희생자가 되고 나서야 비로소 그들이 새 체제를 만들 수 없음을 깨달았다. 귀

264

족·법조인·종교인은 결코 왕정을 포기하지 않았다. 그래서 인민은 마침내 그들을 모든 공직에서 배제하라고 요구했다. 그러나 믿을 수 없는 의원들은 법을 제정하지 않고 미적거렸다. 아직도 파렴치한 아첨꾼들이 공화국 군대를 지휘하고, 옛날 하인들이 자유의 병사들에게 명령하고, 공금 횡령자들이 정부를 이끌고, 법조계의 앞잡이들이 법원을 장악하고, 왕실의 총애를 받는 자들이 국민공회에 앉아 있다.

공화국을 수립할 때부터만 치더라도 여덟 달 동안 국민공회를 지배하던 지롱드파는 결국 6월 2일에 몽타뉴파에게 주도권을 넘겨주었다. 소불은 지롱드파가 몰락한 이유를 이렇게 설명했다. 지롱드파는 대외전쟁을 선포하고 제대로 수행하지 못했으며, 루이 16세를 고발하고 사형에 반대했으며, 민중을 동원해서 군주정에 맞섰지만 그들을 정치판에 끼워주지 않았으며, 더욱이 민중의 경제적 요구를 들어주지 않고 경제상태를 악화시켰다. 몽타뉴파는 "인민의 구원이 최상위 법"이라고 주장하면서 상퀼로트 계층을 국정의 동반자로 인정했다.

민주주의 체제에서 주도권은 명분뿐 아니라 수의 문제에 달려 있다. 예나 지금이나 우파와 좌파가 이기려면 중도파를 자기편으로 끌어들여야 한다. 국민공회에서 정치적 성향으로 수의 무게를 가늠해보자.

마르셀 도리니M. Dorigny는 1793년 6월 지롱드파 의원은 모두 150명이라 하고, 프랑수아즈 브뤼넬F. Brunel은 같은 시기 몽타뉴파 의원이 모두 267명이라고 했다.* 국민공회가 파리의 늪지에서 울어대는 두꺼비들**에게 둘러싸여 굴욕적으로 동료 의원들을 가택연금하기로 의결했을 때, 중도파는 그저 얼이 빠진 채 몽타뉴파의 편에 서야 했다. 그날 구국위원회에서도 파리에

6,000명의 국민방위군을 새로 편성하고 급료를 지급하도록 의결했다. 이렇게 해서 질서를 유지하고, 상퀼로트 계층의 불만세력을 사회제도적 틀에 가두어 혼란을 조금이라도 예방할 수 있을 터였다.

가택연금을 당한 의원들 가운데 감시의 눈을 피해 지방으로 도망치는 사람들이 생겼다. 발라제·장소네·베르니오는 갇혔지만, 나머지 도망자들은 자신에게 유리한 도로 뿔뿔이 흩어져 반란을 부추기려고 노력했다. 뷔조·고르사스·페티옹·루베·바르바루·가데는 북쪽의 외르 도와 그 옆의 바닷가 칼바도스 도로 피신했다. 멜랑과 뒤샤텔은 연금 대상자가 아니었지만 미리 알아서 국민공회에 출석하지 않고 브르타뉴로 떠났다. 비로토와 샤세는 남쪽의 반란도시 리옹으로, 라보 생테티엔은 님으로, 브리소는 물랭으로 각각 피신했다. 5월 31일의 사건 소식이 퍼지자 아직 방데의 난에 가담하지 않았던 서부의 모든 도, 중부·남부·동부의 거의 모든 도가 파리에 등을 돌렸고, 그렇게 해서 국민공회에 충성하는 도는 스무 곳도 안 남게 되었다.

소수의 도시만이 '5월 31일 사건'을 승인했다. 블루아·부르주·튈·푸아티에, 그리고 남부 국경지방의 페르피냥과 베이온이었다. 도주한 지롱드파 지도자들의 개인적 영향력, 5월 31일 사건의 여파, 그리고 방데의 왕당파가 더 많은 지역을 지배한 결과였다. 특히 방데의 왕당파는 5월 5일과 25일, 그리고 6월 10일에 차례로 되세브르 도의 투아르Thouars, 방데 도의 퐁트네

---

*   "Gironde/Girondins", "Montagnards/Montagne", in *Dictionnaire historique de la Révolution Francaise*, P.U.F., 1989.
** 구체제 시대부터 상류층은 파리의 민중을 '센 강의 두꺼비'라고 무시했다. 상류층의 귀에는 그들의 아우성이 별 의미 없는 소리였다.

Fontenay, 멘에루아르 도의 소뮈르Saumur에서 피비린내 나는 전투를 치른 뒤 루아르 강 유역의 지배자가 되었다.

보르도·렌·에브뢰·캉·리모주·툴루즈·마르세유·님·그르노블·롱르소니에·리옹은 지롱드파를 지지했다. 보르도 시민들은 국민공회의 소식을 듣자마자 광장에 모여 복수를 다짐했고 시청까지 몰려갔다. 모든 구의 대표단들은 한결같이 극단의 조치를 취하라고 요구했다. 보르도 행정관들은 앞으로 사태가 어떻게 발전할지 모르겠다고 보고했다. 그들은 일단 모든 헌법기관을 소집해서 '구국인민위원회commission populaire de salut public'를 조직한 뒤 즉시 병력을 동원하고, 위원들에게 전권을 주면서 각 도로 보내 연방의 협약을 맺자고 제안했다. 렌의 시민들도 각 구의 기초의회에 모여 국민공회가 자유롭지 못하다고 분개했다. 그들은 "우리를 지켜주는 가장 청렴한 의원들을 체포하라는 역겨운 명령을 거두고 그들을 공화국의 품에 돌려주라"고 촉구했다. 렌의 행정관들은 병력을 동원해서 "일에빌렌 도의 공화주의자 부대"라고 이름을 붙이고 파리까지 행진하라고 명령했다. 이렇게 동원한 사람들에게 하루 40수씩 급료를 지급하기로 했다. 모르비앙·피니스테르·마엔·루아르앵페리외르·노르 도는 위원들을 렌에 급파해서 브르타뉴 동맹을 체결하기로 했다. 외르의 에브뢰 행정관들은 다른 도의 시민들과 함께 4,000명 규모의 군대를 모아 파리로 진격해서 도당들이 장악한 국민공회를 자유롭게 만들어준다는 계획을 세웠다.

이러한 저항운동은 남프랑스의 마르세유·님·로제르 도에서도 일어났다. 6월 3일 구국위원회는 로제르 도의 사태를 진압하기 위해 그 동쪽에 있는 오트루아르 도에 소총 1,000자루, 장성 한 명과 참모장교 두 명, 전쟁위원회 위원 한 명을 파견하고, 전시비상기금 30만 리브르를 오트루아르 도에서 집행하도록 의결했다. 구국위원회는 날마다 각지에 파견한 의원들의 보고를 받고 대책을 마련했다. 그들은 벨기에·네덜란드·신성로마제국·에스파냐의 국경지방까지 의원들을 파견하고, 필요시 병력과 무기를 증강하고 전시비상기금을 지원했다. 파리는 자신들의 승리를 굳히려고 노력했다. 5월 31일에 구 대표들이 모여 구성했던 혁명평의회는 국민공회의 명령대로 페티옹과 가데를 체포했다. 6월 3일의 회의에서 그들은 나라가 위험할 때 정위치를 지키지 않는 비겁한 의원들을 엄중 감시하거나 감옥에 가두고, 상퀼로트 시민 두 명을 군사경찰에 파견해서 이미 붙잡은 의원들을 감시하도록 한다고 의결했다.

국민공회는 파리 코뮌 혁명평의회가 의원들 문제까지 간섭하는 것을 못마땅하게 생각해서 즉시 무효화했다. 국민공회는 의원들을 가둔 장소에 군사경찰 한 명만 지키게 하면 족하다고 생각했다. 의원들이 마지못해 동료 의원들을 가택연금하라고 의결했지만, 되도록 그들을 기소하지 않은 채 미적거리고, 더 나아가 감시를 소홀하게 만들어 도피를 도와준 셈이었다. 구국위원회도 연금된 의원들을 위해 파리 코뮌에 그들을 고발한 근거가 되는 증거를 제시하라고 다그쳤다. 더욱이 구국위원회는 언젠가 파리 코뮌이 절대지배자를 자처할 것이라는 소문을 퍼뜨리기도 했다. 파리 코뮌 검찰관 쇼메트는 연금한 의원들에 대한 인민의 불만을 기록해서 국민공회에 제출하자고 제안했고, 혁명평의회는 임무를 마치는 6월 5일에 그렇게 하기로 의결했다. 그것은 기소법을 빨리 마련하라는 압력의 수단이었다.

파리 코뮌평의회는 파리 도의 전반적인 상황이 온건한 정책을 요구하는 데 비해 상퀼로트 계층이 장악한 자코뱅파가 급진적 정책을 요구하는 중간에 끼어 있었다. 평의회는 가끔 타지의 대표에게 발언의 기회를 주었는데, 특히 르클레르Jean-Théophile-Victor Leclerc의 발언을 듣고 분개했다. 리옹의 검찰관 로셀Laussel의 비서로서 혁명군 창설을 호소하러 파견된 르클레르는 몽타뉴파가 너무 대가 약해서 피를 흘리지 않고서 혁명을 완수하려고 한다는 취지로 말했다. 파리 코뮌 검찰관보인 에베르는 누구든 피를 흘리자고 요구하면 '나쁜 시민'으로 취급하자고 르클레르를 비판해서 지지를 받았다.

온건한 파리 코뮌평의회보다 급진적인 자코뱅협회가 주도권을 쥐고 혁명의 방향을 결정했다. 자코뱅파는 정부와 국민공회에 여러 가지 안을 제출했다. 6월 3일 월요일에 자코뱅협회에서는 새 술을 새 부대에 담는다는 심정으로 국민공회의 모든 위원회에서 적들을 추방해야 한다고 의결했고, 국민공회도 그 뜻을 따랐다. 또 루아르에셰르의 샤보François Chabot는 양심선언으로 여론을 계도하고, 공화국 전체에서 빵값을 일원화하며, 신성한 재산권·생존권을 기본 원리로 하는 헌법을 서둘러서 제정하자고 제안했다. 생존권은 불행한 사람에게 빵을 지원하는 제도를 뜻했다.

재산이 10만 리브르 미만인 사람들이 우리의 작업을 유지하는 일에 관심을 기울여주시기 바랍니다. 정기수입이 10만 리브르 이상인 사람들이 아우성을 쳐도 상관하지 않습니다. 공공의 행복을 달성한다면 소란스럽다고 해도 우리는 위안을 받을 것입니다. 우리는 부자들에게 이렇게 말하겠습니다. "우리가 가장 다수라는 사실을 인정하세요. 만일 우리와 함께 바퀴를 밀지 않으려면, 우리는 공화국에서 당신들을 내쫓고 재산을 상퀼로트 계층과 나눠 가지겠습니다."

샤보는 민중의 잘못이 미신이라면서 그 뿌리를 자르라고 말했다. 민중에게 사제들이 적이라고 공개적으로 말하라고 권고했다. 귀족주의자와 왕당파들의 지원을 받는 사제들을 타도하자고 말했다. 동생 로베스피에르는 여론에 독을 푸는 글이 퍼지는 경로를 끊임없이 감시하고, 공공의 자유를 위태롭게 만들 때는 인쇄·출판의 자유를 제한해야 한다고 말했다. 파리 코뮌 혁명위원회도 자코뱅협회에서 의결한 사안을 곧바로 반영해서 신문을 우편으로 발송하지 못하게 하는 한편 의심스러운 편지를 검열하고 '5월 31일의 혁명 Révolution du 31 mai'이라는 도장을 찍도록 의결했다. 그러나 체포당한 지롱드파 의원들의 반발과 파리 코뮌을 규탄하는 탄원이 국민공회에 계속 들어왔다. 지방의 여러 도에서 대표단을 보내 의원들의 체포명령을 철회하라고 촉구했다. 그럼에도 몽타뉴파의 국민공회는 큰 논란을 일으키지 않고 헌법을 제정했다.

제1공화국 헌법

국민공회의 목적은 근본적으로 공화국 헌법을 제정하는 것이었고, 이를 위해 이미 두 번이나 안을 만들어 심의하다가 지롱드파의 지도자를 숙청했다. 5월 하순부터 새로운 위원들이 모이고 정적들을 제압한 뒤에 일사천리로 마련한 헌법안이 나왔다. 6월 10일 월요일에도 국민공회는 '5월 31일'의 후유증에 시달리는 가운데 에로 드 세셸이 '프랑스 인민의 헌법안projet de la Constitution du peuple français'을 보고했다. 지난해까지만 해도 공식적인 자리에서 인구를 2,400만 명으로 얘기하던 것을 기억한다면, 이번에 "2,700만 명이 헌법을 소리 높여 요구한다"고 말하는 것을 보면 지속적인 전쟁에서 정원 병력을 유지할 필요가 있기 때문에 인구를 좀더 정확히 파악했음을 알 수 있다. 에로는 헌법안을 기초하는 원칙과 과정에 대해 자세히 밝혔다.

"우리는 오로지 가장 민주적인 결과를 얻으려고 노력했습니다. 인민주권과 인간의 존엄성만을 계속 생각했으며, 인간의 권리를 낱낱이 파악하려고 끊임없이 노력했습니다. 우리는 지금까지 존재한 헌법 가운데 가장 인민을 위하는populaire 헌법을 만들었다는 은근한 자부심을 느끼고 있습니다."

에로가 장시간 법안을 읽고 나자 로베스피에르는 벽보로 인쇄해서 모든 행정기관·민중협회·군부대에 보내자고 요구했다. 의원들은 다음 날(11일) 정오부터 한 조씩 심의하고, 날마다 같은 시각에 나머지를 차례로 심의하기로 의결했다. 정체를 규정하고, 정부의 권력을 조직하고 행사하는 원칙을 담은 헌법안을 둘러싸고 좌파와 우파가 계속 부딪쳤다. 우파는 법안을 읽는 순간부터 방해하고 토론을 늦추려고 노력하다가 결국은 좌절한 뒤에는 표결에 참여하지 않는 방식으로 좌파의 독주에 대응했다. 그럼에도 한 달 남짓한 기간에 민주적인 헌법을 통과시켰다. 그러나 국내외의 반혁명운동이 더욱 드세졌기 때문에 헌법을 적용하는 문제는 별개였다.

10일 저녁 로베스피에르는 자코뱅협회에서 지방정부와 민중협회가 긴밀히 협조하도록 만들고 헌법의 정신을 알려야 한다는 취지로 연설했다.

"모든 도에 헌법의 정신을 알리기 위해 우리 협회는 방금 국민공회에서 명령한 것처럼 헌법의 원칙을 담은 회람을 돌리고, 협회의 회의에서는 중대한 주제에 대해 토론합시다. 또한 헌법에 대한 조치를 마련하면서 동시에 구국의 조치에 대해서도 토론합시다."

그러나 샤보는 헌법안이 분명히 훌륭하기는 하지만 민중의 운명에 대해 관심을 가지지 않았기 때문에 반대한다고 말했다.

"헌법안에는 빵을 구할 능력이 없는 사람에게 빵을 확보해주고, 공화국에서 구걸행위를 추방하는 원리를 담지 못했습니다."

샤보는 헌법안의 결점을 차례로 지적했다. 첫째는 인간의 자연권을 말하지 않는다는 것이며, 둘째는 헌법의 제정권을 전적으로 입법부의 재량에 맡겼다는 것이다. 현행 헌법에서 개인의 동산보다 부동산에 세금을 매긴다고 할지라도, 누진세 원칙을 도입하지 않는 한, 후대의 입법부가 헌법을 고칠 수 있기 때문이다. 셋째는 자유를 말살하는 거대한 권력을 수립하는 것이다. 만일 정부를 수립한 뒤 브리소 같은 사람이 유익한 조치, 심지어 구국의 조치도 일부러 외면할 때 어떻게 하겠는가? 샤보는 자신에게 자유를 보장할 조치를 어떻게 마련할 것인지 묻는다면 기요틴이 정답이라고 대답하겠다고 말한 뒤, 헌법안이 선한 취지를 가진 것임을 부인하지 않지만 토론을 거쳐서 완성해야 한다는 뜻이라고 설명했다. 로베스피에르도 당장 그것을 통과시키자고 말한 적이 없으며, 토론을 빨리 시작해서 완성하자는 취지로 제안했을 뿐이라고 해명했다.

6월 12일 수요일에 국민공회에는 알리에 도의 물랭에서 이틀 전에 브리소를 잡았다는 소식이 들어왔다. 브리소는 스위스공화국의 사업가 바르텔르미의 통행증을 제출했지만 의심을 받고 잡혀가 신문을 받았다. 그는 리옹으로 가는 도중에 물랭에 들렀던 것이다. 물랭의 구국위원회는 조사보고서와 함께 브리소의 편지를 국민공회에 제출했다. 브리소는 생명의 위협을 받고 도주할 수밖에 없었다고 설명했다. 그는 정부의 관리인 푸크Fouque가 정식 통행증을 가지고 선의로 자신을 따라왔다가 잡혔는데 선처해주기 바란다고 편지를 마무리했다. 어떤 의원이 그를 당분간 물랭에 연금하자고 말하자, 튀리오는 그가 가짜 통행증을 사용했기 때문에 6년형에 해당하는 죄를 지었으며, 그처럼 조국을 망치려는 자에게 마땅한 감옥이 없으므로 구국위원회가 당장 단두대에 세울 방안을 마련해야 한다고 주장했다.

벌써부터 지롱드파 지도자들에게 죽음의 그림자가 드리우기 시작했다. 구국위원회에서 이 사건을 검토한 뒤, 17일에 국민공회에서 브리소와 푸크를 파리로 안전하게 호송하라는 명령을 통과시켰다. 브리소의 문제는 금세 더 크고 중요한 소식에 묻혀버렸다. 파리 도가 방데에 파견한 모모로는 왕당파가 소뮈르를 점령했다고 보고했다. 파리 도는 대다수의 포병을 포함한 1,000명 규모의 부대를 편성하고 48개 구에서 대포 한 문씩 지원하여 24시간 안으로 방데를 향해 출발시키기로 의결하고, 모모로의 보고서를 국민공회에 보내서 적절한 명령을 내리는 데 도움을 주었다.

서부 지역이 반란군에 점령당했다는 소식을 듣고 로베스피에르는 12일에 자코뱅협회에서 대중의 생각을 바꿀 만한 연설을 했다. 그는 사람들이 언제나 인민에게 전방이나 내전이 벌어지는 현장으로 떠나라고만 하고, 적의 계획을 파악하려 노력하지 않는다고 지적했다. 그는 병사의 수가 적고 전투 경험도 부족한 것보다 장군들의 무능이나 반역이 더 큰 문제라고 생각했다. 그래서 반역자들을 끝까지 추적해서 없애야 한다. 파리의 푸주한 출신인 르장드르Louis Legendre가 말을 받아, 위험에 대해 일깨워주는 일도 중요하지만 대책도 말해야 한다면서 방데의 사건이 계속 번지는 이유는 체포당한 의원들이 모든 도와 통신을 유지하기 때문이라고 분석했다. 그는 다음 날 국민공회에 나가면 의원들에게 자기 자리를 굳게 지키라고 해야겠으며, 방데의 난을 진압할 때까지 우파 의원들을 모두 볼모로 잡자고 제안하겠다고 말했다.

좌파 의원들은 연금한 지롱드파 의원들을 너무 너그럽게 대해주기 때문에 반혁명사건이 끊이지 않는다고 거듭 문제를 제기했다. 6월 16일 일요일에 베르니오는 감시원 한 명과 동행하는 조건으로 외출허가를 받았다. 이 말이 와전되어 베르니오가 자신을 담당한 군사경찰을 150프랑에 매수하고 도주했다는 소문이 퍼지기도 했다. 24일 월요일에 국민공회에서 전날까지 심의를 마친 제1공화국 헌법을 정식으로 채택하고 모두가 기뻐하고 있을 때, 페티옹과 랑쥐네가 도주했다는 소식이 들어왔다. 이제르의 아마르는 안보위원회의 이름으로 아직 연금상태에 있는 의원들을 국가가 관리하는 감옥에서 보호하자고 제안했다. 지롱드의 뒤코Jean-François Ducos fils는 국민공회를 모욕하고, 연금당한 의원들을 학대하는 조치라고 즉각 반발했다. 로베스피에르가 "방데의 도적떼가 우리의 강산을 휩쓰는 이때, 감히 그들의 공모자들이 국민공회에서 기지개를 켜고, 우리에게 반란을 부추기면서 외치고 있다"면서 뒤코의 말을 반박했다. 르장드르가 반발하는 우파를 가리키면서 "연단에선 발언자의 말을 막고 반란을 부추기는 자를 아베 감옥에 보내자"고 말했다. 로베스피에르는 말을 이었다.

"감히 여러분을 비겁한 음모자와 비교하는 자가 있습니다. 그는 국민공회를 경찰 앞잡이 노릇이나 하던 비겁한 브리소 편에 놓습니다. 브리소가 누굽니까? 인민이 갖은 타락과 범죄를 들춰낸 자 아니겠습니까? 여러분을 모욕한 자는 연금상태의 의원들이 지은 죄가 무엇인지 모르는 척하면서 다시 한번 죄상을 보고해달라고 말합니다."

로베스피에르는 브리소가 혁명 전에 바스티유에 갇혔다가 나온 뒤에 파리 치안총감 르누아르의 앞잡이 노릇을 했다는 전력을 들먹이기 시작했다. 목숨을 건 싸움이었다.

6월 25일 화요일에 극좌파인 외르의 뒤루아Jean-Michel Duroy는 12인위원회 위원이었던 베르트랑을 국립감옥으로 이송하지 말도록 요구했다. 그는 베르트랑이 최근 아내를 여의고 아직 어린 자녀 여섯 명을 홀로 키워야 하며, 더욱이 12인위원회가 통과시킨 명령에 전혀 관여하지 않았다고 설명했다.

그러나 이 청원은 다른 의원의 반대에 부딪쳤다. 앙드르에루아르의 가르디 엥의 부인이 국민공회에 편지를 보내 남편을 국립감옥으로 이감할 때 자신 과 자녀도 함께 가둬달라고 호소했다. 의원들은 일제히 박수로써 그 청원을 지지했고 그렇게 하도록 의결했다. 이온의 모르는 안보위원회 이름으로 수 감자를 인정으로 다루는 원칙과 그 때문에 발생하는 폐단에 대해 길게 연설 했다. 끝으로 브리소와 함께 체포된 친구 푸크는 담당 군사경찰을 속이고 도 주했다. 의원들은 이런저런 사례를 청취한 뒤 수감자들에 대한 전반적인 보 고를 다음 날인 26일에 듣기로 했다. 그리고 25일 저녁회의에서 로베스피에 르는 수감자들에 대해 이렇게 말했다.

"베르니오나 브리소에게 도주할 수단을 마련해주는 사람들이 있는데 국 민공회에서 두 사람을 감싸는 이야기를 한다니 얼마나 큰 모욕입니까? 국민 공회는 자유의 적들을 박멸하기 위해 싸워야 하며, 계속 민중과 혁명의 편에 서야 합니다. 나는 내일 수감자들에 대해 보고하도록 명령하는 법안을 발의 하며, 국민공회는 국민의 중대한 이익에 전념하라고 요구합니다."

의원들은 로베스피에르의 안을 통과시켰고, 서른두 명의 의원에 대해 보 고를 맡은 엔의 생쥐스트에게 7월 8일 회의에서 보고서를 읽으라고 명령했 다. 그러나 서른두 명의 체포 대상자 가운데 이미 갇힌 의원과 도주한 의원 에 대한 문제는 그렇게 끝나지 않았다. 29일 토요일에는 피니스테르의 케 르벨레강이 도주했다는 소식이 들어왔다. 30일에는 먼 남서쪽의 무아사크 Moissac 마을에서 온 대표가 증언대에서 네 가지 요구사항을 담은 청원서를 읽었다. 그들은 서른두 명의 의원들에 대한 체포령을 철회하고, 수감자가 보 는 앞에서 그들에 대한 혐의를 보고하며, 그들을 파리 이외의 지역 법원에서 재판하고, 끝으로 국민공회는 자유로운 상황에서, 또는 자유를 소유할 자격이 없는 도시를 떠난 상태에서 의사를 결정하라고 요구했다. 우파는 청원서를 관보에 실으라고 주장했고, 좌파는 표결에 부치자고 요구했다. 어떤 이가 그들의 범죄를 증명하라고 외치자, 모르가 "그들은 도주하고 있습니다. 비로토가 방금 도망쳤습니다"라고 대답했다.

국민공회에서 의원들이 직접 권력투쟁을 하는 한편, 각 도의 주민들에게 대리로 싸우게 만드는 과정을 보았지만, 그동안 의원들이 투쟁에만 몰두한 것은 아니었다. 그들은 헌법을 제정했다. 헌법을 제정할 때까지 인권과 세금에 대한 토론이 흥미롭다. 6월 17일에 사르트의 르바쇠르와 지롱드의 뒤코는 극빈자에게 세금을 부과하지 말라고 제안했다. 에로의 캉봉, 파리의 파브르 데글랑틴과 로베스피에르가 차례로 개입해서 반대토론을 했다. 특히 로베스피에르는 자기도 한때 뒤코처럼 잘못 생각했다고 고백한 뒤, 이제는 원칙으로 돌아와 사람들이 베푸는 호의를 모욕으로 받아들이는 것이 상식이라고 말했다. 또한 조국에 필요한 세금을 내는 명예로운 의무를 가난하다는 이유로 배제하는 것을 헌법에 못 박는다면, 부자를 귀족으로 만들어주고, 국민에게 가장 순수한 조국을 타락시키는 결과를 가져올 것이며, 이 새로운 귀족이 입법부를 지배하면서 아무런 세금을 내지 못하는 자를 정부의 혜택에서 배제하는 권모술수를 부리는 모습을 보게 될 것이라고 역설했다.

"헌법에는 역겨운 차별을 기록하는 대신 모든 시민이 세금을 내는 명예로운 의무를 확고하게 만들어야 합니다."

18일에 센에우아즈의 메르시에Louis-Sébastien Mercier는 121조에서 "프랑스 인민은 영토를 점령한 적과 평화조약을 체결하지 않는다"라는 조항에 반대했다. 적에게 영토를 내주고 비굴하게 살지 않는다는 뜻인데, 메르시에는 의원으로서는 처음으로 단독의견을 분명히 밝혔다.*

"이러한 조항은 칼끝으로 쓰거나 지우는 것입니다. 우리는 영토 안에서 우리나라에 유리한 평화조약을 맺을 수 있습니다. 그러나 의원님들은 우리가 언제나 승리할 수 있다고 선언하시렵니까? 우리가 승리와 조약이라도 맺었단 말입니까?"

프랑스가 언제나 승리할 수 없고 모든 것을 전쟁으로 해결할 수도 없으니 이러한 조항을 빼야 한다는 말을 듣고 코트도르의 바지르는 "아니요, 우리는 죽음과 조약을 맺었습니다"라고 냉소적으로 맞받았다. 메르시에가 곧바로 반발했다.

"이러한 사상을 드높인다고 해서 진정 위대하게 보이겠습니까? 당신은 단지 자유의 관념만 가진 채 이미 고상한 로마인처럼 행동하려 드는군요."

로베스피에르가 끼어들어 "죽음과 조약을 맺은" 편을 들었다.

"그는 우리가 로마인보다 못한 점을 어디서 봤습니까? 그는 우리가 완성하려는 헌법이 「인권선언」을 결코 안 적이 없는 로마 원로원의 폭군보다 못한 점을 어디서 봤답니까? 그는 인류의 자유를 위해 피를 흘린 우리 국민이 자유의 영웅이라기보다 모든 인민의 압제자였던 로마인보다 못한 점을 어디서 봤답니까?"

로베스피에르는 메르시에를 대화 상대가 아니라 제3자로 대하면서 의원들에게 고발하는 식으로 말했다. 그는 메르시에가 진정한 용기도 없이, 자유로운 프랑스로 나아가는 혁명을 뒷걸음치게 만들자고 외치는 겁쟁이라고 비판했다. 이 조항도 환호 속에 통과했다.

∗ 호명투표에서는 다른 의원들과 함께 차례로 의견을 밝힌 적이 있다.

23일 일요일에 에로 드 세셸이 구국위원회가 미국인들의 사례를 본받아 함축적인 형식이 아니라 보편적인 원리를 아주 자세히 풀어쓴 「인권선언」을 보고했다. 몽타뉴파와 방청객들이 박수로써 지지의사를 표명했다. 파리의 라프롱 뒤 트루이예Nicolas Raffron du Trouillet는 제목에 '의무'라는 말도 넣자고 제안했고, 로베스피에르는 제헌의회에서도 똑같은 문제로 종교인 의원들과 3일 동안 싸운 적이 있으며, 결국 넣지 않기로 결정했다고 경험담을 앞세워 반대했다. 인권을 규정하면 의무가 자연히 드러나게 마련이라는 논리였다. 다수의 의원이 단체로 통과의지를 표명하자고 제안했고, 논의를 거쳐 '의무'를 표기하자는 안과 함께 부결했다.

일부 의원은 다시 한번 「인권선언」을 읽어달라고 했다. 에로가 두 번째로 낭독한 뒤 의원들은 원안대로 채택했지만, 이때 지롱드파는 참여하지 않았다. 파리의 비요바렌은 중요한 사안에 투표를 거부한 사람들이 있다는 것이 놀랍다면서 호명투표를 제안했다. 반대자를 한 사람씩 가려내는 법정을 열자는 뜻이었다. 그러나 로베스피에르가 "표결에 동참하지 않은 사람은 나쁜 시민이 아니라 몸이 마비된 사람"이라고 설명했고, 비요바렌은 발의를 철회했다. 이렇게 헌법제정의 모든 절차가 끝날 때 여러 대표단이 의원들을 축하했다. 행정기관의 대표, 파리 시장과 코뮌 검찰관, 파리 법원의 대표들이 차례로 축사를 늘어놓았다. 비요바렌은 "앞으로 연맹의 장을 애국자들의 피로 적시는 일이 없어야 한다"고 말하면서 이 기쁜 날 계엄법을 폐지하자고 제안했고, 국민공회는 만장일치로 계엄법을 폐지한다고 선언했다.

그날은 잔치로 마감했다. 포병들이 샹젤리제에, 민중은 샹드마르스에 모여서 잔치를 벌였다. 그들은 조국의 제단을 세 바퀴 돌면서 자유의 송가를 불렀다. 시장이 가증스러운 계엄법을 폐지하는 명령을 낭독했다. 시민들은 이

소중한 목소리를 듣고 인민의 대표들을 축복하면서 외쳤다. "국민공회 만세! 자유 만세! 공화국 만세!" 6월 24일 월요일에 에로 드 세셸이 전날까지 통과시킨 「인권선언」을 포함해서 "124조. 「인권선언」과 헌법을 판에 새겨 입법부와 광장에 설치한다"까지 낭독했다. 의장인 콜로 데르부아는 포병들에게 명령했다. 밖에서 대포소리가 났고, 의원들은 방청객들의 환호 속에서 회의장을 떠났다. 방청객들은 계속 외쳤다. "공화국 만세! 국민공회 만세! 몽타뉴파 만세!" 27일에 국민공회는 헌법을 국민투표에 부치기로 의결했다. 5월 31일~6월 2일의 사태 때 붙잡혔다 풀려난 프뤼돔은 『파리의 혁명』 207호(1793년 6월 22~29일)에서 서른두 명을 체포한 결과가 단 12일 만에 헌법을 뚝딱 제정한 일이라고 평가했다.

앙라제의 공격

몽타뉴파와 자코뱅협회는 온갖 난관을 이겨내고 헌법을 통과시켰다. 이제는 헌법을 지키는 일이 중요했다. 그들은 먼저 왕당파와 싸워야 했다. 5월 27일부터 "가톨릭 왕당파 군대 지휘관들이 프랑스인들에게 드리는 글adresse aux Français de la part des chefs des armées catholique et royaliste"이 헌법을 제정하는 6월 한 달 동안 시중에 널리 퍼져나가고 있었다. 그 글에서 왕당파는 명예롭고 종교적이며 인류애를 퍼뜨리는 데 비해 공화파는 무정부주의자이며 무신론자인 동시에 야만적이라고 묘사했다. 다행히 파리의 구민들은 기초의회에서 새 헌법을 반기고 치하했다. 그럼에도 자코뱅파와 몽타뉴파는 이제 적이 된 지롱드파와 그들을 지지하는 한두 개의 구區, 그리고 새로운 적으로 나타난 이른바 앙라제enragés(성난 사람들)라는 극렬좌파와 끊임없이 싸워야 했다. 지롱드파의 선언은 페티옹이 도주하기 전에 쓴 글이다. 그는 우파의 친구들이 헌법을 채택하는 표결에 참여하지 않은 것을 보고 그 글을 썼다. 그는 "과연 국민공회가 존재했는가"라는 질문을 던지고 나서 진정한 대의기관인 국민공회가 존재한 적이 없다고 천명했다.

6월 25일 화요일에는 뢱상부르 구의 상퀼로트 대표단이 국민공회에 들어섰다. 대표자는 생필품과 가격에 대한 요구사항을 장황하게 늘어놓았다. 그는 어설픈 조치를 취했기 때문에 민중의 삶을 피곤하게 만드는 투기와 매점매석을 근절하지 못했다고 말했다. 경작자들이 보유한 곡식의 양을 각 지방 자치정부에 신고하라는 조치가 실효를 거두지 못한 이유는 농촌에서 경작자들이 자치정부를 구성하고 있기 때문이다. 의장인 콜로 데르부아는 치명적인 폐단을 고발해줘서 고맙다고 치하하고, 앞으로 더욱 엄한 벌로 위반자를 다스리겠다고 약속했다. 의원들은 상퀼로트의 청원을 농업과 통상의 합동위원회에서 검토하고 대책을 마련하도록 의결했다. 그 뒤를 이어 그라빌리에 구, 본누벨 구, 코르들리에 협회에서 작성한 청원서를 가지고 사제 출신의 자크 루Jacques Roux가 증언대에 섰다. 그는 앙라제의 지도자였다. 그는 댓바람에 의원들에게 도발했다. 그가 얼마나 화가 났는지 직접 들어보자.

민중을 참화에서 구해주겠다고 약속해놓고 도대체 무슨 일을 했던가? 헌법을 제정했는데, 거기서 투기를 금지한 적이 있는가? 매점매석가와 독점자에 대한 벌을 언급했는가? 이 신성한 곳에서 흡혈귀를 처벌하겠다고 수백 번 약속해놓고서도, 매점매석가에게 사형을 내리지 않았다. 우리는 당신들이 인민의 행복을 위해 전혀 한 일이 없다고 분명히 말한다. 지난 4년 동안 혁명의 혜택을 누린 자는 오직 부자뿐이다. 옛날 귀족의 귀족정보다 상인의 귀족정이 개인과 나라 살림을 좀먹는다.

그는 몽타뉴파에게도 독설을 퍼부었다.

"몽타뉴(산)에 사는 여러분, 의젓한 상퀼로트 여러분, 언제까지 이 불멸의 바위 꼭대기에서 꼼짝하지 않고 계실 텐가요? 조심하세요. 평등의 친구들은 자신들에게 굶주림이라는 무기를 들이대려는 사기꾼이나 창고를 야바위꾼들의 소굴로 운영하는 사악한 매점매석가들에게 더는 속고 살지 않습니다."

몽타뉴파 의원들은 자크 루의 말을 끊고 그가 구와 협회의 의견이 아니라 개인 의견을 말한다고 반발했다. 마침내 자크 루는 이렇게 빈정댔다.

"이제 할 말을 다했습니다. 몽타뉴파 의원님들, 바라건대 공화국이 번영으로 나아갈 기틀을 마련해주세요. 제발 여러분의 경력을 치욕스럽게 끝내지 마십시오."

이 말에 여기저기서 분노의 고함이 터졌다. 대표단에 속한 어떤 시민은 그라빌리에 구가 참여한 청원이 아니라고 확인했고, 다른 시민들은 욕설에 대해 불만을 토로했다. 어떤 의원은 자크 루를 체포하라고 요구했고, 또 어떤 의원은 끝까지 들어보자고 말했다. 의장은 몽타뉴파와 국민공회가 구 대표들을 사랑하며, 그들을 속인 자들을 미워한다고 말한 뒤, 자크 루에게 할 말이 남았으면 마저 끝내라고 지시했다. 자크 루는 말을 이었다.

"모든 도에서 핍박받는 상퀼로트들이 몰려들 것입니다. 우리는 그들에게 바스티유를 무너뜨린 이 창을 보여줄 것입니다. 우리는 이 창으로 정치가들의 도당을 도망치게 만들었고, 부패한 12인위원회를 분쇄했습니다. 우리는 모든 도에서 온 상퀼로트들을 법의 전당 안으로 인도해서 누가 폭군을 구하려는 사람이며 누가 폭군을 죽이려는 사람인지 보여주겠습니다."

의원들은 국민공회 밖으로 자크 루를 쫓아내기로 의결했다. 그는 27일에 코르들리에 협회에 가서 억울하다고 호소했다. 그는 국민공회 의원들이 자신에게 고배를 찔끔찔끔 마시게 했다고 고발했다. 또한 코르들리에 협회의 염원을 담아 연설했지만 의원들이 자기를 홀대하고 믿지 않았다고 일러바쳤다. 코르들리에 협회는 자크 루의 말이 사실임을 받아들이면서, 대표단을 국민공회에 보내 자신들의 의견을 분명히 알리기로 의결했다. 자크 루와 함께 과격파인 르클레르*는 지난 5월 31일에 파리의 르장드르와 당통이 코르들리에 협회를 온건파로 규정했으므로 제명하자고 제안했다. 혁명법원 판사인 의장 루시용Roussillon은 표결에 부치지 않았고, 인쇄출판업자 모모로가 좌파 의원들이 국민공회에서 얼마나 열심히 일하는지 열변을 토해서 코르들리에 협회 회원들의 분노를 차분하게 가라앉혔다. 우리는 과격파인 자크 루와 르클레르가 수많은 몽타뉴파 의원 가운데 특히 르장드르와 당통을 공격했음에 주목할 수 있다. 당통과 르장드르는 코르들리에 협회의 창시자였으며, 소요와 반란의 하수인들을 거느리는 우두머리였기 때문이다.

마라는 『프랑스공화국의 신문기자』 233호(1793년 7월 4일)에서 앙라제의 세 주역인 자크 루, "뇌가 없는 모사꾼" 바를레, "꾀바른 사기꾼" 르클레르를 "귀족주의자와 왕당파보다 더 위험한 가짜 애국자들"이라고 비난했다. 마라는 박해를 받을 때 자크 루의 집에서 며칠 동안 신세를 졌기 때문에, 또한 루가 애국자들의 허물을 호의적으로 감싸는 장점도 마음에 들었기 때문에 그동안 그를 공격하지 않았으나, 이제는 그의 지나친 행동이 혁명을 위험하게 만들 지경이므로 코르들리에 협회에 그와 그의 패거리를 고발하고 제명을 요구했다. 마라는 원래 르노디 신부abbé Renaudi였다가 자크 루로 변신한 과

---

* 제2부 2장 "파리의 청원" 참조.

정을 그의 입으로 직접 들었다고 했다.

물의를 빚으려는 욕심과 강한 물욕을 가진 그는 가짜 인생으로 혁명의 경력을 쌓기 시작했다. 그는 이시Yssy의 사제인 자크 루가 폭행당했다는 소식을 듣고 그의 이름을 도용하고, 이 선량한 사제에 대해 저지른 범죄 이야기를 발간해서 돈을 벌려고 마음먹었다. 그 후 그는 계속 자크 루 행세를 했다.

내가 그의 방에서 지낸 셋째 날, 그가 사제복을 입은 모습을 보았다. 그가 내 눈에 띄었다는 것을 부끄러워했는지 아닌지 알 수 없다. 그러나 이미 들켰다. 그는 내게 이렇게 말했다. "나는 유약한 영혼을 결코 타락시키지 않는다는 철칙이 있지만, 내가 종교를 믿는다고 생각하지 마세요. 이것이 사기의 연속임을 알고 있어요. 나는 이 짓으로 먹고살지요. 아무도 나보다 신성한 연극을 더 잘하지 못해요."

앙라제가 파리 민중에게 영향을 끼치지 못하게 하려면 그들을 무정부주의자로 고발하는 수밖에 없었다. 물론 그들은 국가의 도덕적 원리를 부정했고 국가 자체를 부정하는 면에서 무정부주의자였음이 확실하다. 혁명에 기대를 했지만 4년 동안 가난한 사람들에게 아무것도 해주지 못한 국가가 무슨 소용이랴! 그들은 화가 날 대로 났다. 그들이 투기를 막으라고 외치는 단계를 넘어서 행동으로 나아갔으니 사태가 더욱 급박해졌다. 6월 26일 수요일에 사람들이 센 강의 그르누이예르 나루port de la Grenouillère와 생니콜라 나루로 몰려가 비누를 시가보다 싸게 공급하라고 외치면서 비누를 싣고 온 배를 공격했다. 파리 코뮌은 나루에서 약탈이 벌어지고, 반혁명가들이 재산을 위협하는 현실에 마주쳐서 다음과 같이 명령했다.

1. 재산을 위협하는 일이 발생하면 경찰과 구 위원들이 즉시 현장에 출동해서 진압하고 15분 내로 시장과 치안당국에 집회의 목적과 현황을 보고한다.
2. 시장은 소요가 발생한 구와 이웃 구에 경고의 뜻을 알리는 북을 치게 한다.
3. 병력을 동원해서 약탈을 부추기거나 실행한 사람들을 체포해 구청이나 시청으로 연행한다.

그러나 이튿날에도 소요가 다시 일어났다. 국민방위군은 아주 늦게 소수만 개입했기 때문에 효과적으로 대응하지 못했다. 총사령관*과 군단장 여섯 명이 파리 코뮌평의회에 출두해서 활발히 토론했다. 평의회는 군단장들이 평의회의 명령을 전달하지 않았다고 불평했다. 그러나 군단장들은 명령을 받았지만 딱히 언제 집행하라는 말을 듣지 못했다고 변명했다. 현장에 나갔던 평의회 의원은 그르누이예르 나루에서 약탈이 벌어질 때, 관리들이 막으려고 백방으로 노력하고 시장이 현장懸章을 두르고 두 시간이나 설득해도 한 사람도 듣지 않았다고 불평했다.

6월 28일에는 전보다 훨씬 심한 소요사태가 푸아소니에르 구의 생라자르 울타리에서 발생했다. 민중은 비누 약 2.1톤을 22개 상자에 싣고 오를레

---

* 앙리오는 임시총사령관이었다가 6월 29일의 투표와 7월 2일의 개표 결과 투표자 1만 5,354명에서 9,084명의 지지를 받고 정식으로 총사령관이 되었다.

앙에서 오던 마차를 세웠다. 어떤 여성은 500그램에 20수만 받으라고 요구했다. 파리 검찰관보 에베르가 현장에 나가 '재산권을 보호하는 원칙'을 지키려고 노력했다. 비누를 약탈한 여성 열다섯 명을 잡아 포르스 감옥에 가두었다. 그들이 세탁부였기 때문이기도 하지만, 지난 23일 일요일에 헌정질서를 지키겠다고 맹세할 때 여성들은 참여하지 않았기 때문이다. 그들의 뒤에는 맹세에 참여한 남성이 있었다. 28일 파리 코뮌평의회에 자크 루가 나타나 자기가 대변하는 구의 권한을 활용해서 악당들을 꼼짝할 수 없게 만들었노라고 말했다. 평의회 위원들은 거의 한목소리로 약탈과 재산권 침해의 신호를 처음 울린 사람이 바로 자크 루였음을 일깨우고 추방했다. 그 시각에 로베스피에르는 자코뱅협회에서 그를 규탄하고 있었다.

"오래전부터 자유를 지킨 자코뱅파·몽타뉴파·코르들리에파를 비방하는 자가 있습니다. 특히 애국심의 외투를 걸쳤지만 의심스러운 의도를 가진 자가 국민공회의 다수파를 모욕합니다. 그는 헌법에 매점매석가들을 처벌하는 법을 포함시키지 않았다고 비난합니다."

6월 30일 일요일에 자코뱅협회는 로베스피에르·에베르·콜로 데르부아를 코르들리에 협회에 보내서 자크 루와 르클레르를 제명하고 바를레의 자격을 정지시키라고 요구했다.

연방주의

혁명의 중심지인 파리의 민심이 흉흉했던 이유는 무엇보다도 생활고 때문이었으며, 잇단 패배 소식이 불안감을 더욱 부채질했다. 피레네조리앙탈군은 6월 22일에 에스파냐군에 패배했다. 방데에서는 왕당파가 여전히 우세했고, 낭트는 27일부터 29일까지 3일 동안 5,000명의 반도에게 공격받으면서 겨우 성을 지켰지만 2,000명을 잃었다.* 웨스테르만François-Joseph Westermann은 당통이 뒤무리에게 파견한 경력 때문에 잠시 고초를 겪은 뒤 5월 4일에 풀려났고 방데의 난을 진압할 임무를 맡았다. 그는 7월 3일에 샤티용Châtillon을 잠시 점령했다가 5일에 완전히 패한 뒤 기병 300명만 거느리고 도주했다. 그때 방데 반란군에게 3,000명의 포로와 함께 무기와 탄약, 대포를 넘겨주었다. 파리 국민방위군 총사령관 출신의 상테르도 7월 18일 비이에Vihiers와 코롱Coron에서 대패했다. 그의 병사들은 "우리는 속았다! 도망칠 수 있으면 도망쳐라!"라고 외치면서 뿔뿔이 흩어졌다. 그는 루이 16세의 단죄에 깊이 관여했기 때문에 반란군이 끈질기게 추적하는 표적이었다. 그는 거의 잡힐 뻔했지만 다행히 말이 높은 벽을 뛰어넘어주어 목숨을 건졌다. 북쪽 국경지방에서는 더욱 피비린내 나는 참화를 입었다. 7월 12일에 콩데, 23일에 마인츠, 31일에 발랑시엔이 차례로 적의 손에 떨어졌다. 그나마 공화국 군대는 파시쉬르외르Pacy-sur-Eure에서 브르타뉴와 노르망디의 연방주의자들을 물리쳤다.

오늘날의 의회 민주주의에서도 볼 수 있듯이, 의장의 역할은 매우 중요하다. 지롱드파와 몽타뉴파가 권력투쟁을 하는 동안 지롱드파 의장이 줄지어 나왔지만, 이스나르가 의장직을 수행하던 5월 27일에 옛 의장이었던 에로드 세셸이 의장석에 앉았을 때 12인위원회를 해체하는 방향으로 급선회한 사례를 기억한다면, 의사봉을 쥔 사람이 얼마나 큰 힘을 발휘하는지 알 수 있다. 더욱이 이스나르의 뒤를 이어 5월 31일부터 뫼르트의 말라르메를 필두

---

* 얼마 전에 앙주와 푸아투의 반란군 사령관이 된 카틀리노Jacques Cathelineau는 28일의 공격 중에 말에서 떨어져 치명상을 입고 12일 뒤에 죽었다. 반군들은 그를 '앙주의 성인聖人'이라 불렀다.

로 해서 15일 간격으로 콜로 데르부아·튀리오·장봉 생탕드레·당통·에로 드 세셸·로베스피에르가 잇따라 의장이 되어 국민공회를 이끌었다. 그동안 장관들도 바뀌었다. 외무장관은 르브룅에서 데포르그로, 재무장관은 클라비에르에서 데스투르넬로 바뀌었다. 전쟁장관은 특이하게 4월 4일에 취임한 부쇼트를 6월 22일에 어리석게 행동하고 무능하다는 이유로 해임하고 알렉상드르를 앉혔다가 당일에 다시 부쇼트를 복귀시켰다.[*]

7월 1일 월요일에 파리 코뮌은 노르망디 지방과 브르타뉴 지방의 반란연합군을 진압하려고 1,800명의 부대를 편성해서 6일 안으로 외르 도의 에브뢰로 출발시키기로 했다. 그러나 마음먹은 대로 군대를 모으지 못하던 차에, 5일에 에브뢰 산하의 캉통인 베르농Vernon의 대표들이 파리 코뮌평의회에 들어와 뷔조의 군대가 인근의 파시쉬르외르를 점령하고, 인근 농촌지역에서는 계속 경종을 울리고 있다는 소식을 전했다.

뷔조의 군대? 그렇다. 외르의 뷔조는 6월 2일에 체포령이 나오기 전부터 국민공회에 나오지 않고 에브뢰로 피신했다. 외르 도는 그를 보호한다고 선언했다. 그는 대성당에서 사람들을 모아놓고 마라의 독재체제가 임박했다고 하면서 도내 모든 헌법기관이 내전을 선포하고 파리로 진격할 군대를 모으라고 부추겼다. 6월 13일에 국민공회가 그를 기소하고, 외르의 모든 행정관들의 기능을 정지시키고 국민공회에 출두하도록 명령하는 한편 도청 소재지를 에브뢰에서 베르네Bernay로 옮기기로 했다. 뷔조는 캉으로 가서 도피한 의원들과 힘을 합쳐 신속하게 행동하기로 했다.

---

[*] 부쇼트는 1794년 4월 20일까지 단 하루를 빼고 1년 이상 전쟁장관직을 수행했다.

7월 3일에 국민공회는 뷔조가 4,000명을 이끌고 에브뢰로 진격한다는 소식을 들었다. 국민공회는 8일에 뷔조를 역적이며 무법자로 선포했다. 진압군은 베르농에서 연방주의자들에게 이겼다. 국민공회는 튀리오와 들라크루아의 제안을 받고 에브뢰에 있는 뷔조의 집을 파괴하고, 그 자리에 "프랑스 국민의 파멸을 도모했던 악당 뷔조가 살았던 곳"이라는 게시문을 세웠다.

파리 코뮌평의회는 도의 모든 기초의회가 헌법을 승인하는 투표 결과를 한꺼번에 국민공회에 제출하라고 명령한 대로 7월 5일 금요일에는 파리 도의 주민들이 집단으로 국민공회에 나가 감사의 뜻을 전했다. 1792년 구 section de 1792는 「인권선언」과 헌법을 만장일치로 승인한 보고서를 제출했다. 의장에게는 어린이의 순결한 손으로 꽃다발을 전했다. 가수 슈나르Simon Chenard가 〈라마르세예즈〉의 곡조에 새로운 가사를 붙인 노래와 몽타뉴파를 기리는 노래를 불렀다. 몽블랑 구에서는 르펠티에의 흉상을 가지고 왔다. 마이Mail 구민들은 의원들에게 꽃을 뿌렸다. 300명의 생도가 군악대를 앞세우고 들어와 자신들에게 희망찬 미래를 만들어준 데 대해 감사했다. 가르드 프랑세즈 구를 이끌고 여성애국자협회가 들어와 꽃을 바쳤다. 크루아 루즈 구는 참나무 관을 의장석에 놓고, 여성들은 오직 진정한 공화주의자들하고만 결혼하겠다고 맹세했다. 몰리에르와 라퐁텐 구는 벤저민 프랭클린 메달을 참나무 관에 달아 자유의 여신상에 장식했다. 예전에는 업둥이les enfants trouvés라 부르다가 이제는 '공화국의 어린이'라 부르는 아이들이 아미 드 라 파트리(조국의 친구들) 구의 시민들과 뒤섞여 회의장을 한 바퀴 돌았다. 국민 공회 의원들은 앞으로 이 어린이들에게 국민복을 입히기로 의결했다. 뷔트 데물랭, 탕플, 시테, 마르셰, 샹젤리제의 5개 구민들이 잇따라 행진하면서 일제히 새 헌법을 받아들인다고 맹세했다.

코르들리에 협회에서 어떤 시민은 3,000명이 무장하지 않은 채 파리에서 20여 킬로미터 밖으로 나가 파리를 공격하러 오는 형제들을 안아주자고 제안했다. 회원들은 이 제안을 열렬히 환영했다. 한편 자코뱅협회는 6월 28일부터 활동하지 않다가 7월 7일에 다시 문을 열었다. 회원들은 그동안 각지에서 받은 편지를 차례차례 읽었다. 남부지방에서 보낸 긴급통신문이 계속 성가신 내용을 담고 있었다. 그러나 그 내용은 이미 국민공회가 널리 알려준 내용과 같았다.

파견의원인 우아즈의 마티외와 센에우아즈의 트렐라르가 보르도에서 일시적으로 억류되었다가 풀려나 도르도뉴 도에 피신할 수 있었다. 7월 6일에 국민공회에서 지롱드의 2개 부대가 니오르에서 철수해 자기네 도로 복귀한다는 소식을 들었을 때, 로베스피에르는 파리의 부대와 보르도의 부대가 심각하게 분열했기 때문에 합동작전에 차질을 빚어 20명 이상이 목숨을 잃었다고 한탄했다. 파리 병력은 "하나이며 나눌 수 없는 공화국 만세!"라고 외치는데, 보르도 병력은 "공화국 만세! 무정부주의자와 도당들을 타도하자!"라고 외치는 모습에서 의견의 차이를 볼 수 있었다. 그는 앞으로 파견의원들이 병사들의 출신지를 제대로 파악해서 불화를 예방하는 방법을 강구해야 한다고 제안했다.

마르세유의 전투대대가 운송차량에 원정과 공성攻城에 쓰는 대포와 탄환을 잔뜩 싣고 파리로 진격한다는 소식, 칼바도스의 행정관들은 국민공회 좌파 의원들이 외국에 매수당한 도둑들이라고 비난하는 글을 사방에 뿌린다는 소식이 잇따라 들어왔다. 이처럼 국민공회와 파리에 대해 적대적인 말과 욕이 가짜 뉴스의 형태로 떠돌았다. 심지어 루이 16세의 아들을 누군가 탕플 감옥에서 빼내 생클루 궁에 안전하게 데려다 놓았다는 소문도 돌았다. 7일에 안보위원회가 탕플로 파견한 위원 네 명은 "왕세자가 훈육자와 조용히 주사위 놀이를 하고 있음"을 보았다.

7월 8일 월요일에 엔의 생쥐스트는 구국위원회가 준비한 "6월 2일의 명령으로 갇힌 32명에 대한 법안"을 보고했다. '죽음의 천사장'이라는 별명을 얻게 될 그는 지롱드파 지도자들의 죄상을 낱낱이 밝힌 뒤에, 뷔조·바르바루·고르사스·랑쥐네·루베·부르고잉·비로토·페티옹을 반역자로 선포하는 4개조 법안을 발의했다. 의원들은 사흘 뒤에 심의하기로 의결했다.

안보위원회의 이름으로 루아르에세르의 샤보는 콩도르세가 쓴 "헌법에 대하여 프랑스 시민들에게 드리는 글"을 고발했다. 콩도르세는 지롱드파를 찬양한 뒤, 구국위원회의 위원 다섯 명이 헌법을 기초하고 단 한 번의 회의에서 통과시켜 국민공회에 상정했으며, 별다른 토론도 거치지 않고 승인했다고 비난했다. 국민공회의 제1기 헌법위원회 소속이었던 그는 입법부에 특별 예산을 즉각 명령할 권한을 주어 국고횡령을 제도화한 것도 헌법의 결점이라고 지적했다. 게다가 헌법에서 의원의 세비를 정하지 않음으로써 오직 부자만 입법부에서 활동할 수 있는 길을 열었다고 비판했다. 그는 몽타뉴파가 파리에 입법부를 둔다고 확정함으로써 공화국의 여타 도시보다 훨씬 더 많은 특혜를 부여했으며, 새로운 형태의 행정부가 왕정의 싹을 감추고 있다고 비난했다. 샤보의 보고를 들은 의원들은 콩도르세와 함께 그 글을 각지에 보낸 솜의 드베리테Louis-Alexandre Devérité를 체포하는 명령을 통과시켰다.

7월 11일 목요일에 구국위원회 소속인 에로의 캉봉이 위원회를 만들 때부터 세 달 동안 공화국이 처한 상황을 장황하게 분석하고 나서, 최근에 밝힌 음모에 대해 설명했다. 공모자들은 7월 15일에 루이 카페의 아들을 탕플에서 탈취해 루이 17세로 추대하고 마리 앙투아네트를 섭정으로 앉으며, 딜롱Arthur Dillon 장군을 왕당파 군대의 총사령관으로 임명하고 그 밑에 장성 열두 명을 두는 계획을 세웠다. 공모자들은 딜롱 장군과 대화한 뒤 각자 다섯 명씩 포섭하고 각 구에 침투시켜 무정부주의자를 색출하라고 선동하기로 했다. 그들은 질서를 회복한다는 구실로 구마다 60명을 확보한 뒤 경고용 대포의 포문을 막아 사람들에게 알리지 못하게 하고, 각 수비대의 대포를 탈취해 방데를 진압할 군대를 모은다는 구실로 혁명광장에 모인 다음, 두 개 부대로 나눠 한 부대를 탕플에 있는 꼬마 카페를 탈취하러 보내고, 나머지 한 부대는 국민공회로 와서 왕정을 선포하라고 강요할 계획을 세웠다.

그날 파리 시정부는 음모자들을 붙잡아 취조하고 자백을 받아냈다. 그리고 최근 파견의원인 우아즈의 마티외와 센에우아즈의 트렐라르는 보르도가 조금씩 왕당파의 주장에 동조하는 모습을 보여준다고 보고했는데, 미랑다Francisco de Miranda 장군이 보르도에 비상통신을 보냈다고 하니 적절한 조치가 필요하다고 보고했다. 의원들은 "파리 시장에게 탕플에 갇힌 카페(왕세자)를 어머니와 격리시키도록 명령하고, 딜롱 장군과 공모자를 체포한 구국위원회의 조치를 승인"하는 동시에 미랑다 장군도 체포하도록 의결했다.

연방주의가 프랑스공화국을 분열시키고 외부의 적에게 쏟아도 모자랄 국력을 국내에서 소모하게 만드는 여름에 국민공회는 제2혁명으로 수립한 공화국의 시민정신을 다시 한번 통일할 잔치를 8월 10일에 열기로 했다.* 프뤼돔은 『파리의 혁명』 209호(1793년 7월 6~20일)에서 "우리의 힘은 통일에

---

* 7월 12일 금요일에 파리의 다비드는 "8월 10일의 시민잔치Fête civique de 10 Août"에 대해 공교육위원회가 마련한 안을 보고해서 통과시켰다. 공화국답게 '제1혁명' 기념일보다 '제2혁명' 기념일을 챙기고 있음을 알 수 있다.

서 나온다. 이것이 혁명 초부터, 입헌군주제 헌법 시행 초부터 프랑스의 4만 4,000개 지방정부가 한마음으로 채택한 좌우명이다"라고 썼다. 그럼에도 여름에 증오의 행위는 결코 끝날 줄 몰랐다.

앞에서 리옹의 정치적 혼란에 대해 얘기했듯이,* 3월 8일 샬리에의 친구이며 마라의 추종자인 베르트랑이 새 시장으로 취임했다. 급진파인 샬리에는 시정에 깊이 관여하고 파리의 자코뱅협회와 더욱 긴밀한 관계를 유지하면서 급진정책을 폈다. 이에 저항하는 지롱드파 성향의 니비에르 숄의 지지자들은 5월 중순에 국민공회에 대표를 파견해서 리옹의 상황에 대해 호소했다. 파리 코뮌이 지롱드파 지도자들을 국민공회에서 몰아내려고 고발하던 날이었다. 샬리에가 주도한 급진정책은 가난한 상퀼로트를 위한 질서를 만드는 것이었기 때문에 무엇보다도 부자들의 반감을 샀고, 부자들에게 고용되는 가난한 일꾼들도 만족시키지 못했다. 급기야 중도파와 지롱드파가 반격에 나서서 5월 29일에 시청으로 쳐들어가 샬리에파를 체포하고 정권을 잡았다. 그리고 파리에서 지롱드파 지도자들이 연금당했다는 소식이 리옹에 퍼지면서 사태가 더욱 극적으로 발전했다.

6월 한 달 동안은 남부·동부·서부에 파견되었거나 도주한 의원들이 연방주의의 명분에 끌려 리옹으로 모여들었다. 인근 그르노블에서 파견의원들이 타협안을 제시했지만 리옹은 무시했고, 동료 의원들을 체포하라고 주도한 소수에게 권력을 내려놓으라고 강력히 요구했다. 이것은 감금 중이거나 체포 대상인 동료들의 안전을 보장받으려는 뜻이었다. 그들은 특별법원

---

* 제2부 2장 "파리의 청원" 참조.

에서 옛 코뮌을 재판했다. 특히 샬리에를 가장 먼저 단두대에 올릴 죄인으로 생각했다. 연방주의자들은 자코뱅파를 말살해야 할 적으로 여겼다. 이미 6월 27일에 옛 코뮌 소속위원인 소트무세Sautemouché가 경범재판소에서 무죄로 풀려난 뒤 살해당했다.*

7월 1일 일요일에 리옹 시청의 코뮌평의회 회의실에서 론에루아르 도의 공화인민구국위원회가 출범했다. 2일에 리옹 코뮌은 모든 대대에서 1,800명을 순차적으로 뽑아 병영생활을 하도록 명령했다. 3일부터 국민방위군이 무장하고, 아침부터 북을 쳐서 대대마다 50명씩 뽑아 자발적으로 방어체제에 들어갔다. 시민들은 삽과 곡괭이를 들고 다리 근처에 진지를 구축했다. 생조르주 구와 구르기용 구의 자코뱅파가 그동안 당했던 모욕을 갚으려고 기회를 노렸다.

2일 화요일 밤 9시에 거의 200명의 여성이 모여 구의회로 쳐들어가 괴성을 지르면서 위협했다. 숨죽이던 자코뱅파가 나서서 감시위원회를 해체하라고 요구하고, 더는 구의회를 열 필요가 없다면서, "마라 만세! 샬리에 만세! 샬리에를 석방하라! 감옥으로 쳐들어가자!"고 외쳤다. 3일에 리옹 코뮌은 수상한 자들을 무장해제시키고, 거의 1만 명을 무장시켜 엔Aine 다리부터 생쥐스트 교회까지 거리의 상점과 집을 겹겹으로 지키게 했다. 생조르주 광장과 생쥐스트 앞에 설치한 대포를 쏘지 못하게 포문을 막고, 200명 정도의 자코뱅파를 무장해제시켰다. 그리고 박사薄紗 제조업자 부라Bourat, 소모공梳毛工 세르비오Serviot, 직물업자 블랑Bland · 몰라르Mollard · 리베Rivet · 로베르Robert

---

* 목매달아 죽인 뒤 손 강에 버렸다는 설. 손 강 쪽으로 도망치다가 머리에 칼을 맞은 데다 총까지 맞아 강물에 빠진 뒤 돌에 맞아 숨졌다는 설이 있다.

를 잡아 가뒀다.

몽타뉴파의 표적이 된 서른두 명에 속한 피레네조리앙탈의 비로토가 감시인을 속이고 도망쳐 리옹에 도착했다. 그는 파리에서 자신이 겪은 끔찍한 상황을 생생하게 묘사하고 북부의 여러 도에서 파리로 진격하기로 했음을 알려주었다. 리옹 코뮌평의회에 모인 사람들은 분개해서 "국민의 대표가 완전하고 자유로운 존재를 회복할 때까지 5월 31일의 모든 결정이 무효라고 선언하며, 국가안보를 위한 모든 조치를 취할 것"이라고 의결했다.

7월 8일에 론에루아르 공화인민구국위원회는 질리베르Jean-Emmanuel Gilibert를 의장으로 뽑고, 생테티엔의 무기창에 있는 최소한 1만 정의 소총을 알프군l'Armée des Alpes의 파견의원인 아르덴의 뒤부아 크랑세가 차지하지 못하게 막는 조치를 마련했다.

1. 8일에 한 번씩 생테티엔에서 제조한 무기를 리옹으로 옮긴다.
2. 생테티엔의 헌법기관들은 화기의 적정가를 매긴다.
3. 생테티엔에서 무기제조를 감독하는 드바이예Debaillet는 24시간 내로 론에루아르 도 지도부에 출두해서 그의 활동을 보고한다.

론에루아르의 샤세Charles-Antoine Chasset가 파리에서 무사히 빠져나가 리옹에 도착했다. 그는 열렬한 환영을 받고 나서 "기습에 대비하십시오. 거듭 말합니다. 무장하십시오. 론에루아르 도는 하나의 군사기지가 되어야 합니다. 그래야 뒤부아 크랑세가 감히 공격하지 못할 것입니다"라고 경고했다. 7월 11일 목요일에 구국위원회의 쿠통은 루아르앵페리외르의 메올Jean-Nicolas Méaulle이 전한 리옹 소식을 의원들에게 보고했다. 론에루아르의 행정관과 선거인들이 도의회를 구성하고 있었는데, 비로토가 그들을 부추겨서 국민공회를 인정하지 않는다고 선포하도록 했다. 그날 저녁 리옹은 곳곳에 불을 밝히고 잔치 분위기에 휩싸였으며, 이튿날에는 국민공회의 몽타뉴파를 무법자로 선포했다.

반란자들은 군대에 속한 모든 창고를 장악했다. 특히 생테티엔 병기창의 무기를 리옹으로 옮겼다. 뒤부아 크랑세가 파리로 보내는 통신문을 탈취했다. 날마다 북을 치고, 반대자들을 탄압했다. 샤세가 리옹으로 피신해 내전의 불을 지폈다. 이러한 소식을 종합해서 구국위원회는 비로토와 리옹 도의회의 결정에 참여한 모든 사람을 조국에 대한 반역행위자로 선포하고 샤세를 체포하는 동시에 리옹에서 갇힌 애국자들을 석방하라고 명령했다. 쿠통의 보고를 듣고, 말라르메가 론에루아르의 모든 의원을 샤세의 공모자로 체포해야 한다고 발의했다. 외르에루아르의 들라크루아는 리옹 도의회의 결정에 참여한 사람들의 재산을 공화국의 이름으로 몰수하자고 제안했다. 다른 의원은 리옹을 반역의 도시로 선포하자고 말했다. 의원들은 쿠통과 들라크루아가 여러 제안을 종합해서 마련한 대책을 12일 오전회의에서 보고하라고 의결했다.

마라의 죽음

7월 14일 일요일은 파리 코뮌이 준비한 잔칫날이었다. 열흘 전에 코뮌평의회는 48개 구 대표들과 함께 국민공회에 나가 파리인들의 염원을 전하고, 삼색 천을 드리운 들것에 자유의 여신상을 싣고 그리스풍의 옷을 입은 건장한 남성들이 운반할 계획이었다. 그러나 14일은 슬픔이 짓누르는 날이 되었다. 국민공회에서 의장 장봉 생탕드레가 침울하고 떨리는 목소리로 "의원 여러분, 마라가 집에서 살해당했습니다. 여러분은 이 사건과 관련해서 파리 구민들의 추도사를 경청해주시기 바랍니다"라고 말했다. 팡테옹 프랑세 구 대표단이 "공화국의 설립자이고 우리 형제이며 국민의 대표가 살해당했다. 깊은 애도와 감사의 말을 전한다"고 말하고 물러난 뒤, 콩트라 소시알 구 대표단은 "삶과 죽음의 경계를 넘는 것은 찰나일 뿐"이며 이제 더는 인민에게 친구가 없다고 한탄한 뒤, 다비드를 찾았다. 다비드가 의석에서 응답하자, 대표단은 이 순간을 영원히 잊지 않게 그려달라고 요구했다. 다비드는 결코 잊지 않겠다고 다짐했다.*

마라가 살던 구에서는 그의 시신을 방부처리를 한 뒤 코르들리에 교회에 놓고 문상객을 맞았다. 자코뱅협회는 14일 하루를 '인민의 친구'를 추도하는 날로 보냈다. 들라크루아는 시내에 헛소문이 나돌고 있으니 되도록 빨리 진상을 파악해서 보고해야 한다고 제안했고, 의원들은 1시에 보고하라고 의결했다. 루아르에셰르의 샤보가 안보위원회의 이름으로 준비한 보고서를 읽었다.

감시위원회와 구국위원회는 며칠 전부터 7월 14일의 잔치를 겨냥한 중대 음모가 있다고 경고했습니다. 그들은 3주 전부터 정보를 입수했습니다. 그 음모의 일부가 어제저녁에 실행되었습니다. 파리 인민이 자유를 쟁취한 날 반혁명을 획책하려는 의도임이 분명합니다. 그를 위해 몽타뉴파를 모두 죽여야 했습니다. 그리고 마라의 살해로 그 음모를 실행했습니다. 캉Caen의 음모자들은 아직 여기 앉아 있는 (우파를 지목하며) 여러

---

* 다비드는 약속을 지켰고, 마라를 자유의 희생자로 표현하는 〈마라의 죽음〉을 남겼다.

분의 동료 의원들과 서신을 주고받았습니다. 우리의 동료를 살해한 샤를 로트 코르데가 파리에 도착한 바로 그날, (부슈뒤론의) 로즈 드페레Claude Romain Lauze de Perret는 캉에서 온 비상연락을 받았는데, 바로 이 여성이 연락책이었습니다. 드페레는 곧 이 소식을 저기 앉은 동료들, 특히 클로 드 포세에게 전했습니다.

13일 저녁 7시에 피부병 때문에 욕조에서 약물치료를 하고 있던 마라에 게 중요한 음모를 털어놓겠다고 접근한 코르데Marie-Anne-Charlotte Corday는 살해현장에서 순순히 붙잡혔다. 가난한 귀족 집안의 코르데는 칼바도스로 피신한 지롱드파 의원들의 영향을 받고 거사를 결심했다. 윔펜Georges Félix de Wimpffen 장군은 지롱드파와 샤를로트의 관계에 대한 글을 남겼다.

마라의 살해는 칼바도스에 피신한 지롱드파 다섯 명의 작품이다. 그러 나 애당초 마라가 아니라 당통이 표적이었다. 그들은 이를 '몽타뉴파 분 열' 작전이라고 불렀다. 코르데 양이 지니고 간 편지에는 중대 사건이 일 어난 순간 로베스피에르가 저지른 일이라는 소문을 파리 구석구석에 퍼 뜨려야 한다는 지침이 들어 있었다. 그러나 코르데 양은 편지에서 당통 이 왕세자를 왕위에 앉히려 한다고 비난하는 내용을 읽었다. 코르데 양 은 광적인 왕당파였기 때문에 자기 희망을 실현시켜줄 사람에게 해를 끼 치지 않기로 결심했다.

국민공회 의원들은 바르바루가 코르데에게 준 소개장을 근거로 로즈 드 페레를 칼바도스와 부슈뒤론 도에서 공화국의 자유를 침해하고 분열을 획책한 음모에 가담한 혐의로 기소하기로 의견을 모은 뒤 안보위원회에 넘겨 신문하게 하는 동시에 혁명법원이 마라의 살해자와 공모자를 재판하라고 명령했다. "법과 평화의 친구인 프랑스인들에게"라는 유서를 쓰고, "죄 없이 죽은 수많은 사람의 복수"를 한 코르데를 아베 감옥에 넣고* 안보위원회 위원 네 명과 파리의 치안위원회 위원 네 명이 함께 신문했다.

7월 15일에 다비드가 의원 모두 마라의 장례식에 참석하자고 제안했다. 16일에 코르데를 혁명법원에서 재판하고 이튿날 오전에 붉은 옷을 입혀 단두대에 세웠다.** 몽타뉴파의 마지막 제물이 되기를 바랐던 코르데가 혼자서 살인할 리 없다고 판단한 재판부는 처형한 뒤에 남성과의 관계를 찾기 위해 처녀성까지 검사했다. 파리에서 코르데를 처형하던 17일에는 남쪽의 리옹에서 샬리에를 처형했다. 마라는 12일에 몸이 아파서 국민공회에 나가지 못하는 대신 동료 의원에게 편지를 써서 리옹에서 샬리에를 국민공회로 소환해야 목숨을 구해줄 수 있다고 썼지만 그가 먼저 가고 나흘 뒤에 샬리에가 그 뒤를 따랐다.

파리 코뮌과 국민공회에는 마라의 흉상을 놓기로 했다. 코뮌평의회는 그가 살던 코르들리에 길을 마라 길, 옵세르방스 길을 아미 뒤 푀플(인민의 친구) 광장으로 바꿔 부르기로 했다. 그의 집에 붙였던 봉인을 뜯고 들어가 보니 재산이라고는 25수짜리 아시냐 지폐가 전부였다. 그의 집 문에는 다음과 같은 판을 붙였다.

---

* 브리소가 갇혔던 방에서 코르데는 캉에 있는 바르바루에게 편지를 썼다. 그는 '죽음의 응접실'이라는 콩시에르주리 감옥으로 옮긴 뒤에 편지의 뒷부분을 마무리했다.
** 형법전에는 살인·방화·독살의 사형수에게 붉은 옷을 입힌다고 규정했다.

인민이여, 마라가 숨졌다. 조국의 연인, / 그대의 친구, 그대의 옹호자,
고통받는 사람의 희망 / 퇴색한 무리의 일격에 쓰러졌다. /
울어라, 그러나 복수를 잊지 말지니.

7월 16일 화요일에 마라의 장례식을 거행했다. 저녁 6시에 그의 시신을
코르들리에 교회 안에서 앞마당으로 옮겼다. 모든 구의 시민, 국민공회 의원,
파리 시와 도의 관리들, 선거인과 민중협회가 모두 참석했다. 국민공회 의장
튀리오가 추도사에서 곧 그의 복수를 할 시간이 올 것이라고 말했다. 그러나
복수를 하되 너무 성급해서는 안 되며, 결코 적들의 비난을 받아서도 안 된다
고 강조했다. 마라는 죽었지만, 그 때문에 자유가 더욱 굳센 뿌리를 내릴 것
이라고 말했다. 모든 절차가 자정 조금 지나서 끝났다.

연맹주의가 연방주의를 누르다

통일 지향의 연맹주의가 연방주의를 누르기 시작했다. 보르도에서는 자
유La Liberté 구가 가장 먼저 헌법을 받아들였다. 지롱드 도의 3대대는 몽타뉴
파를 지지하는 의사를 표명했다. 마르세유에서 카로토Jean François Carteaux
장군은 반군을 진압하고, 아비뇽·오랑주·쿠르트종에서 몰아냈다. 두Doubs
도는 반혁명적 명령을 철회했고, 마른 코뮌과 가르 도에서도 자신들의 잘못
을 인정했다. 날마다 자코뱅파에게 유리한 명령이 떨어지면서, 혁명에 의문
을 갖던 도시들이 내전을 끝내려고 노력하기 시작했다. 7월 25일 목요일에
손에루아르의 보도Marc-Antoine Baudot가 리옹·보르도·캉·마르세유의 반란
에 가담한 모든 시민이 3일 안으로 떠나지 않으면 망명자로 취급하자고 발의
해서 통과시켰다. 이렇게 몽타뉴파의 국민공회는 반혁명세력에 대해 적극적

인 공세를 취하기 시작했다.

이런 상황에서 리옹만이 완강하게 버텼다. 리옹은 평화의 조건을 마음대로 제시하거나 최소한 명예롭게 항복할 협상의 주도권을 쥔 것처럼 행동했다. 리옹 혁명법원은 자코뱅파를 계속 추적하고 박해했으며, 디스트릭트 법원장 샬리에와 시장 베르트랑 같은 사람들을 포함해서 83명을 7월 15일부터 말일까지 재판했다. 그럼에도 뜻을 같이하던 이웃 도들이 점점 발을 빼고, 샤세와 비로토가 제안한 극단조치에 반대했기 때문에 점점 용기를 잃어갔다. 그래서 7월 21일 론에루아르의 공화인민구국위원회에 쥐라·앵·두의 대표들이 찾아와 헌법을 검토하고 국민공회를 인정하자고 권유하자 전보다 훨씬 태도를 누그러뜨렸다.

7월 30일 화요일에 모든 구가 모인 자리에서 헌법에 대해 승인하는 의견이 압도적이었으며, 따라서 이제 리옹의 문제는 국민공회가 의결한 법과 명령에 복종하지만, 론에루아르 도에 대해 불리한 명령을 제외하는 것만 남았다. 그러나 이 문제만으로도 갈등을 해결하기란 쉽지 않았다. 도와 인민위원회가 결정한 내용을 부르주아 계층이 승인하지 않았기 때문이다.

칼바도스에는 5월 31일 사태를 피해 도피한 지롱드파 지도자가 스물아홉 명이나 도착했다. 그들 중에서 알 만한 사람을 꼽으면 페티옹·뷔조·고르사스·루베·바르바루·가데·살·베르고잉·뒤샤텔 같은 국민공회 의원과 옛 국민방위군 장교 발라디 후작이 있었다. 이들 가운데 페티옹과 뷔조가 큰 영향력을 행사했다. 마침내 칼바도스 사태는 7월 29일에 끝났다. 그곳 행정관들은 8일 동안 심사숙고하고 나서 파견의원인 퓌드돔의 롬Charles-Gilbert Romme과 코트도르의 프리외르Claude-Antoine Prieur-Duvernois를 50일 동안 억류한 끝에 밤에 몰래 떠나주기를 원했다.

그러나 두 사람은 그 제안을 거절하고 당당히 풀려났다. 헌법을 받아들인 칼바도스 시정부는 7월 30일에 국민공회에 편지를 써서 자신들의 잘못을 인정하고 파견의원을 풀어주었다고 보고했다. 셰르부르 해안의 군대에 파견된 의원인 캉탈의 카리에는 뷔조와 동조자들이 도망친 캉에 8월 2일 금요일에 입성해서 롬과 프리외르를 만났다. 쿠탕스 사단의 퐁시Fonci 장군은 반란군에 가담했다가 머리에 총을 쏴서 자결했다. 페티옹의 아내와 아들은 바닷가 마을인 옹플뢰르에서 잡혔다. 캉은 헌법을 만장일치로 받아들이기로 결정하고 8월 3일에 그 사실을 공표한 뒤 축포를 쐈다.

한편 방데의 왕당파를 진압하는 일은 여전히 쉽지 않았다. 서부의 연방주의는 여러 도에서 헌법을 받아들이면서 수그러들었지만, 방데의 왕당파 세력은 여전히 걱정거리였다. 비롱* 장군의 군대가 소뮈르를 탈환했지만 얼마 후 심리전을 병행한 왕당파에게 완패했다. 7월 24일에 국민공회는 비롱 장군의 후임으로 로시뇰Jean-Antoine Rossignol을 정식 임명했다. 이때 파리가 공격당한다는 헛소문이 퍼졌고, 겁먹은 병사들이 배낭과 무기는 물론 옷도 버리고 도주했으며, 대포의 절반이나 왕당파의 손에 넘겨주었다. 7월 26일 금요일에 바레르는 방데의 상황을 보고했다. 그는 왕을 원하는 사람들이 군대의 질서를 무너뜨리고 있음에도, 공화국과 규율을 원하는 사람들이 규율을 제대로 유지하지 못하기 때문에 문제라고 지적했다. 그는 공화국의 군대가 마치 페르시아 왕의 군대와 같다고 개탄했다. 적들은 배낭에 검은 빵 한 조각

---

* 비롱Armand-Louis de Gontaut Biron(1747~1793)은 비롱 백작·공토 후작·로칭 공작의 세 가지 칭호를 가진 만큼 왕과 동류급의 거물 귀족이었다. 혁명기에 대외전쟁에 참여했으며 1793년 5월 부터 라로셸 해안방위군을 맡아 방데의 난을 진압하기 시작했다.

만 넣고 빠르게 움직이는데, 공화국 군대는 짐을 바리바리 싣고 움직이니 적을 어떻게 이기겠느냐는 말이었다. 그는 패전의 책임이 모두 장군들에게 있다고 말했다. 그는 구국위원회가 마련한 법안을 상정해서 통과시켰다.

그렇게 해서 라로셸 해안방위군에 24개 공병부대를 편성해서 반도들을 진압하기 위한 비상작전을 수행하고, 저격병·추격병 부대도 창설하기로 했다. 또한 공화국의 모든 군부대에는 최고행정회의에서 파견한 위원을 두 명씩만 두고 나머지는 당장 복귀시키기로 했다. 6만 명 정도가 그들을 진압하면서도 지지부진했던 이유는 무엇보다도 지휘계통이 일사불란하지 못했기 때문이다. 진압군은 대부분 계획의 일관성과 통일성도 없이 적을 상대했다. 더욱이 웨스테르만이 지휘하던 독일계 군단처럼 오직 지휘관에게만 복종하는 비정규군도 있었다.* 그는 마라의 비난을 받았지만 수많은 의원의 지지가 있었기 때문에 반역의 혐의로 안보위원회에서 조사를 받을 때도 우호적인 증언 덕분에 혁명법원에 서지 않았다. 오트가론의 쥘리엥(일명 Julien de Toulouse), 파리의 파브르 데글랑틴, 루아르에셰르의 샤보, 당통, 멘에루아르의 들로네(일명 Delaunay d'Angers)는 웨스테르만과 잘 어울리면서, 국민공회에서 투기를 반대하면서도 뒤로는 투기를 일삼는다는 비난을 받고 있었다.

몽타뉴파의 국민공회가 굴러가고 있던 7월에 파리의 민심은 더욱 흉흉해졌다. 항간에는 오텔디외 병원에서 흑사병이 발생했다는 소문까지 돌았다. 1720년에 마르세유를 휩쓴 이래 다시 발생한 적이 없는 흑사병이 갑자기 서민들을 두렵게 만들었다. 국민공회에서도 대책을 마련하느라 고심했다. 7월

---

* 앞에서 그가 7월 5일에 샤티용을 점령했다가 8일에 완패했음을 보았다.

16일 화요일에 외르의 리슈는 흑사병에 대한 소문이 근거 없다고 발표하면서, 환자들이 병원의 정원에서 더위를 피할 수 있게 해주면 좋겠다고 제안했다. 의원들은 그렇게 의결했지만 시민들의 걱정을 한 번에 해소하지는 못했다. 며칠 뒤에 푸주한 가족이 갑자기 죽었기 때문에, 파리 코뮌은 이 사건을 조사해서 전염병에 대한 두려움의 근원을 밝히려고 노력했다. 냉장고가 없던 시절이라 팔지 못한 채 썩어가는 고기를 먹고 식중독에 걸리지 않았을까?

전염병과 함께 굶주림의 두려움이 서민을 더욱 짓눌렀다. 빵을 구하는 데 너무 시간이 많이 걸리고, 기본적인 식품도 값이 너무 올랐다. 서민은 달걀 25개에 25수, 고기 500그램에 15수만 받으면 좋겠다고 생각했다. 말린 강낭콩 1리터에 25수, 아티초크 12수는 너무 비싸서 서민에게는 큰 부담이었다. 세탁부들은 비누 값이 너무 올라서 불평이었지만 500그램에 40수에서 50수면 견딜 만하다고 생각했다.* 상인들은 약탈당할까봐 비누를 안전한 곳에 숨겨두었다. 투기꾼에 대한 불만이 하도 많아서, 7월 20일 토요일에 의원들은 재정위원회와 안보위원회에서 세 명씩 모두 여섯 명의 '6인위원회commission des six'를 구성해 투기를 감시하게 했다. 가난한 사람들이 빵을 구하려고 빵가게로 몰려갔다. 파리 코뮌은 소총수 두 명을 배치해서 빵가게를 보호했지만 사건은 끊이지 않았다.

7월 21일 일요일에 그라빌리에 길에서 어떤 시민은 3킬로그램짜리 빵 한 덩어리를 간신히 구했지만 살해당했다. 프루아 망토 길**에서는 한 팔을

---

* 제1부 2장 "파리의 상황" 참조. 1월에 14∼16수에 팔던 빨랫비누 값이 2월 하순에 32수까지 치솟았다.
** 뮈제 길rue du Musée이 되었다가 1850년에 사라졌다.

잘리는 사고도 일어났다. 임산부가 다치고 아기를 사산하는 일도 있었다. 이모든 일이 밀가루가 귀했기 때문에 발생했을까? 시테 섬의 아르슈 마리옹길*에서는 마차에 빵을 싣고 와서 강물에 버리는 모습을 볼 수 있었다. 센 강하류의 생클루에서는 생선그물에 고기와 기름덩어리도 걸렸다고 하니 품귀현상은 음모의 산물이었다. 무더위 때문에 푸줏간에서 팔다 남은 고기가 썩었지만, 가난한 사람에게 싸게 주고 싶은 마음이 없었기 때문에 차라리 강물에 버리기도 했을 것이다.

봉콩세이 구의 대표들이 7월 29일 파리 코뮌평의회에서 식량부족의 원인에 대해 말했다. 그들은 파리가 중심부에서 반경 80킬로미터 이내의 지역에 생필품을 공급하기 때문에 채소 재배자, 우유와 채소 상인이 날마다 많은 빵을 소비한다고 불평했다. 옴아르메Homme-armé(군인) 구의 대표들은 평의회가 파리 밖으로 생필품을 내보내지 못하게 막는 조치를 취해달라고 요구했다. 국민공회에서는 8월 1일 목요일에 울타리를 닫으라고 명령했다. 모든 생필품의 품귀현상은 아시냐의 가치가 형편없이 떨어졌기 때문에 나타났다. 투기와 매점매석이 횡행했다. 국민공회·파리 코뮌·정치클럽에서 '악당malveillants'이라 부르기 시작한 국내의 반혁명분자들, 그중에서 투기꾼들이온갖 나쁜 소식을 이용해서 혁명의 성과를 부인하게 만들려고 노력했다. 그들은 정화正貨를 빼돌리고, 혁명의 산물인 지폐의 가치를 하락시켰다.

정부의 신용을 떨어뜨릴수록 이익을 얻는 세력은 언제나 존재한다. 혁명기에도 그들은 증권거래소와 시장을 오가면서 사재기를 한 뒤 막대한 시세

차익을 보고 되팔았다. 늘 '개미들'만 피해자가 되게 마련이었다. 국민공회 의원들 중에도, 몽타뉴파 의원들 중에도 시세차익을 얻은 사람이 많았다. 정보를 생산하고, 법을 만들었다가 새 법으로 이전 법을 무효화시키면서 주머니를 채우는 사람, 남을 '악당'으로 부를 자격이나 있는지 모르겠지만, 그들은 천연덕스럽게 정적을 그렇게 불렀다. 투기꾼·매점매석가와 빈자의 대립 구도가 군사적 실패와 함께 가난한 사람들의 삶을 더욱 어렵게 만들었다. 의원들은 7월 26일에 "투기는 살인에 해당하는 중대범죄이므로 사형에 처하고, 신고자에게는 총액의 3분의 1에 해당하는 상금을 준다"는 내용의 12개조 독점금지법을 채택하고 이튿날인 토요일에 자구를 수정해서 반포했다. 이 법이 나오면서 투기꾼들이 겁을 먹었고, 파리의 민심을 수습할 수 있었다.

그러나 이미 돈의 가치가 땅바닥까지 떨어졌으니 재정문제가 국민공회와 정부를 짓눌렀다. 파브르 데글랑틴이 8월 3일 토요일에 보고한 내용을 보면 아시냐의 가치가 얼마나 하락했는지 알 수 있다. 5월 31일에 정화 20수가 아시냐 50수와 같았다. 따라서 금화 1루이는 아시냐 60리브르와 같았다. 거의 한 달 전부터 정화 20수가 아시냐 120수와 같아져서 금화 1루이를 사려면 아시냐 144리브르가 필요하게 되었다. 6월 초의 아시냐 가치는 명목가치의 40퍼센트였다가 7월에 17퍼센트 이하로 뚝 떨어졌다. 투기꾼·매점매석가가 '루이'(24리브르)와 '에퀴'(6리브르) 같은 정화와 상품을 휩쓸고, 정부는 신용을 잃었다. 가난한 사람들의 분노가 누구를 향하게 될지 뻔하고, 공포정의 가혹한 조치가 정당한 근거를 찾는 분위기가 무르익고 있었다.

적과 대치하는 병사들에게도 식량을 원활하게 공급하지 못했기 때문에 쇠약하고 병든 병사가 늘었다. 7월부터 병사들은 하루에 빵 11온스(약 300그램), 말고기 2온스, 쌀 1온스, 비계 3분의 2온스를 배급받았다. 사기가 떨어진 병사들이 싸울 마음을 일으키기란 어렵다. 외국에서 적군에게 고전하고 점령지를 빼앗길 만했다. 격전지에서는 병사뿐 아니라 민간인의 고통도 컸다. 독일의 카셀Kassel에서는 고양이 한 마리에 120수, 말고기 500그램에 40수였다. 심지어 생쥐와 가죽까지 먹었다. 파견의원 마른의 튀리오는 마인츠와 카셀을 프로이센 왕에게 넘겨주기 직전 프랑스 병사들이 퀭한 모습에 유령 같았다고 보고했다.

8월 1일 목요일에 국민공회는 7월 23일에 마인츠에서 항복한 부대를 방데 지방에 투입하고 반란에 가담한 지방을 초토화하도록 명령했다. 또한 오트피레네의 바레르는 구국위원회의 이름으로 공화국이 처한 현실을 다음과 같이 보고했다. 1792년 8월 10일에 왕정을 폐지하고 공화국을 세울 혁명을 일으킨 지 열 달 뒤인 1793년 6월 23일에 공화국 헌법을 제정했으며 전국의 도·디스트릭트·코뮌이 속속 헌법을 승인하고 있다. 열흘 뒤인 8월 10일에 대대적인 행사를 할 예정이다. 그날 모든 프랑스인이 한마음으로 공화국의 탄생을 기릴 것이다. 그날 방방곡곡에 기쁨의 함성이 메아리칠 것이다.

> 자유와 평등, 이것이 우리의 권리다. 공화국은 하나이며 나눌 수 없다, 이것이 우리의 좌우명이다. 하나의 헌법과 법률, 이것이 우리의 행복이다. 방데를 분쇄하고, 역적을 벌하며, 왕정주의를 타파하자, 이것이 우리의 숙제다. 공동의 적들에 대항해서 우리의 힘을 즉시 진솔하게 뭉치자. 이것이 우리의 신성한 의무이며, 성공의 유일한 보증이다.

의원들은 국내외의 질서를 유지할 방안을 토론한 끝에 일곱 개 명령을 잇따라 통과시켰다. 4개조의 첫째 명령에서 파리와 북부군 사이에 군사기지를 두고, 북부군·아르덴군·모젤군·랭군에 의원들을 파견하기로 했다. 11개조의 둘째 명령에서 마리 앙투아네트를 당장 콩시에르주리 감옥으로 옮기고, 부르봉 가문에서 두 자녀와 법의 심판을 기다리는 자를 제외하고 모두 국외로 추방하며, 생드니 성당에 있는 왕의 무덤들을 8월 10일에 파괴하기로 했다. 15개조의 셋째 명령은 공병부대를 조직하고, 군 조직을 정비하며, 반군의 재산을 처리하는 내용이었다. 둘째 명령에서 보듯이 이제 마리 앙투아네트는 '죽음의 대기실'에서 바람 앞의 등불 신세가 되었다.

5
공포정

　　　　　　7월 22일 월요일에 국민공회는 퀴스틴 Adam-Philippe de Custine 장군을 체포해서 패전의 책임을 묻기로 의결했다. 이튿날 밤 10시에 구국위원회는 파리 시장에게 에갈리테 궁(옛 팔레 루아얄)을 아침 일찍부터 봉쇄하고 곧장 수색하라고 명령했는데, 퀴스틴 장군이 거기서 환영을 받았다는 정보가 불시검색을 결정한 계기였다. 또한 수많은 망명객, 악당, 다수의 외국 병사가 밤에 은밀하게 모여서 음모를 꾸민다는 정보도 있었다. 파리의 구민들이 대포를 동원해서 궁을 에워싸고 수상한 자를 300여 명이나 잡았다. 혁명법원에서 퀴스틴을 재판하는 동안 민중이 방청석에서 그를 응원했다.

　퀴스틴은 1792년부터 독일 지방에서 혁혁한 전과를 올려 프랑스인의 자존심을 키워주었다. 그는 뒤무리에의 반역에 가담한 혐의로 한 번 소환되었다가 놓여났다. 그럼에도 7월 27일에 구국·전쟁·안보의 합동위원회에서 조사를 받기 시작했다. 지난해 퀴스틴의 충성심을 인정했던 로베스피에르가 마침 그날 구국위원회의 위원이 되었다.* 퀴스틴은 마인츠와 카셀에서 패배한 책임을 무겁게 졌다. 그는 8월 27일 밤 8시에 사형을 언도받고 이튿날 아침 10시 반에 단두대에 올랐다. 이처럼 전쟁에 실패한 장군, 국내 반란에 가담한 자, 거동이 수상한 자들을 탄압하는 분위기가 1793년 여름을 뜨겁게 달구고 있었다. 헌법을 선포하면 입법의회를 구성해야 하겠지만, 국론을 먼저 통일하고 국가의 위기를 극복하는 일이 먼저였다. 당분간 공포정이 국민공회의 의제가 될 수밖에 없었다.

8월 10일 기념식과 공화력 1년 헌법 선포

8월 4일 일요일 9시, 당통이 개회를 선언하고 비서가 전국 각지에서 지난 5월 31일의 지롱드파 숙청과 헌법에 찬성하는 편지를 수집한 결과를 보고했다. 이렇게 해서 프랑스공화국 시민들은 헌법을 승인했다. 그날 의원들은 지난 1일부터 닫았던 파리의 울타리를 낮 동안에 열어서 통행할 수 있게 조치했다. 6일에 바레르는 기초의회의 대표들이 구국위원회에서 전한 말을 의원들에게 보고했다. 그들은 베르됭에서 파리까지 모든 여인숙에서 파리의 생마르소 문밖 주민들이 헌법을 인정하지 않기 때문에 8월 10일에 그들을 학살할지 모른다는 말을 들었다. 아직도 국론을 통일하려면 멀었다.

7일에도 파리의 치안문제가 국민공회의 쟁점이었다. 바레르는 빵을 구하기 힘들고, 빵집 문 앞에 사람들이 몰려들어 소란을 피우는데, 더욱 걱정

---

* 7월 24일에 부슈뒤론의 가스파랭은 건강문제로 사임했고, 27일에 국민공회는 그의 후임으로 로베스피에르를 정식 임명했다. 그러나 로베스피에르는 26일 회의부터 참석했다.

스러운 일은 여성뿐 아니라 여장 남성이 질서를 무너뜨리며, 심지어 밤에 어떤 거리를 지날 때는 암구호를 알아야 한다고 보고했다. 의원들은 여장 남자와 가짜 순찰대에 대한 조치로 "가짜 순찰대 행세를 하다 붙잡히는 자, 여장 남자에게 사형"을 내리기로 했다. 남쪽 리옹에서 켈레르만François Christophe Kellermann 장군이 반군을 공격하기 시작한 8일에 마라의 과부가 국민공회에 나가 남편이 죽었음에도 중상모략이 끊이질 않는다고 호소하면서 지롱드의 뒤코를 지목했다. 뒤코는 의원들에게 자신의 결백을 주장했지만, 마라와 과부의 저주가 통해서 먼저 체포된 동료 의원들과 함께 재판을 받고 두 달 뒤에 처형된다.

한편 8월 10일의 연맹제에 참가자들이 속속 파리에 도착했다. 그들을 처음 맞이하는 사람들은 행실이 나쁜 여성이나 야바위꾼이었다. 그들이 돈을 털리는 경우가 많았기 때문에 파리 치안당국은 각별히 주의하고 숙소까지 안전하게 인도하려고 애썼다. 더욱이 식량을 공급하는 일도 쉽지 않았다. 시정부가 빵집을 아침 6시 이후에 열라고 명령했지만, 꼭두새벽부터 빵을 파리 문밖으로 빼돌리는 일이 벌어졌다. 빵집 앞에 사람들이 모여 밤새 춤추고 노래하면서 문이 열리기를 기다렸기 때문에, 새로운 임기를 시작한 파리 코뮌평의회는 새벽 4시 이전에는 집회를 하지 못하게 명령해서 질서를 잡았다.

8월 10일 토요일 4시부터 바스티유 광장에는 사람들이 몰려들었다.* 국민공회 의장 에로 드 세셸과 의원들, 87명의 전국 도 대표, 8,000명의 전국

---

* 광장이라고 해도 아직까지 바스티유 건물의 잔해가 여기저기 남아 있었다. 행사 참가자는 "첫 햇살이 비출 때" 모이기로 했다. 1793년 『국립연감Almanach national』을 보면 그날 해 뜨는 시간은 4시 42분이었다.

기초의회 대표들, 파리의 모든 기관과 민중협회 관계자들이 모였다. 그날의 행사는 화가인 다비드가 조직했다. 대포소리를 시작으로 부드러운 반주에 맞춰 노래가 울려 퍼지면서 대회장인 에로 드 세셸이 자연상自然像 앞에서 연설했다.

> 야생과 개화한 민족들의 지배자, 오 자연이여! 그대 앞에 첫 햇살이 퍼질 때 자유로운 대민족이 모였습니다! 그대의 품에서, 그대의 신성한 샘에서 그들은 권리를 되찾고 새로 태어났습니다.

에로는 고풍의 물잔에 물을 따라 자연상의 가슴에 붓고 주위에 뿌린 뒤 한 모금 마셨다. 그는 잔을 참석자들에게 돌렸다. 이 행사가 끝난 뒤, 민중협회부터 행진을 시작했다. 식은 모두 다섯 단계를 거쳤다. 첫 단계는 1789년 7월 14일의 바스티유 터에서 시작했고, 행진은 네 번 멈췄다. 개선문을 세운 곳에서 처음 멈췄다. 1789년 10월의 여성들이 거둔 승리를 상징했다. 자유상을 세운 혁명광장이 두 번째 멈춘 곳이었다. "모든 것이 자연에서 태어날 때 선했지만 인간의 손에서 타락했다"는 루소의 주제를 떠올렸다. 개선문에서 타락한 제도를 몰아낸 행렬이 이제 자유를 되찾은 광장에 도착했다. 에로 드 세셸은 "여기서 법의 도끼로 폭군의 목을 쳤다"고 말했다. 그는 구체제의 상징을 쌓아놓은 설치물에 햇불을 붙였다. 그다음에 행렬이 멈춘 곳은 군원호원(앵발리드) 앞이었다. 그곳에는 바위산 꼭대기에 프랑스 인민을 상징하는 거인상을 세웠다. 인민은 왕들의 폭정을 물리친 뒤에 새로운 괴물인 연방주의와 맞서야 했다. 마지막 단계는 '통합의 장champ de la Réunion'(샹드마르스)이었다. 입구의 두 기둥 사이에 걸친 삼색 리본 밑을 통과한 국민공회 의원들, 87개 도 대표들, 국내 모든 기초의회 대표들이 조국의 제단으로 올라가는 층계에 섰다. 대회장인 에로 드 세셸이 도 대표 중 가장 연장자와 나란히 가장 높은 곳에 서서 엄숙히 선언했다.

여러분의 명령을 받은 대리인들은 87개 도에 헌법에 대한 여러분의 이성과 양심의 소리를 물었습니다. 87개 도가 헌법을 승인했습니다. 이처럼 위대한 인민의 공화국을 한마음으로 받아들인 적은 한 번도 없었습니다. 1년 전에는 우리의 강토를 적군이 차지했습니다. 우리는 공화국을 선포하고 승리했습니다. 우리가 프랑스의 헌법을 선포하고 있는 이때, 유럽은 사방에서 공격하고 있습니다. 목숨 바쳐 헌법을 지키자고 맹세합시다. 공화국 만세!

모두가 기뻐하면서도 빚진 마음이었다. 국민공회 의원들을 필두로 모두가 샹드마르스 한쪽 끝에 조국을 지키다 숨진 영령을 모신 추모전을 참배했다. 프랑스공화국이 정식으로 출범한 날의 공식행사는 끝나고 여흥시간이 시작되었다. 풀밭 위나 천막 아래서 각자 싸온 음식을 함께 먹었다. 밤 10시에 대포소리와 함께 '릴Lille의 포격'을 주제로 무언극을 공연했다. 그것은 국민공회의 임무가 끝났음을 의미했다. 이제 공화국 헌법을 기초로 입법의회를 구성할 차례다. 그러나 우리가 아는 역사는 아직 그렇지 않다. 프뤼돔은 『파리의 혁명』 212호(1793년 8월 3일~10월 28일)에서 진정한 혁명은 1793년 8월 10일부터 시작되었다고 썼다. 그전까지만 하더라도 잊지 못할 사건이 일어난 뒤 그것을 뛰어넘는 일이 일어나지 못했지만, 이제부터는 계속해서 놀라운 일이 잇따라 일어났기 때문이다.

총동원령

8월 11일에 외르에루아르의 들라크루아는 연단에서 "우리는 폭군을 심판하고 공화국 헌법을 만드는 임무를 띠고 국민공회에 모였는데 어제로 두 가지 임무를 모두 끝냈다"고 말했다. 그는 인구를 정확히 파악해서 기초의회를 소집하고 후속절차를 마련함으로써 연방주의자들이 국민공회의 장기집권을 비난하지 못하게 하자고 제안했다. 기초의회의 대표들이 공화국의 단결과 나눌 수 없는 성격을 상징하는 회초리 다발을 들고 들어섰다. 의원들이 자리에 서서 경의를 표했다. 대표단의 연설자는 "이 회초리 다발이 의원들의 상징"이며 "덕의 위안이자 범죄의 절망인 동시에 자유의 확실한 보증"이라고 말했고, 의장은 의원들 모두 항상 그 말을 잊지 않겠다고 대답했다.

그날 저녁에 로베스피에르는 자코뱅협회에서 "자유의 친구들에게 남은 모든 수단을 동원해서 조국을 구해야 할 때가 왔다"고 말한 뒤 다음과 같은 요지의 주장을 폈다. 전쟁에 패배하는 두려운 진실을 마주해야 한다. 애국자들이 너무 나약하고 속기만 한다면 배신과 악행을 일삼는 적에게 반드시 지고 만다. 적이 용감하고 특별한 재주가 있다고 볼 수 없다. 그러나 그들은 국내의 배반자들의 도움을 받는 덕에 승리한다. 말을 마친 뒤 그는 장군들의 반역, 신문기자들의 공모를 고발했다. 그는 본의 아니게 구국위원회 위원이 된 뒤에 못 볼꼴을 많이 봤으며, "인민이 자기 힘으로 자신을 구해야 한다"고 강조했다. 그는 들라크루아가 제안한 대로 국민공회가 입법의회에 자리를 물려줘서는 아무 일도 안 된다고 강조했다.

8월 12일에 바레르는 국경지대의 급박한 상황을 보고했다. 엔 도의 생캉탱에서는 적군이 곡식과 가축을 빼앗아갔다. 그곳 행정관들은 귀족주의자들을 체포하고 무기를 빼앗은 뒤, 파리 근처에 그들을 수용할 장소를 마련해달라고 구국위원회에 요청했다. 바레르의 보고가 끝난 뒤, 연맹자들이 들어와 의심스러운 장군들을 체포하라고 요구해서 드롬의 파욜Jean-Raymond Fayolle· 당통·로베스피에르의 열렬한 지지를 받았다. 바레르는 이를 기초로 14일에 기초의회 파견자 8,000명이 돌아가면 무기·탄약·말·병력자원을 파악하는 법안을 보고했다. 연맹군이 인민에게 호소해서 공공정신을 후끈 달구려는 목적이었다.

16일 금요일에 파리 48개 구 위원들, 연맹자들, 전국 기초의회 대표들이 한자리에 모여 국민공회에 청원거리를 정리했다. 그들은 "구국위원회가 모든 폭군과 그들의 노예들에게 프랑스 국민의 벼락을 내릴 수 있는 방법"을 찾도록 해달라고 청원했다. 바레르가 의원들의 명령으로 구국위원회가 준비한 보고서를 읽었다. 구국위원회는 17일에 군사적 방법을 발표하고, 새로운 위원회를 조직해서 기존의 위원회와 함께 프랑스의 행동을 조절할 것이다. 군사적 조치를 하룻밤에 마련하기란 어려웠기 때문에 일주일을 더 기다려 마침내 8월 23일에 총동원령을 보고해서 통과시켰다. 모두 18개조 가운데 몇 개조만 알아보자.

> 1조. 공화국 영토에서 적을 완전히 쫓아낼 때까지 모든 프랑스인은 항시 군대의 징집 대상이다(젊은이는 전방으로, 중년층은 무기제조, 여성과 아이는 붕대제조, 늙은이는 공공장소에서 전투의식 고취).
> 2조. 국가 소유 건물을 병영으로, 공공장소는 무기제조창으로, 지하실의 흙은 초석 제조용으로 쓴다.
> 3조. 총포류는 오직 적진으로 가는 병사들에게만 지급한다. 국내 복무자는 오직 사냥용 소총과 도검류만 사용한다.

4조. 승마용 말은 기병대를 위해 징발한다. 농사일에 쓰지 않는 짐수레용 말은 대포와 군수품을 운반한다.

5조. 구국위원회는 모든 종류의 무기를 제조할 수단을 즉시 마련한다. 이를 위해 모든 공장·공방과 기술자와 노동자를 동원하며, 전쟁장관은 필요경비로 3,000만 리브르를 지출할 수 있다. 이 금액에 해당하는 아시냐 지폐 4억 9,820만 리브르를 열쇠 세 개로 열 수 있는 금고에 보관하며, 무기제조창의 본부를 파리에 건설한다.

6조. 이 법을 집행하기 위해 각 지역에 나가는 국민공회의 의원들은 그 지역의 구국위원회와 협력한다. 그들은 군부대의 파견의원들처럼 무제한의 권한을 행사한다.

7조. 어떤 사람도 자기가 해야 할 일을 남에게 넘길 수 없다. 공무원들은 정위치를 지켜야 한다.

8조. 국민을 총동원한다. 미혼이나 자식 없는 홀아비로서 18~25세의 남성부터 동원한다. 그들은 당장 디스트릭트의 중심지에 출두해서 날마다 무기를 들고 훈련하면서 출발명령을 기다린다.

9조. 인민의 대표들은 생필품·탄약을 포함한 모든 군수품을 충분히 보급할 준비과정을 고려해서 무장시민들에게 집결지 소집과 행군의 속도를 조절한다.

10조. 이 법을 집행하기 위해 파견한 의원들은 구국위원회·최고행정회의·장군들의 의견을 고려해서 현실에 맞는 집결지를 결정한다.

총동원령은 18~25세의 젊은이를 디스트릭트에 출두시키고 그때부터 그들의 주거와 음식과 훈련을 국가가 책임지는 법이며, 더 나아가 남녀 모두 도덕적이고 물질적으로 전쟁에 동원하는 법이었다. 평등주의 원칙을 적용했지만 특히 농촌에서 심하게 반발했다.

국난을 극복하기 위한 노력에는 국채를 갚아나가는 일도 중요했다. 돈을 꾸면서도 잘 갚아야 신용을 잃지 않고 미래를 설계할 수 있기 때문이다. 그래서 국민공회는 5인위원회Commission des Cinq를 구성해서 공화국의 재정현황을 파악할 임무를 주었는데, 8월 15일에 위원회를 대표해서 에로의 캉봉은 평생연금과 무관한 국가 채무를 기록하고 단계적으로 실행할 백서Grand Livre de la dette pulique non viagère를 만들자고 제안했다. 의원들은 이튿날부터 논의하기 시작해서 24일에 최종적으로 모두 47개 항목의 229개조의 법을 통과시켰다. 국가가 평생연금을 제외하고 갚아야 할 빚은 채권자의 이름 순서대로 한 권 이상의 백서에 낱낱이 기록하기로 했다. 구체적으로 각 채권자의 번호와 이름 아래 연금과 이자에 관해 50리브르 이상의 모든 현황을 보여주기로 했다. 공화국의 채권자에 대한 유일하고 기본적인 자료인『국가 채무 백서』에는 국민공회나 입법부의 위원 세 명, 국고출납관, 국채 지불 담당관들이 서명해서 국립기록보관소Archives nationales에 보관하기로 했다.

반혁명혐의자법

8월에는 외적을 막을 조치를 어느 정도 마련했고, 다행히 리옹을 제외한 모든 곳에서 연방주의의 힘을 꺾었다. 4일 일요일에 구국위원회는 아리에주의 라카날Joseph Lakanal이 지난달 26일에 보고한 신호기télégraphe의 설치방안을 논의하고 장기적으로 릴에서 파리까지 기계를 설치하기로 했다.* 국민정신을 통일하고 애국심을 기르기 위해서 극장을 이용하는 일도 중요했다. 8월 2일, 쿠통이 구국위원회의 이름으로 8월 4일부터 9월 1일까지 파리의 모든 극장에서 일주일에 세 번씩 브루투스·윌리엄 텔·가이우스 그라쿠스 같은 연극을 공연하며, 매주 한 번의 공연비용을 국가가 부담한다는 법안을 상정해서 통과시켰다. 국립극장Théâtre Français의 배우들은 이 조치를 달가워하지 않았다.

8월 초부터 그들은 문인이며 정치가인 프랑수아 드 뇌프샤토François de Neufchâteau가 영국의 사뮤엘 리처드슨이 쓴 소설 『파멜라』를 각색한 연극을 공연했다. 9월 3일에 바레르는 구국위원회가 검열을 통해 공연을 금지했고, 극작가가 수정했지만, 여전히 "승자만이 합법적이다"라는 구절을 삭제하지 않았기 때문에, 덕을 고양하기보다 귀족주의를 찬미하고, 영국 정부를 찬양하는 이 연극의 공연을 금지해야 한다고 발의해서 통과시켰다.** 그날 생필품 서른아홉 가지에 대한 최고가격을 1790년 수준으로 전국에 두루 적용하는 법안(29일에 통과)에 대해서도 논의했다.

9월 4일에는 꼭두새벽에 노동자들이 모여 파리 코뮌의 집 앞 광장으로 몰려가 식량을 내놓으라고 요구했다. 그들은 파리 코뮌에 청원서를 제출하고 일제히 빵을 달라고 외쳤다. 파리 코뮌의 검찰관 쇼메트는 급히 국민공회에 달려가 마땅한 조치를 내려달라고 말하고, 매일 밤 반공화주의적 젊은이들이 에갈리테 궁의 정원에 모이고 있기 때문에 치안당국이 주목하고 있다

---

* 공교육위원회는 샤프Claude Chappe가 발명한 기구로 7월 12일에 30킬로미터 떨어진 두 곳에서 신호를 성공적으로 주고받았다.

** 이 연극은 라야의 『법률의 친구』와 비슷한 원리를 추구했다. 그래서 푀이양파와 귀족주의자들이 공연장에 몰려가 환호했다. 제8권 제2부 6장 "루이의 재판" 참조. 바레르는 "극장이란 개화한 인간의 초등학교이며 공공교육을 대신한다"고 말했다.

고 보고했다. 그 뒤를 이어 에베르가 파리 민중이 이튿날에 국민공회로 몰려올 것이라고 경고했다.

5일 파리 코뮌은 주민들이 요구한 대로 식량에 대한 청원서를 작성했다. 오후 3시 반에 검찰관 쇼메트는 시민들을 이끌고 국민공회로 가서 청원서를 읽었고, 특히 혁명군을 조직해서 질서를 잡아달라고 요청했다. 국민공회는 혁명군의 조직방안을 구국위원회에서 마련하라고 의결하기 전에 48개 구의 대표들과 자코뱅협회 대표들의 말을 들었다. 연사는 지롱드파 지도자들을 빨리 심판하고, 모든 귀족주의자를 평화 시까지 감옥에 가두어야 한다고 주장했다.

"모든 머리 위로 평등하게 낫을 휘두를 때입니다. 모든 음모자를 겁먹게 만들어야 할 때입니다. 의원님들이여, 공포정을 의제로 설정하십시오. 우리의 적들이 반혁명의 음모를 꾸미고 있으니, 우리는 혁명에 매진합시다. 법의 칼날로 모든 죄인의 목을 벱시다.

우리는 혁명군을 창설해달라고 요구합니다. 혁명군을 여러 부대로 나누고, 각 부대에 법의 복수도구인 법원을 설치합시다. 혁명군과 법원들은 공화국에서 역적을 숙청할 때까지, 음모자들을 하나도 남김없이 죽일 때까지 활동하게 합시다."

파리의 대표들이 본격적으로 공포정을 주문했다. 그날 국민공회는 구국위원회에서 혁명군 창설의 구체적 방안을 마련하라고 의결했다. 노르의 메를랭 드 두애는 입법위원회를 대표해서 앞으로 누구든 아시냐를 사고팔면 사형이라는 법안, 15개조의 혁명법원 조직법안을 보고해서 통과시켰다. 지난 3월 10일에 창설한 혁명법원을 동등한 자격을 가진 4개 부로 나누고, 각 부에 의장 한 명과 부의장 세 명씩 모두 열여섯 명의 판사를 두며, 전체의 배심원 예순 명, 검사보 다섯 명, 서기 여덟 명, 등초본계원 여덟 명을 두는 내용이었다. 또한 바레르가 발의한 대로 그날(5일) 중으로 파리에 병사 6,000명과 포병 1,200명의 혁명군을 창설하고 국고에서 봉급을 지급하기로 의결했다. 이들은 혁명법과 구국의 조치를 집행하고 생필품을 보호할 임무를 수행할 것이다. 잇따라 파리의 비요바렌은 브리소·베르니오·장소네·클라비에르·르브룅과 그의 비서인 보드리Baudry를 즉시 혁명법원에 넘기자고 발의해서 통과시켰다.

한편 바레르는 뮈스카댕(왕당파 젊은이)의 존재에 대해 우려하고, 장봉 생탕드레는 일부 여성이 젊은이들을 스파르타인처럼 씩씩하고 건전하게 만드는 대신 사치와 쾌락에 빠뜨린다고 걱정했다. 의원들은 구국위원회에서 대책을 마련하라고 의결했다. 그리고 쇼메트는 파리 코뮌에서 탕플 감옥에 배정한 미쇼니Jean-Baptiste Michonis가 마리 앙투아네트에게 몰래 쪽지를 전한 사건을 들먹이면서 파리 코뮌평의회도 귀족주의자와 온건파들을 숙청해야 한다고 주장했다. 오직 혁명투사들만 필요하다는 분위기가 무르익었고 공포정이 정치시간표에 우선순위로 등장했다.

9월 6일 금요일에 국민공회는 모든 공직자의 재산을 보고하게 하고, 샤랑트앵페리외르의 가르니에Jacques Garnier가 안보위원회의 이름으로 발의한 외국인법을 통과시켜 프랑스공화국과 적대행위를 하는 나라의 국민을 체포하라고 명령했다. 외국인 중에서 혁명에 가담한 증거를 제시한 사람, 또는 거주지 시민 두 명이 보증하는 예술가와 노동자는 예외로 대우했다. 시민정신을 증명하고 행정당국이 발행한 증명서를 지니고 있는 사람도 예외였다. 그러나 첩자는 말할 필요도 없고, 투기꾼 또는 아무런 일도 하지 않고 출처를 알 수 없는 재산으로 생활하는 자를 반혁명혐의자로 체포했다. 국민공회가 이 법을 집행할 수 없기 때문에 구국위원회의 비요바렌·콜로 데르부아·그라 네*로 하여금 관계 장관들이 제대로 일을 하도록 감독하라고 명령했다.

9월 8일에 자코뱅협회에서는 리옹의 진압군이 저항을 진압하지 못하는 이유를 분석했다. 마콩의 자매협회에서 파리로 보낸 편지에는 사령관 켈레르만은 괜찮은데 참모들이 작전을 지연시킨다고 불평했다. 그러나 로베스피에르는 사령관을 너무 믿어서는 안 된다고 말했다. 사령관은 국민공회 파견 의원들과 계속 의견 차이를 보여주었기 때문이다. 또한 자코뱅협회에는 그라빌리에 구의 혁명위원회가 자크 루를 체포해서 신문한 뒤 생트펠라지 감옥에 넣었다는 소식이 들어왔다. 협회는 리옹의 르클레르에 대해서도 같은 조치를 취하기로 했다. 공포정의 시기에 왕당파와 귀족주의자는 물론 무정부주의자가 갈 곳은 단두대뿐이었다. 협회는 지롱드파 지도자들과 마리 앙투아네트의 재판이 너무 늦다는 사실도 잊지 않고 지적했다. 『파리의 혁명』 발행인 프뤼돔이 "훌륭한 공화주의자로서 왕관을 쓴 악당들의 범죄를 잇따라 고발"하는 임무를 다하겠다는 편지와 함께 『독일 황제들의 범죄Les crimes des empereurs d'Allemagne』를 협회에 보냈다. 로베스피에르는 프뤼돔에게 외국에 매수당한 작가·출판인·신문기자의 범죄에 대한 출판물을 내달라고 부탁하자고 제안해서 지지를 받았다. 글을 쓰고 출판하는 사람들의 살생부가 나올 판이었다.

9월 9일 월요일에 장봉 생탕드레가 툴롱의 반란으로 영국에 아름다운 군항이 넘어갔다고 보고했다. 그는 국민공회의 초기부터 프랑스를 연방으로

---

* 그라네François-Omer Granet는 입법의원 출신이며 부슈뒤론에서 국민공회에 진출했다.

만들고 파리를 파괴하려는 계획이 노골적으로 나타났지만, 툴롱은 혁명 초부터 애국심을 증명했다고 평가했다. 그러나 툴롱의 서쪽 60여 킬로미터 떨어진 대도시 마르세유의 영향을 받았다. 마르세유는 오랫동안 남부의 혁명과 자유를 위해 헌신했다. 그런데 마르세유의 애국자들은 나라를 구하려고 전방으로, 또 혁명의 중심지 파리로 떠났다. 억눌렸던 부유층이 고개를 들었다. 부슈뒤론의 바르바루와 르베키가 그들을 대변했다. 특히 르베키는 4월 8일에 로베스피에르가 폭군이 되고자 한다고 비난한 뒤 의원직을 사임하고 마르세유로 돌아갔다. 두 사람은 지롱드파와 함께 몰락의 길을 걸었다. 마르세유에 반혁명의 바람이 불었고, 영국의 피트William Pitt 내각이 그들을 지원했다.

한 달 전에 위냉그Huningue 병기창의 화재 소식을 들은 국민공회 의원들은 프랑스에 불을 지르려는 자들이 모두 피트의 사주를 받았다고 하면서 피트를 인류의 적으로 규정했다. 그만큼 피트는 주도면밀하게 프랑스에서 반혁명세력을 조정했다. 마르세유에서 피트의 하수인들이 권력을 잡고 무정부주의를 타파하고 민중협회를 폐쇄하고 혁명세력을 탄압했다. 그다음에 반혁명세력이 눈독을 들인 곳은 지중해의 요충지인 툴롱이었다. 마르세유나 툴롱의 상인들은 귀족주의자와 왕당파가 고개를 숙이는 것을 보고 기뻐하면서 그들과 결탁하고 그들의 영향을 받았다. 그들은 가난한 노동자 계층의 불만을 이용해서 노동자로 하여금 아시냐 대신 정화를 요구하라고 부추겼다. 남부를 방어하는 이탈리아군에 나간 파견의원들은 생필품 부족과 아시냐 가치의 하락에 대응할 방안을 마련하려고 고심했다. 다행히 국민공회의 진압군이 8월 25일에 마르세유에 입성했다. 그러나 툴롱에서는 아직 반란세력이 권력을 잡았다. 해군장교들과 군대를 타락시킨 세력이 이제 민간인을 반혁명에 가담시키는 데 성공했다. 반란세력은 마르세유에서 도망친 혁명세력 500여 명을 체포해 다수를 죽이고, 27일에 영국 해군이 상륙하게 도와주었다. 하늘 길로 306.5킬로미터 북쪽의 리옹과 툴롱이 연합할 수 있는 시간이 충분했다면 혁명의 운명이 바뀔 수 있었다.

이어서 파드칼레의 카르노가 구국위원회에서 5일의 조치를 보충하기 위해 마련한 '혁명군의 조직법안' 10개조를 보고해서 통과시켰다.

> 파리 48개 구의 혁명위원회는 구내에서 혁명군에 복무할 25~40세 남성의 명단을 매일 작성해서 구청과 구 국민방위군 지휘관에게 제출한다. 파리 도 평의회와 코뮌평의회에서 여섯 명씩 뽑아서 위원회를 구성하여 혁명군 징집 대상자 명단에서 징집자를 선정한다. 파리 국민방위군의 모든 포병부대에 봉급을 지급하며, 그 절반을 혁명군에 편입하고 나머지는 원래대로 구에서 복무하게 한다. 혁명군은 각 1,000명의 6개 부대로 편성한다.

9월 10일에는 모처럼 승전보를 들었다. 6~8일에 북쪽 국경 근처 옹쇼트Hondchoote에서 프랑스군이 조지 3세의 둘째 아들 요크 공Frederick Augustus, duke of York이 이끄는 영국·네덜란드 연합군을 물리쳤다는 소식을 듣고 의원들은 기뻐했다. 그것은 1792년 11월 6일의 제마프 전투 이후 가장 혁혁한 전과였으며, 의원들은 8월부터 강력한 조치로 군기를 다잡은 결과가 나타났다고 생각했다. 전날부터 자코뱅협회에서 마리 앙투아네트의 재판이 너무 늦다고 불평하던 에베르는 자신을 포함한 치안담당관들이 콩시에르주리 감옥을 방문해서 마리 앙투아네트의 방을 점검하고 반지를 압수했으며, 외부와 계속 소통하는 낌새를 알아챘다고 말했다.

이튿날인 11일에는 자코뱅협회에 앙리오가 자신의 고발내용에 대해 해명했다. 누군가 자기가 감옥에 있는 의원들과 함께 밥을 먹었다고 고발했지만 전혀 근거 없는 얘기라고 말했다. 당통은 앙리오가 지난 5월 31일에 애국심을 발휘해서 음모자들로부터 3만 명의 목숨을 살렸다고 옹호했고, 로베스피에르는 우리의 적들로부터 한 번이라도 고발당하지 않은 사람은 앙리오의 친구가 아니라고 말했다. 그 밖에도 회원들 사이에 고발과 해명과 지지발언이 잇따랐다. 자코뱅협회의 선명성을 찾으려는 투쟁이 벌어지고 있었다.

13일에 전쟁장관 파슈의 사위인 오두앵François-Xavier Audouin이 회원들에게 군대와 징발에 관해 말했다. 군대에 대해 조사한 결과, 장교 중에 귀족 출신이 900명이나 있으며 병사 중에도 많다고 말했다. 또한 18~20세의 젊은이 중에 전선으로 출발하지 않는 경우가 많은 점도 지적했다. 파리의 거리에는 음모자들이 활보하고, 호텔에는 귀족주의자들이 넘친다면서 수상한 자를 가두고 모든 종류의 모사꾼을 색출해야 한다고 주장했다. 회원들은 잇따라 국민공회 의원들을 고발했다.

마침내 9월 17일 화요일에 국민공회는 10개조의 반혁명혐의자법을 통과시켜 자코뱅협회의 바람에 화답하고 혁명을 가열하게 추구하려는 의지를 보여주었다.

1조. 이 법을 반포한 때부터 공화국의 영토에서 모든 혐의자를 체포한다.
2조. 혐의자는 다음과 같다. 1) 거동·관계·언행·글로써 폭정이나 연방주의를 지지하거나 자유를 적대시하는 사람. 2) 지난 3월 21일 법이 정한 방식으로 생활수단과 시민의 의무이행을 증명하지 못하는 사람. 3) 시민정신 증명서를 발급받지 못한 자. 4) 국민공회나 파견의원이 기능을 정지하거나 면직한 공무원. 특히 지난 8월 14일 법으로 면직 대상이 된 공무원. 5) 예전 귀족의 남편·아내·부모·자녀·형제자매, 망명객의 하수인으로 혁명에 지속적으로 열의를 보여주지 않은 자. 6) 1789년 7월 1일부터 1792년 3월 30일~4월 8일의 법을 반포할 때까지 망명했던 자. 1792년의 법에서 정한 기한 안이거나 그전에 프랑스에 되돌아온 자도 해당함.

3조. 3월 21일 법으로 설립한 감시위원회 또는 파견의원들의 명령이나 국민공회의 특별법으로 기존 위원회를 대체하는 위원회는 각각 해당 구역에서 혐의자 명단을 작성하며, 체포영장을 발부하고 그들의 서류에 봉인한다. 체포영장을 집행하는 지휘관은 당장 영장을 집행하며, 어기면 면직의 벌을 받는다.

4조. 위원회의 구성원이 최소한 일곱 명이 모여 과반수가 찬성할 때만 혐의자를 체포할 수 있다.

5조. 혐의자로 체포된 자는 해당 구역의 구치소로 데려간다. 구치소가 없는 경우, 각자의 집에 가두고 감시한다.

6조. 도 행정관들은 이 법을 수령한 뒤 곧 도 구치소로 쓸 건물을 준비해야 하며, 지역 구치소에 가둔 혐의자를 8일 안에 옮긴다.

7조. 수감자는 꼭 필요한 비품을 도 단위 구치소로 가져갈 수 있다. 그들은 평화를 회복할 때까지 거기서 생활한다.

8조. 간수 비용은 수감자들이 공평하게 나눠서 지불한다. 되도록 가장들, 전방에 있거나 앞으로 갈 시민들의 부모들에게 간수의 일을 맡긴다. 간수의 봉급은 하루와 반나절의 가치로 정한다.

9조. 감시위원회는 수감자 현황, 혐의자 체포 이유와 체포 시 압수한 문서를 즉시 국민공회의 안보위원회에 보낸다.

10조. 민사법원과 형사법원은 피고인에 대해 기소의견이나 불기소의견을 선고하여 구치소로 보낼 수 있다.

특별형사법원의 쇄신

9월 28일 토요일에 가르의 불랑Jean-Henri Voulland은 구국·안보 합동위원회가 마련한 특별형사법원의 4개 부를 완전히 구성할 명단을 보고해서 통과시켰다. 법원장은 8월 28일에 취임한 에르망Martial-Joseph-Armand Herman이었다. 그의 전임은 몽타네Jacques-Bernard-Marie Montané였는데, 마라를 살해한 샤를로트 코르데 재판에서 온건한 태도를 보여주었기 때문에 로베스피에르가 자기 친구이며 파드칼레의 법원장이었던 에르망으로 교체했던 것이다. 그와 함께 이미 특별형사법원에 배속한 판사를 포함해서 모두 열아홉 명이 재판을 담당했다. 검사는 푸키에 탱빌Antoine Fouquier-Tinville이고, 검사보는 브뤼셀 출신인 플로리오 레스코Jean-Baptiste Edmond Fleuriot-Lescot를 포함한 다섯 명이었다. 플로리오 레스코는 브라방 혁명에 참여하다가 파리로 와서 자코뱅 클럽의 투사가 된 사람이다. 배심원은 모두 60명이었다. 이렇게 완전한 형태를 갖춘 특별형사법원은 여론이 명령하는 사건을 즉시 재판하기 시작했다. 9월 30일에 자코뱅협회에서는 국민공회로 몰려가서 브리소와 공모자들을 신속하게 재판에 넘기라고 촉구했다.

공화력과 시간의 세속화

우리 세대는 초등학교에서 빛이 1초에 30만 킬로미터를 움직이며, 지구를 일곱 바퀴 반을 돈다고 배웠다. 이렇게 딱딱 떨어지는 수를 얻어내는 기술도 놀라웠지만 지구의 둘레가 4만 킬로미터라는 사실도 놀라웠다. 그리고 먼 훗날 세상의 이치를 깨달을 나이가 되어서야 비로소 미터법이 프랑스 혁명의 산물이라는 사실을 배우고 실없이 웃은 기억이 떠오른다. 그렇지, 국회의원들은 남녀 성별을 바꿀 수도 있다. 예를 들어 어떤 의원이 "너무 오랫동안 똑같은 방식으로 남녀를 구분했기 때문에 이제 양성평등의 정신을 살려서 내일부터 남자를 여자로, 여자를 남자로 부르자"고 발의하고 의원들이 합의하면 된다. 200년 전에도 그런 일이 일어났다.

1793년 8월 1일에 공교육위원회 소속인 바랭의 아르보가Louis-François-Antoine Arbogast는 10진법의 체계를 도입해서 길이·무게·부피를 측정하고 표시할 필요성을 강조했다. 인류를 사랑하는 사람들은 오래전부터 도량형의 통일을 바랐다. 사기의 가능성을 줄여 공익에 이바지하는 표준화는 학문과 예술, 상업과 장인에게 반드시 필요하다. 새로운 제도는 공화국을 하나로 결속시킬 것이며, 더 나아가 프랑스와 다른 나라 사람들에게 대를 물려 이익을 줄 것이다. 이미 제헌의회 시절부터 과학아카데미에서 도량형의 통일문제를 합리적으로 해결하려는 방법을 연구했다. 아르보가는 제안의 배경 설명을 마치고 법안을 상정해서 통과시켰다. 이제부터 북극부터 적도까지(자오선의 4분의 1) 거리를 1,000만으로 나누어 1미터로 정하고, 종래의 길이(투아즈toise, 피에pied, 푸스pouce)를 미터·데시미터·센티미터·밀리미터로 환산하기로 했다. 무게와 부피도 같은 원리로 개정하고 돈의 단위도 마련했다. 새로운 제도를 정착시키는 과정에서 혼란을 피하긴 어렵지만 익숙해질수록 예전의 제도보다 편리하고 게다가 사기의 가능성을 줄일 수 있으면 더 바랄 것이 없다. 물론 영미권에서는 그들 나름대로 아무 문제없이 옛 방식을 고수하고 있지만, 전통사회에서 도량형을 합리화·표준화해야 한다면 야드/온스보다 미터/그램으로 환산하는 편이 더 낫다고 생각한다. 인류는 10진법에 익숙해졌기 때문이다.

국민공회는 공간을 합리적으로 측정하는 일을 마치고 나서 시간도 합리적으로 나누기로 했다. 그때의 혼란은 컸다. 거의 2세기 만의 혼란이었다. 첫번째 혼란은 1600년에 겪었다. 16세기 말에서 17세기로 넘어가는 시점에 교황 그레고리오 13세가 새로운 역법曆法을 시행했기 때문에 여느 유럽 국가처럼 프랑스에서도 혼란을 겪었다. 율리우스 역법을 시행한 뒤에 생긴 오차를 바로잡은 그레고리력은 1582년 10월 4일의 이튿날을 10월 15일로 정했다. 가톨릭교도들은 5일부터 14일까지 열흘이 사라졌기 때문에 아주 혼란스러웠다. 1년의 나날에 수호성인이 있었는데, 갑자기 누구에게 빌어야 할지 몰랐기 때문이다.

그리고 2세기가 지나 1793년 10월 5일에 퓌드돔의 롬은 교육위원회가 준비한 공화력 실시안을 발의해서 통과시켰다. 그것은 예수 탄생 전/후(avant/après Jésus-Christ.)로 표기하던 연대를 원년(제1년), 제2년으로 바꾸어 과거와 정치적으로 또 종교적으로 결별하려는 의지를 반영했다. 더욱이 연/월도 새로운 방식으로 쪼갰다. 혁명력 또는 공화력이라 부르는 새 역법의 첫날은 1792년 9월 22일 공화국을 수립한 날로서, 파리천문대에서 관찰할 때 해가 오전 9시 18분 30초에 천칭궁에 들어가는 추분이었다. 앞으로 매년 초하루는 파리천문대 기준으로 진짜 추분이 시작하는 날의 자정부터다. 따라서 프랑스공화국 원년은 1792년 9월 22일 자정부터 1793년 9월 21일과 22일 사이 자정까지이며, 제2년은 1793년 9월 22일 자정부터 시작한다. 1793년 1월 1일을 공화국의 제2년 초하루로 정한 법을 철회하는 동시에 그때부터 9월 22일까지 통과한 모든 법을 공화국 원년의 법으로 인정한다. 공화력에서도 1년은 열두 달이다. 그러나 한 달을 30일로 균일하게 나누고, 열흘씩 3개 순^{décade}으로 묶어서 제1·제2·제3 순의 몇째 날이라 부르기로 했다. 맨 마지막에 남는 닷새는 추가일^{jours complémentaires}, 4년마다 맞이하는 윤년은 프랑시아드^{Franciade},* 보충일 닷새의 다음 날인 윤일은 혁명일^{jour de la Révolution}이다. 이튿날인 10월 6일부터 "제2년 첫째 달 15일/1793년 10월 6일"을 병기했다.**

아르보가의 안을 채택한 뒤, 파리의 파브르 데글랑틴은 옛 달력에서 날마다 수호성인을 기리듯이 공화력에서는 자연이 생산하는 식물이나 유익한 동물의 이름을 붙여 공교육에 이바지하면 좋겠다고 설명하고 특별위원회를 설치하자고 발의했다. 그리고 24일에 그는 결과를 발표했다.

첫 달(9월 22일~10월 21일)은 방데미에르^{Vendémiaire}(포도의 달), 둘째 달(10월 22일~11월 20일)은 브뤼메르^{Brumaire}(안개의 달), 셋째 달(11월 21일~12월 20일)은 프리메르^{Frimaire}(서리의 달), 넷째 달(12월 21일~1월 19일)은 니보즈^{Nivôse}(눈의 달), 다섯째 달(1월 20일~2월 18일)은 플뤼비오즈^{Pluviôse}(비의 달), 여섯째 달(2월 19일~3월 20일)은 방토즈^{Ventôse}(바람의 달), 일곱째 달(3월 21일~4월 19일)은 제르미날^{Germinal}(싹트는 달),*** 여덟째 달(4월 20일~5월 19일)은 플로레알^{Floréal}(꽃피는 달), 아홉째 달(5월 20일~6월 18일)은 프레리알

---

* 닷새는 덕^{vertus}·천재성^{génie}·노동^{travaille}·여론^{opinion}·보답^{récompense}이며, 프랑시아드는 프랑스의 뿌리가 프랑크족임을 뜻한다.

** 15e jour du 1er mois de l´an II/6 octobre 1793.

*** 프뤼돔의 『파리의 혁명』 제213호에서는 이 이름이 '수액^{la sève}의 달', 나무에 물이 오르는 달을 뜻한다고 했다. 그런데 제르미날은 씨앗·싹^{le germe}에서 나온 말이라 '싹트는 달'로 옮겼다.

Prairial(초원의 달), 열째 달(6월 19일~7월 18일)은 메시도르Messidor(수확의 달), 열한째 달(7월 19일~8월 17일)은 테르미도르Thermidor(무더운 달), 열두째 달(8월 18일~9월 16일)은 프뤽티도르Fructidor(결실의 달)로 자연의 순환을 표현하는 이름이며, 닷새의 보충일과 윤일은 상퀼로티드Sanculottides라고 불러 공화주의 혁명의 주체를 잊지 않게 했다.

옛 달력에는 365일에 해당하는 성인聖人이 있었는데, 새 달력에서는 날마다 농사와 관련된 동식물이나 농기구 이름을 붙였다. 이 달력은 혁명기에 잠깐 적용되었다가 폐지되었다. 일요일만 해도 52일이었고, 각종 종교 축일과 계절을 타는 성격상 한 달 가까이 또는 그 이상 일할 수 없었지만, 공화력에서 30일과 마지막 5~6일의 휴일을 빼고 일할 수 있었기 때문에 하루씩 임금을 받아서 생활하던 노동자는 좋아했을지 모르겠다. 그럼에도 공화력은 현실적으로 혁명의 좌우명과 달리 세계화에 한계를 보였다. 자유·평등·우애는 인류가 함께 받아들일 수 있는 원리였지만, 나라마다 시차가 있고 게다가 북반구와 남반구의 계절이 다르기 때문이다. 공화국의 세속주의적 문화혁명은 겉모양의 변화를 가져왔음에도 종교적 뿌리를 완전히 제거하기란 어려웠다.

혁명정부

10월 10일 목요일에 엔의 생쥐스트는 시국에 대해 중대 발표를 했다. 그는 수많은 법을 제정하고 정성을 쏟았음에도 정부의 전반적인 병폐, 경제, 생필품 문제를 아직도 해결하지 못했다고 주의를 환기시키고, 주권자가 군주제 지지자를 억압하고 승자의 권리로 다스릴 때 비로소 공화국을 반석 위에 세울 수 있음을 정부는 잊지 말아야 한다고 말했다. 새로운 질서의 적들을 가

차 없이 무찔러야 비로소 자유로울 수 있다. 구국위원회는 모든 결과의 중심에 서서 공공의 불행의 원인을 알아냈다. 법을 집행하는 방식이 엄격하지 않고, 행정예산을 아끼지 않으며, 국가관이 투철하지 못하고, 일관성이 없는 정념에 흔들려 정부에 영향을 끼치기 때문에 아직도 불행한 상태를 벗어나지 못했다고 보았다. 구국위원회는 이러한 상황에서 모든 진실을 낱낱이 밝히고 대안을 밝히기로 결정했다. 결론은 단 한 가지로 귀결한다.

"인민에게 위험한 적은 오직 하나, 정부입니다. 여러분의 정부는 지금까지 여러분을 상대로 전쟁을 벌였지만 조금도 처벌받지 않았습니다."

지난봄부터 구국위원회를 설치하자는 안을 토론할 때부터 최고행정회의가 버젓이 존재하는데 입법부에서 정부가 할 일까지 장악하려는 음모를 꾸민다고 반대하는 의원들이 있었다. 그럼에도 구국위원회를 설치했으며, 국내외에서 전쟁을 벌이는 과정에서 장군들을 통제하는 일사불란한 체계가 더욱 절실했다. 8월 1일에 당통은 구국위원회를 임시정부로 운영해야 한다고 주장했지만 반대에 부딪쳤다. 8월 10일 헌법을 선포한 이후에는 국민공회가 입법의원을 선출하고 물러나야겠지만, 나라가 급박한 상황에서 정부를 혁명정부로 운영하자는 데 합의하는 사람이 늘었다. 공포정이 나라를 구하는 방법이라는 데 반대할 사람이 입을 닫고 혁명에 동조하는 행동을 보여줘야 할 때에 본격적으로 국민공회에서 정부가 인민의 적이라고 몰아붙이는 날이 왔던 것이다. 생쥐스트의 말을 들어보자.

"여러분, 공화국의 적들은 공화국 정부에 있습니다. 여러분은 국민공회에서 몸을 돌보지 않고 법을 만드느라 애썼고, 몇몇 장관이 여러분을 도왔지만 허사였습니다. 모든 것이 여러분을 망치려고 공모했기 때문입니다."

생쥐스트는 병원에 있는 행정부 요인들이 지난 반년 동안 밀가루를 빼돌려 방데의 반군에게 제공했으며, 부자들은 인민을 위해 최고가격제를 실시한 뒤에 오히려 재산을 더 많이 늘렸고 심지어 전쟁을 지원하기도 한다고 말했다. 이 말을 듣고 온건파 의원들이 반발했지만, 생쥐스트는 아랑곳하지 않고 그들이 모두 정부와 결탁했다고 주장했다. 매점매석가를 추적하지만, 표면상 군대를 위해 구매하는 자들을 추적할 뿐이다. 모든 것이 정부와 관련되어 있고, 각 분야의 병폐가 전체에 영향을 미치는 구조다. 국고를 탕진해서 결국 곡가를 높이고 음모를 성공시켰을 뿐이다. 그는 공화국이 처한 이러한 현실에서는 헌법을 확립할 수 없다고 말했다. 그는 자유를 훼손하는 자들이 헌법을 이용해서 헌법을 무너뜨릴 것이며, 자유는 그들을 억제할 만한 물리력을 갖추지 못했기 때문이라고 분석했다. 그리고 현 정부도 너무 부자유스럽고, 국민공회가 모든 음모에서 너무 멀리 떨어져 있어서 문제라고 강조했다. 법의 칼이 모든 곳에 신속하게 이동하고, 의원들이 모든 곳에 존재하면서 범죄를 막아야 한다고 말했다. 국민공회가 정국을 더욱 탄탄히 틀어쥐고 이끌어야 한다는 말이다. 생쥐스트는 구국위원회가 마련한 법안을 상정했다. 의원들은 정부에 대하여(6개조)·생필품에 대하여(5개조)·안보에 대하여(2개조)·재정에 대하여(1개조), 이렇게 네 개 분야의 14개 법안을 통과시켰다.

1. 프랑스가 평화를 되찾을 때까지 임시정부는 혁명정부다.

2. 최고행정회의·장관·장성·헌법기관은 구국위원회의 감시를 받고, 구국위원회는 8일에 한 번씩 국민공회에 보고한다.

3. 최고행정회의는 안보조치를 취할 때마다 구국위원회의 승인을 받고, 구국위원회는 국민공회에 그 사실을 보고한다.

4. 혁명법은 신속하게 집행한다. 정부는 구국의 조치에 대해서 모든 디스

트릭트와 직접 소통한다.

5. 군대를 지휘하는 장성은 구국위원회의 제안을 받아 국민공회가 임명한다.

6. 정부의 무능이 모든 불운을 가져오고, 구국의 법과 조치를 신속히 시행하지 못하게 막기 때문에 고쳐야 한다. 시행기한을 어기면 자유에 대한 훼손죄로 처벌한다.

구국위원회는 각 디스트릭트의 곡식 생산량을 표로 만들어 국민공회 의원들에게 나눠주고 적절한 조치를 마련할 수 있게 하며, 각 도의 필요량을 추산하고 확보해주는 동시에 여분을 징발한다. 물자가 부족한 도를 위해 징발하는 일은 최고행정회의가 승인하고 통제하도록 한다. 파리의 1년치 생필품은 3월 1일에 마련한다. 구국위원회는 반혁명 억제 계획을 수립하고, 혁명군을 배치하는 임무를 수행한다. 최고행정회의는 반혁명운동이 일어나는 도시에 혁명군을 주둔시키고, 질서를 회복할 때까지 주둔비용을 해당 도시의 부자들에게 분담시킨다. 끝으로 재정문제를 심판할 법원을 설치하고, 재판부를 국민공회가 임명한다. 혁명이 시작한 뒤 공금을 운용한 사람들은 재산 변동사항을 신고해야 하며, 법원의 관리를 받는다. 이 법원의 조직에 대해서는 입법위원회에 맡긴다. 이후 구국위원회가 전보다 더욱 일사불란하게 혁명정부를 장악하면서 공포정을 주도하기 시작했다.

6
마리 앙투아네트와
지롱드파의 처형[*]

10월 3일 목요일에 국민공회에서 몽타뉴파가 그동안 벼르던 일을 단행했다. 안보위원회의 아마르가 제안한 대로 지롱드파 지도자들과 그들의 체포에 반대하고 항의한 의원들을 체포하는 안을 통과시켰다. "'공화국의 통일성·불가분성과 프랑스 인민의 자유·안전을 해치는 음모'를 꾸민 브리소·베르니오·장소네·로즈 드페레를 포함한 41명을 체포하고, 혁명법원의 재판에 회부한다. 그리고 지난 6월 6일과 19일에 동료 의원 체포에 항의서를 제출한 74명도 역시 체포·구금하고 그들의 서류를 봉인한다." 이어서 의원들은 혁명법원에서 마리 앙투아네트의 재판을 시작하라고 의결했다.

마리 앙투아네트는 탕플 감옥에서 하루하루 온갖 모욕과 욕설을 들으면서 살아가다가, 7월 13일 아들(루이 샤를 카페 또는 루이 17세)과 억지로 헤어져야 했다. 안보위원회는 어린 루이 샤를을 마리 앙투아네트에게서 떼어내 구두장이 시몽 부부에게 맡겼다. 1785년에 태어난 루이 샤를이 여덟 살이 넘었기 때문에 어머니, 고모, 누나 사이에서 사는 것이 적합하지 않다고 판단하고, 왕의 자식이 아니라 시민으로 키우려고 생각했기 때문이다. 마리 앙투아네트는 탕플 감옥의 아래층에 사는 남편을 만나지 못했듯이, 이번에는 아래

---

 * 이 장에서 마리 앙투아네트에 관한 내용은 주명철, 「18세기 프랑스 금서의 정치적 의미」(청람사학 靑藍史學 제24집, 2015년 12월, 199~229쪽)의 일부를 바탕으로 재구성했음을 밝힌다.

층에 사는 아들을 만나지 못하게 되었다. 그가 아들과 생이별을 한 뒤, 국내 정세가 더욱 악화되었다. 그런데 마리 앙투아네트에게 정치권이 눈길을 돌린 것은 7월 13일 '인민의 친구' 마라가 샤를로트 코르데의 칼에 죽었기 때문이다. 급진파는 코르데의 칼을 반혁명의 복수로 보았다. 국내외의 왕당파가 혁명을 드세게 반대하면서, 급진파는 새로 만든 1793년 헌법을 잠시 유보하고 혁명을 구해야 할 필요성을 더욱 절실히 느꼈다. 3일 뒤, 리옹의 역적들이 애국자 샬리에를 단죄했다는 소식이 들렸다. 그리고 외국의 적들이 프랑스를 더욱 위협했고, 남프랑스가 파리에 반대의 깃발을 든 데다 에스파냐도 진격했다. 국내외 상황이 이렇게 급박하게 돌아가는데, 8월 1일에 바레르는 프랑스에 대해 유럽 전체가 결탁했다고 고발했다. 그 원인은 무엇인가? 그는 이렇게 외쳤다.

"그것은 오스트리아 여인의 범죄를 잊었기 때문은 아니겠습니까? 우리가 카페 가문이 우리의 적들을 남용한 데 대해 무관심했기 때문이 아니겠습니까? 이제 왕정의 모든 싹을 잘라버릴 시간입니다!"

그의 제안대로 국민공회는 마리 앙투아네트를 혁명법원에 보내기로 했다. 그렇게 해서 8월 2일에 마리 앙투아네트를 죽음의 대기실이라 할 콩시에르주리 감옥으로 옮겼다. 마리 앙투아네트는 자궁섬유종을 앓았기 때문에 탕플 감옥에서 이감될 때부터 끊임없이 하혈을 했고 기진맥진한 상태였다. 로베스피에르는 방광결석 치료와 산부인과 수술의 권위자인 외과의 수베르비엘Joseph Souberbielle에게 부탁해서 마리 앙투아네트를 진단하라고 부탁했고, 마리 앙투아네트의 재판에서 배심원이 되어 사형에 투표하게 될 이 의사는 닭국을 처방했다.*

18세에 동갑나기 마리 앙투아네트를 처음 본 뒤 평생 헌신하던 스웨덴 귀족 페르센 백작은 8월 10일, 다시 말해 프랑스 왕정 폐지 1주년에 그가 죽음의 문턱까지 갔다는 소식을 들었다. 페르센은 라마르크 백작을 찾아갔다. 라마르크는 미라보 백작의 친구였고 프랑스군 여단장을 지냈으며 오스트리아로 망명한 뒤 브뤼셀에 있었다. 두 사람은 기병대 1개 부대를 파리로 급파해 감옥을 점령하고 왕비를 감옥에서 구출한다는 계획을 세웠다. 그러고 나서 페르센은 곧 메르시 아르장토에게 달려가 긴급히 연합군 총사령관 코부르크 공에게 그 계획을 알려달라고 간청했다. 메르시 아르장토는 마리 앙투아네트가 세자빈이었을 때 베르사유 궁에 파견되어 있던 오스트리아 대사였다. 그는 세자빈과 모후 마리아 테레지아의 다리 노릇을 했던 사람인데, 당시에는 오스트리아 황제의 벨기에 지방 대리인으로 일하고 있었다. 페르센은 라마르크를 동원했고, 메르시 아르장토는 코부르크 공에게 편지를 썼다. 그러나 66세의 메르시 아르장토가 소극적이었던 것처럼 코부르크 공도 8월 16일에 답장을 보내 군사행동으로 마리 앙투아네트의 목숨을 거는 일은 경솔하다고 말했다.

라마르크는 다른 방도를 찾았다. 파리로 사람을 보내 마리 앙투아네트의 몸값을 지불하는 일이 가능한지 생각해보았다. 이 일에 은행가 립스Ribbes가 나섰다. 립스는 옛날 루이 16세에게 60만 리브르를 빌려준 적이 있었고, 파리의 정계에 수많은 사람을 알고 있었다. 립스는 파리에 사는 형을 프랑스 국경에서 만나 임무를 맡겼다. 립스의 형은 당통에게 자기 동생과 라마르크를 만날 수 있는지 물었다. 그러나 메르시 아르장토는 돈을 제공하는 것은 쓸데

＊ 수베르비엘은 92세까지 살다가 1846년에 사망할 때 초상화가 아닌 사진을 남겼다. 참고로 1839년 1월에 과학아카데미는 다게르Louis Daguerre가 발명한 사진술을 공식적으로 인정했다.

없다고 생각했다. 그는 연합군이 승리한 뒤 왕비의 구출에 이바지한 사람들에게 사면을 약속하면 충분하다고 생각했다. 라마르크와 페르센이 메르시 아르장토를 설득했고, 마침내 협상을 해도 좋지만 황제의 이름이나 메르시 아르장토의 이름으로 협상해서는 안 된다는 조건으로 허락을 받아냈다. 은행가 립스는 브뤼셀을 떠나고, 한편 비엔나에 파발마를 보내 황제의 지침을 요청했지만, 며칠이 지나도 황제의 대답은 도착하지 않았다. 9월 14일, 라마르크는 메르시 아르장토에게 긴급히 편지를 썼다. 그러나 메르시 아르장토는 꿈쩍하지 않고 비엔나에서 지침이 오기만 하염없이 기다렸다. 10월 14일, 페르센은 브뤼셀의 변호사로서 벨기에와 프랑스 사이에 외화를 불법 거래하던 오브레Aubré와 이야기했다. 오브레는 파리로 가서 콩시에르주리 감옥에 갇힌 왕비가 어떻게 지내는지 자세히 알려주고, 20만 리브르만 있으면 마리 앙투아네트를 구할 수 있으리라고 주장했다. 페르센은 오브레를 데리고 브르퇴이 남작의 집에 갔다. 남작은 그에게 곧 200만 리브르를 제안했다.

그러나 너무 늦었다. 외국에서 페르센이 마리 앙투아네트를 구할 방법을 백방으로 찾아다니는 동안, 파리의 상황은 그를 기다려주지 않았다. 9월 3일, 마리 앙투아네트는 안보위원회가 감옥으로 파견한 이제르의 아마르의 심문을 받았다. 탕플 감옥에 있을 때 슈발리에 드 생루이라는 방문객으로부터 패랭이꽃에 숨긴 쪽지를 받았고, 핀으로 답장을 써서 전하려 했다는 혐의였다. 마리 앙투아네트는 혐의를 부인했다. 추궁을 받고서 자신을 찾아오는 사람이 몇 명 있기 때문에 그 속에 슈발리에 드 생루이라는 사람이 있었을 가능성은 있지만 자신은 모르는 사람이라고 주장했다. 또 자신은 언제나 감시를 받는데 누가 무엇을 전해줄 수 있겠느냐고 반문했다. 아마르는 마리 앙투아네트의 애국심에 대해서도 질문을 했다.

문: 당신이 은밀한 방식으로 외부와 연결되어 있다는 것이 사실인가?

답: 결코 아니다. 그럴 만한 힘도 없다.

문: 당신은 우리 적들의 군대가 성공하는 데 관심이 있나?

답: 나는 내 아들의 나라의 군대가 성공하는 데 관심 있다. 어떤 어미라
도 마찬가지일 것이다.

문: 당신 아들의 국가는 어디인가?

답: 그것을 의심할 수 있는가? 그는 프랑스인 아닌가?

문: 당신 아들은 단순한 개인일 뿐이므로, 당신은 지금까지 왕이라는 헛
된 칭호가 주었던 모든 특권을 포기한다고 선언했는가?

답: 이보다 더 아름다운 것은 없을 것이다. 우리는 모두 프랑스의 행복만
생각한다.

문: 그렇다면 당신은 이제 왕이나 왕권이 없다는 사실을 편안하게 받아
들이는가?

답: 프랑스는 위대하고 행복한 나라라는 것만이 우리에게 필요하다.

문: 그렇다면 인민은 이제 압제자를 갖지 않고, 자의적인 권위를 누리던
당신 가족이 프랑스 압제자들이 겪은 운명을 겪어야 한다고 생각하
는가?

답: 나는 내 아들과 나에 대해 대답할 뿐이다. 나는 다른 사람에 대한 책
임은 없다.

문: 그렇다면 당신은 남편의 의견을 결코 공유한 적이 없는가?

답: 나는 언제나 내 의무를 충실히 이행했다.

문: 그러나 당신은 궁중에서 인민의 이해관계와 반대방향의 이해관계를
가진 사람들이 존재한다는 사실을 외면할 수 없지 않았는가?

1차 심문을 끝낸 뒤, 아마르는 감옥에서 마리 앙투아네트의 시중을 들던 아렐 부인, 군사경찰 질베르, 나무장수 퐁텐, 군사경찰 중위 라브로스, 그리고 다른 군사경찰 두 명을 차례로 심문하면서 마리 앙투아네트를 재심문하기 위한 자료로 삼았다. 안보위원회 아마르의 앞에 다시 끌려나온 마리 앙투아네트는 압박을 견디지 못하고 결국 자신이 진실을 말하지 않았다는 사실을 인정했다. 마리 앙투아네트는 슈발리에 드 생드니인 미쇼니를 알며, 미쇼니가 패랭이꽃에 쪽지를 감춰서 전달했다고 진술했다. 마리 앙투아네트는 핀으로 쪽지를 써서 답장을 썼다고 인정했다. 9월 3일 오후 4시부터 시작한 1차, 2차 심문은 9월 4일 오전 7시 반까지 열다섯 시간 30분 동안 진행되었다. 안보위원회는 마리 앙투아네트·미쇼니·퐁텐을 혁명법원에 보냈는데, 혁명법원은 마리 앙투아네트만 기소하기로 했다. 9월 11일, 당국은 콩시에르주리 감옥 약사가 근무하던 약국을 감방으로 개조해 마리 앙투아네트의 방을 옮기도록 하고, 그동안 시중들던 아낙을 해고했다. 약국을 개조한 방은 한쪽 구석에 있기 때문에 마리 앙투아네트가 다른 사람과 접촉할 수 없도록 감시하기에 좋았다.

10월 3일, 마리 앙투아네트는 혁명법원에 끌려 나갔다. 혁명법원장 에르낭은 마리 앙투아네트를 신문하면서 온갖 죄상을 씌웠다. 무엇보다 루이 카페의 반역을 사주해 나라를 망친 죄, 적국인 오스트리아에 수백만 리브르를 보내 프랑스 인민을 배반한 죄를 나열했다. 심지어 아들과 근친상간했다는 혐의까지 씌웠다. 아들 루이 샤를 카페는 고작 여덟 살이었다. 그를 감시하는 역할을 맡은 구두장이 시몽이 9월 30일에 그 내용을 파리 코뮌 검찰관보 에베르에게 알리고, 에베르가 혁명법원장에게 고지하면서 불거진 혐의였다. 어느 날 루이 샤를이 자위행위를 하는 것을 시몽이 보았다고 한다. 시몽은 누가 가르쳐주었는지 물었고, 루이 샤를은 마리 앙투아네트와 고모가 가르쳐주었다고 대답했다. 루이 샤를과 누이 마리 테레즈 샤를로트(15세)를 대질시켰고, 누이가 동생에게 거짓말하지 말라고 다그쳤지만, 동생은 고집을 꺾지 않았다. 루이 샤를은 여인들에 휩싸여 사는 동안 일어난 일을 자세히 설명했다고 한다. 어른들이 여덟 살짜리를 데리고 유도심문을 해서 얻을 결과는 아닐까? 아이가 자기 고추에 관심을 가지고, 시몽의 아내가 관찰했듯이 한쪽 고환이 부풀어 올랐을 가능성을 부인할 증거는 없지만, 상식적으로 생각해보자. 감옥에 갇혀 감시를 받던 어미·고모·누이가 여덟 살짜리를 성적 노리개로 삼았다는 말을 어디까지 믿을 수 있을까? 왕비가 되었지만 자식을 두지 못한 채, 온갖 음란한 이야기의 주인공으로 모욕을 당하던 마리 앙투아네트의 마지막 길에도 자식과 근친상간의 딱지가 붙었다. 그는 포르노그래피가 상상하던 대로 살다 간 사악한 왕비가 되었다. 상식적으로 믿기 어려운 허구다.

그러나 포르노그래피 또는 금서가 신성성을 무너뜨렸다고 말하기는 어렵다. 논리적인 생각을 물질적으로 담아내는 그릇이 책이기 때문에, 신성성을 부정하는 생각이 먼저 존재했다. 그러므로 언제, 어떻게 신성성이 무너졌는지 역사적 사실을 가지고 판단한 뒤, 금서가 그러한 현실을 어떻게 과장하고 왜곡하는지 살펴야 한다. 금서에서 금기를 어겼다면, 문화적으로 그런 일이 존재했음을 반영했을 뿐이라는 뜻이다.

실제로 마리 앙투아네트가 공주를 낳을 때, 침대 주위에는 일반인이 모여들어 아기를 낳는 과정을 지켜보았다. 어떤 이는 더 잘 보겠다고 창틀에 서서 내려다보았다. 그들은 왕비의 피 묻은 생식기를 확인했다. 왕비가 직접 낳은 자식이니 의심하지 말라는 뜻이었는데, 사람들은 그 뜻을 곧이곧대로 받아들이지 않는 시대에 살았다. 그리고 항간에 수수께끼가 나돌았다. "공주는 누구의 딸일까?" "폴리냑 공작부인Gabrielle de Polignac의 딸"이 답이었다. 마리 앙투아네트가 양성애자라고 놀리는 동시에 루이 16세가 성불구라서 아기를 낳을 수 없다는 뜻을 품었다. 왕조의 정통성을 부인하는 내용이다.

이처럼 마리 앙투아네트는 여러 사람의 욕망의 대상으로 바뀌었고, 절대군주인 남편의 신성성과 왕조의 정통성까지 위험하게 만들었다. 아니, 엄밀히 말해서 그것은 세인의 집단정신자세가 바뀌었기 때문에 나타난 현상이다. 절대군주제의 신성성을 민주주의의 신성성이 대체하는 과정이 혁명이었다. 절대군주가 법의 원천으로 행사하던 신성성을 국민의 대표들이 무너뜨리면서 국민주권이라는 새로운 신성성을 창조하는 과정이 바로 혁명이었다.

우리는 프랑스 혁명과 비교할 만한 사례를 많이 가졌다. 그 하나가 '박정희 신화'이며, 그것이 딸의 국정농단 사건으로 무너지고 있다. 유신헌법 시절에는 대통령을 비방하면 중벌을 받았지만, 오늘날에는 대통령에게 온갖 상스러운 욕을 퍼붓고도 무사하다. 우리는 대통령이 절대군주, 아니 폭군이던 시절을 벗어나 국민이 진짜 주인이 되는 세상을 만들어가고 있다.

10월 16일, 마리 앙투아네트는 형장으로 끌려가기 전에 시누이에게 마지막 편지를 썼다. 그는 수신인이 결코 받아보지 못한 편지에서 아들을 걱정하는 마음을 보여주었다.

내 마음속 고통스러운 것을 한 가지 말하겠습니다. 나는 이 어린애가 당신에게 얼마나 고통을 안겨줄지 잘 압니다. 시누이여, 그를 용서하세요. 그의 나이를 생각해주세요. 그리고 어린애를 마음대로 조종해서 말을 지어내기가 얼마나 쉬운지 생각해주세요. 어린애는 자기가 이해하지 못하는 얘기도 할 수 있지요.

1월 21일에 루이 16세는 파리 시장이 내준 마차를 타고 형장으로 갔지만, 10월 16일에 마리 앙투아네트는 평범한 아낙의 복장에 양손을 뒤로 묶인 채 사형수의 수레에 실려 온갖 모욕을 받으면서 혁명광장에 도착했다. 다비드가 남긴 그의 모습을 보고 자세를 흐트러뜨리지 않고 당당하게 형장으로 갔다고 하는 사람도 있다. 그러나 두 손을 뒤로 단단히 묶인 사람의 자세가 어떻게 흐트러질 수 있겠는가!『파리의 혁명』212호(1793년 8월 3일~10월 28일)에서 "과부 카페의 처형"에 대한 기사를 보자.

정신적으로 유약한 사람들은 과부 카페를 단지 어머니이자 불행한 아내로 생각하면서 처형을 몹시 가슴 아파하는 듯했다. 그러나 대부분의 사람은 오스트리아의 공주이며 카페의 아내이며 프랑스의 왕비였던 그가 받은 벌이 너무 약하다고 생각했다.

마리 앙투아네트를 처형한 이튿날에 클레베르Jean-Baptiste Kléber와 마르소François Séverin Marceau-Desgraviers가 이끄는 진압군이 방데군을 숄레에서 물리쳤다. 그러나 방데군을 완전히 진압할 날은 기약할 수 없었다. 20일부터 앙라제(과격파)에 대해 탄압하기 시작하고, 선서 거부 사제들을 기아나로 유배하는 법을 발의해서 며칠 동안 논의한 뒤에 통과시켰다. 22일에 캉탈의 카리에는 파견의원으로 낭트에 도착했다. 그는 방데 반란자들을 혹독하게 다루어 이름을 떨칠 것이다. 10월 24일부터 혁명법원 재판장 에르망이 지롱드파 스물한 명에 대한 재판을 시작했다. 30일에 7일 동안의 재판을 끝낼 즈음

푸키에 탱빌이 배심원단의 결정을 인용해 다음과 같이 주문했다.

배심원단의 선고에 의해 나는 공화국의 이름으로 브리소·베르니오·장소네·로즈 드페레·카라·가르디엥·발라제·뒤프라·실르리·포셰·뒤코·퐁프레드·라수르스·레스테르 보베·뒤샤텔·맹비에유·라카즈·르아르디·부알로·앙티불·비제에게 [1792년] 12월 16일의 법에서 "공화국의 통일성과 불가분성을 파괴하는 자들에게 사형을 내린다"고 정한 대로 사형을 내려주시기 바랍니다. 그리고 그들의 재산을 몰수해 공화국의 처분에 맡긴다는 판결을 해주시기 바랍니다. 더욱이 본 판결은 혁명광장에서 집행하고, 공화국 방방곡곡에 인쇄해서 고지해달라고 주문합니다.

10월 30일과 31일 사이의 밤에 스물한 명에 대해 사형을 언도했다. 그때 뒤프리슈 발라제는 감추었던 단도를 뽑아 가슴을 찔러 자결했다. 재판부는 그의 시신을 수레에 태워 혁명광장에 갔다가 다른 시신들과 함께 처리하라고 명령했다. 31일 목요일 오전부터 수많은 사람이 혁명광장에 모여 목을 빼고 사형수들을 기다렸다. 정오가 조금 지나자 수레 다섯 대가 잇따라 광장으로 들어섰다. 앞에 오는 두 대에 모두 열여섯 명이 나눠 타고, 셋째 수레에 카라와 부알로, 넷째 수레에 실르리와 포셰가 각각 고해신부를 동반해서 타고 왔다. 사형수들은 대개 당당했고, 특히 부알로는 가끔 "공화국 만세!"라고 외쳤다. 뒤프라는 가끔 껄껄 웃으면서 구경꾼을 제압하려 했다. 브리소는 창백한 얼굴에 거동도 불편한 듯했다. 그보다 더욱 고통스러운 표정을 지은 사람은 칼바도스의 주교로 뽑힌 포셰였다. 맨 마지막 수레는 발라제의 시신을 싣고 왔다. 수레에서 내린 스무 명은 단두대에 오르기 전에 서로 껴안고 격려했다. 구경꾼들은 브리소와 포셰에게 가장 크게 외쳤다. 그만큼 잘 알려진 인물이었다는 뜻이다. 실리르가 맨 처음 단두대에 올랐다. 그리고 샤르트르에서 태어나 한 번도 지롱드에 가보지 않고서도 지롱드파의 맨 앞에 이름을 올린 브리소가 마지막으로 올랐다. 스무 명을 처형하는 데 26분 걸렸다.

앞으로도 국민공회의 앞길을 막는 앙라제, 에베르파 같은 사람들의 처형이 잇따라 일어나겠지만, 국민공회가 내리는 결정은 신속하게 성과를 거두게 될 것이다. 그것이 공포정의 효과였다. 그렇다면 공포정의 현실을 수치로 보여줄 수 있을까? 파리의 감옥에 수감자의 수가 어떻게 변하는지 살펴보면 가능하다.

6월 8일에 파리 코뮌은 일에빌렌의 드페르몽이 그릇된 정보를 가지고 파리의 혁명위원회가 1만 명을 잡아 가두었으니 국민공회가 나서서 석방하도록 명령하라고 요구한 것을 보고 정확한 현황을 알려야겠다는 취지로 여러 감옥에 가둔 위조범이나 유통범, 살인자, 절도, 반혁명분자, 경범죄자의 현황을 담은 보고서를 제출한다고 썼다. 파리 코뮌은 그날부터 계속해서 이틀 전에 파악한 수감자 현황을 국민공회에 제출했다. 따라서 첫 보고서인 6월 6일의 현황을 보면, 콩시에르주리(322)·그랑드 포르스(354)·프티트 포르스(129)·생트펠라지(118)·마들로네트(57)·아베(80)·비세트르(228)·파리 코뮌 유치장(22)에 모두 1,310명이 있었다.*

모든 현황보고를 인용할 필요는 없으므로 띄엄띄엄 살펴보자. 6월의 최고치는 21일의 1,347명이었다가 7월 3일에 1,278명으로 줄었고, 7월 14일

---

* 괄호 안의 숫자는 수감자의 수를 가리킨다.

에 1,348명으로 다시 늘어나더니 24일에는 1,408명으로 늘었다. 8월 8일에는 1,540명이 되었고, 반혁명혐의자법을 제정한 9월 17일에 2,086명, 이튿날에 36명이 늘어난 2,122명이 되었다. 9월의 최고치는 29일의 2,585명이었다. 10월 초순에는 2,400명대로 줄더니 지롱드파 지도자 스물한 명을 처형한 10월 31일에는 3,203명까지 수가 급격히 늘었다.

이처럼 수감자 수가 늘어나면서 국민공회가 하는 일이 신속하게 성과를 내기 시작했다. 시민들이 한마음으로 도왔다. 그렇지 않으면 반혁명혐의자가 될 뿐이었으니 달리 외면할 길도 없었다. 예전에는 공무원을 자주 바꾸면 혼란이 발생하고 행정이 마비될 지경이었지만, 이제는 사람만 바뀔 뿐 모든 일이 일사불란하게 진행되었다. 공포의 힘이다. 민주화한 사회에서는 꿈도 꾸지 말아야 할 체제이긴 해도, 혁명이 국시國是인 시기였으니 모 아니면 도를 추구하는 식으로 정치적 논리가 단순해졌다. 혁명/반혁명 모두 자신의 자유와 목숨을 걸고 싸웠다.

이제부터 감옥에 갇혀 날마다 밖으로 끌려 나가 단두대에 오를지도 모른다는 공포가 어떤 것인지 잠시 알아보자. 주인공은 10월 3일에 안보위원회의 아마르가 제안한 대로 가택연금을 한 항의서 서명자 74명에 속한 루이 세바스티엥 메르시에다. 공포정 시기에는 잡범보다 정치범이 1순위 처형 대상자였으니 하루하루가 악몽의 연속이었다. 메르시에는 3일부터 가택연금을 당했다가 8일에 라포르스 감옥에 수감되어 아홉 달 동안 고생했다. 그리고 1794년 7월 15일에 마들로네트 감옥으로, 또 24일에 베네딕탱 앙글레 감옥으로 이감되었다. 라포르스 감옥에서 당통과 카미유 데물랭의 처형 소식을 들었고, 베네딕탱 앙글레 감옥에서 로베스피에르 일파가 몰락하고 처형당했다는 소식을 들었다. 헌법을 심의할 때, 언제나 승리할 자신이 있느냐는 그의 물음에 언제나 죽을 각오가 되어 있다고 대답했던 몽타뉴파가 몰락했다는 소식을 듣고서도 그는 풀려날 소식을 듣기는커녕 정확히 날짜를 알기 어렵지만 페를 감옥으로, 9월 10일에 또 포르 리브르 감옥으로 이감되었다. 그는 모두 1년 20여 일 만에 풀려났으니, 그동안의 정신적 고통을 어찌 말로 옮길 수 있었으랴! 우리는 그가 감옥에서 남긴 편지를 가지고 살얼음판을 기어가는 듯 아슬아슬한 하루하루의 심경을 짐작할 뿐이다.

메르시에는 아내 루이즈 마샤르에게 편지를 써서 음식이나 필수품을 넣어달라고 부탁했고 은밀한 심부름까지 시켰다. 남아 있는 88통의 편지에서 그가 언제나 느끼는 불안과 슬픔, 어쩌다 맛보는 기쁨을 알 수 있다. 감옥에서 쓰는 편지는 언제나 수신인에게 도달하지 못할 수 있다. 검열을 거치기 때문에 평범한 얘기만 담아야 했다. 평범하지만 수신인이 행간을 읽고 추론할 내용을 감추기도 해야 한다. 마리 앙투아네트는 미쇼니에게 쪽지를, 시누이에게 마지막 편지를 썼지만 수신인에게 결코 닿지 않았다. 그러나 메르시에는 별 탈 없이 아내에게 비밀을 전할 수 있었다.

그의 편지에는 날짜가 없기 때문에 정확한 순서로 분류할 수 없다. 하지만 그가 둘째 딸 세바스티엔을 얻은 1794년 2월 13일을 전후로 나누어 볼 수 있는 편지가 있어서 그나마 다행이다. 아무튼 그는 모든 편지에 일상적 관심과 걱정, 특히 자기 생명과 가족의 안전에 대한 걱정을 담았다. 얼마나 절망했던지 그는 "어떤 대가를 치르든, 이 모든 것이 끝나기를 바라오"라고 썼다. 그러나 어느 날에는 살아 있음에 감사하듯이 "미래는 우리의 것이 아니지만, 현재에 충실합시다"라고 가족을 안심시켰다. 너무 고달프고 슬픔을 주체할 수 없을 때, 그는 이렇게 썼다.

필요하다면 더 강해지고 잘 죽으려고 노력하겠소. 그것은 더는 후회할
일이 없는 남자의 의무요.

절망과 희망이 교차하듯 "나는 석방되는 날만 생각하면서 심신이 너무
고달프오."라고 안간힘을 썼다. 그러나 딸에게 이가 열두 대나 났다는 소식은
쉰네 살인 그에게 용기와 힘을 주기에 충분했다. 메르시에는 루이즈 마리 안
마샤르와 살림을 차리고 9월에 국민공회 의원에 당선되었으며 11월에 첫딸
을 얻었으니, 이가 열두 대나 난 아기는 엘로이즈임이 분명하다. 그러나 감옥
에 있는 신세를 한탄이나 하듯이 곧바로 "나처럼 불행하게 살 바에는 차라리
일찍 죽는 편이 낫겠소"라고 썼다. 그는 아내가 위험을 피하도록 말과 행동
에 주의하라고 당부했다. 또 아내가 편지에서 자기가 바라는 내용을 알아차
리기 바랐다.

내 편지를 읽을 때 눈을 크게 뜨고 읽으시오. 내가 하는 말에서 내가 무엇
을 원하는지 알아내시오. 잘 살피면 찾을 수 있을 거요.

그는 감옥 안에 퍼져 있는, 또는 같은 방을 쓰는 끄나풀에게 책잡히지 않
으려고 무척 조심했다. 또한 비교적 편안하게 살던 메르시에가 같은 방에서
함께 사는 사람들을 얼마나 경계했는지 편지에 잘 나타난다.

여기 있는 자들은 얼마나 비열한지! 아주 거만스럽고 증오심에 불타서
동료들을 박해하는 자들이오. 그들이 나를 죽일지도 모르지만 이제 더는
두렵지 않소.

어느 시대에나 가장 극한적인 상황을 보면 그 사회가 얼마나 인간적인지 가늠할 수 있다. 감옥은 오늘날에도 인권의 사각지대다. 혁명기의 감옥에서 자유와 평등과 우애를 기대하기란 어려웠다. 사람들의 관계를 보지 않고 단순히 물리적 환경만 생각해도 우리가 상상하는 지옥을 만난다. 일정한 크기에 정치적 바람의 방향이 바뀔 때마다 급격히 늘어나는 수용자들이 뿜어내는 악취가 무더운 여름에는 더욱 심했다. 메르시에는 한때 변기통 가까이에서 생활했다. 겨울의 추위는 또 얼마나 견디기 어려운가. 난방을 제대로 해주었을 리 없다. 누더기라도 들여갈 수 있으면 그나마 다행이었다. 그런데 1792년 9월의 학살사건이 얼마나 끔찍한지 아는 사람들이 빼곡하게 들어찬 곳에서 누구누구를 찾을 때마다 철렁거리는 가슴, 게다가 그렇게 불려나간 사람을 다시는 만나지 못하는 자들의 두려움을 상상해보자. 그들의 목숨을 쥐락펴락하던 로베스피에르 일파가 몰락했다는 소식을 듣고서도 쉽게 풀려나지 못해 더욱 절망했을 메르시에와 동료 의원들의 고통을 간접적으로나마 체험할 수 있다.

〈제10권에 계속〉

1월 1일	국민공회 국방위원회 설립
21일	루이 카페 처형
22일	내무장관 롤랑을 가라로 교체
23일	프로이센과 러시아가 폴란드 제2차 분할에 대한 조약 체결
24일	프랑스와 영국의 단교
28일	프로방스 백작이 루이 17세의 프랑스 섭정 선포
31일	당통이 벨기에 합병을 주장
2월 1일	영국과 네덜란드에 선전포고, 아시냐 8억 리브르 발행
4일	전쟁장관 파슈를 뵈르농빌로 교체
	국민공회는 며칠 전 합병한 니스 공작령을 85번째 도 알프마리팀에 편입
12일	파리의 구민들을 대표해서 자크 루가 국민공회에 생필품법 제정을 청원 마라와 로베스피에르는 청원에 반대
14일	파슈가 파리 시장에 당선됨
15일	콩도르세가 국민공회에 헌법안 제출
16일	국민공회가 헌법위원회 해체
17일	뒤무리에의 네덜란드 침입
24일	30만 징집법 제정
25일	파리 식료품 가게 약탈
3월 1일	벨기에 합병
2일	에노 주민들의 의사를 받아들여 86번째의 제마프 도를 신설

3일	브르타뉴 지방에서 왕당파 봉기
4일	숄레에서 징집에 저항하는 소요 발생
7일	에스파냐 왕에게 선전포고
9일	30만 징집법 시행을 위해 국민공회에서 각 도로 의원 파견
11일	방데 반란 시작, 며칠 사이에 인근 지역으로 확대
18일	뒤무리에 장군이 네르빈덴에서 패배
20일	고이에가 법무장관에 취임
21일	모든 코뮌과 구에 감시위원회인 '12인위원회' 설치
25일	영국과 러시아 동맹 체결
4월 1일	뒤무리에가 파견의원들과 전쟁장관을 오스트리아군에 넘김
3일	뒤무리에를 무법자로 선포, 필리프 에갈리테와 실르리 체포
4일	뒤무리에가 파리 진격 시도, 적군에 체포된 전쟁장관 뵈르농빌의 후임으로 부쇼트 취임
5일	뒤무리에가 오스트리아군에 투항, 마라가 자코뱅협회 의장에 당선됨
6일	구국위원회 설치
8일	봉콩세이 구가 지롱드파 지도자들을 반혁명분자로 고발
12일	마라 체포안 투표, 마라 잠적, 샤프의 신호기 실험
15일	파리 시장이 35개 구를 이끌고 국민공회에서 지롱드파 의원 22명 고발
18일	파리 도는 국민공회에 최고가격제 실시 청원
21일	자코뱅협회에서 로베스피에르가 새로운 "인간과 시민의 권리선언(안)" 발표
24일	혁명법원에서 마라를 무죄 방면
5월 4일	최고가격제법 제정, 파리 젊은이들이 징병 반대 시위를 벌임
5일	아시냐 12억 리브르 발행
10일	국민공회가 튈르리 궁으로 이전

20일	부자에게 10억 리브르 강제 기채
24일	앙라제 에베르와 바를레 체포
26일	자코뱅협회에서 마라와 로베스피에르가 봉기 호소
27일	에베르와 바를레 석방
29일	파리 코뮌이 국민공회에 저항할 위원회 구성 리옹에서 국민공회에 반대하고 몽타뉴파와 앙라제파 체포
31일	파리의 봉기와 국민공회의 저항
6월 2일	앙리오가 국민공회 포위, 국민공회는 지롱드파 지도자와 전직 장관 체포동의안 가결
6일	지방에 5월 31일 소식이 퍼진 뒤 마르세유·님·툴루즈에서 반란
7일	보르도에서 몽타뉴파에 대한 반란
9일	방데 반란자들의 적극 공세 시작, 소뮈르 점령 칼바도스 도 반란
10일	국립자연사박물관 설립
11일	국민공회에서 새 헌법안 토론 시작
13일	재무장관에 데스투르넬 취임 캉에서 봉기한 도 대표들 회의 개최(외르·칼바도스·마이엔·일에빌렌· 코트뒤노르·모르비앙·피니스테르)
21일	외무장관을 르브룅에서 데포르그로 교체
24일	공화력 1년 헌법 채택(인민의 권리를 침해하는 정부에 저항권 인정, 사회의 목적은 공동의 행복을 추구하는 것임을 확인)
26일	합병한 브네생 공작령을 바탕으로 보클뤼즈Vaucluse 도 설치 국민공회에서 자크 루가 앙라제 선언을 낭독하고 의원들의 야유를 받음
27일	국민공회는 24일에 채택한 헌법을 국민투표에 부치기로 의결
28일	자코뱅협회에서 로베스피에르가 앙라제를 공격
29일	방데 반란군이 낭트 공격에 실패

30일	자코뱅협회를 대표해서 로베스피에르·에베르·콜로 데르부아는 코르들리에 협회에서 자크 루와 르클레르의 제명, 바를레의 자격 정지 요청
7월 3일	웨스테르만이 이끄는 국민공회 군대가 샤티용 점령
5일	방데 반란군이 웨스테르만을 샤티용에서 쫓아내고 다시 점령
10일	오스트리아군이 콩데쉬르에스코Condé-sur-Escaut 점령
12일	구국위원회는 퀴스틴 장군의 랭군 지휘권 박탈, 툴롱의 반란
13일	샤를로트 코르데가 마라를 살해함
16일	마라의 장례식 거행
17일	샤를로트 코르데 처형
22일	국민공회의 퀴스틴 체포령
23일	마인츠를 점령한 프랑스군 항복
24일	국민공회는 방데 진압군 사령관으로 로시뇰을 임명
26일	국민공회는 샤프의 신호기를 설치하기로 결정
31일	국민공회는 입헌왕정 시기에 발행한 100리브르짜리 이상의 아시냐 지폐를 폐기하기로 결정
8월 1일	마인츠에서 항복한 부대를 방데 지방에 투입하고, 반란에 가담한 지방을 초토화하는 정책을 결정 미터법 실시 생드니 성당의 왕의 무덤들을 없애기로 결정
2일	마리 앙투아네트를 콩시에르주리 감옥으로 이감
4일	제1공화국 헌법 비준
8일	켈레르만 장군이 리옹을 공격하기 시작
10일	1792년 8월 10일 혁명 기념행사, 통합의 장(샹드마르스)에서 헌법 선포
14일	뤼송Luçon에서 방데군 패배
16일	파리 구민들이 프랑스 인민 총동원령 요구

20일	15일에 사임한 내무장관 가라의 후임으로 파레 임명
22일	로베스피에르가 국민공회 의장직 수행
	자크 루 체포
23일	총동원령 국민공회 통과
24일	『국가 채무 백서』 발간 의결
	파브르 데글랑틴이 공화력의 열두 달 이름, 365일에 관한 동식물 이름 보고
25일	국민공회 진압군이 마르세유에 입성
27일	툴롱에 영국군 입성
	자크 루 석방
28일	퀴스틴 처형
9월 3일	프랑수아 드 뇌프샤토의 연극 공연 금지
5일	파리 상퀼로트 계층이 국민공회에서 혁명군 창설과 공포정을 요구
8일	옹쇼트에서 영국·네덜란드 연합군에 승리
9일	파리혁명군조직법 제정
11일	곡식의 최고가격제를 전국으로 확대
17일	반혁명혐의자법 제정
10월 3일	지롱드파와 지지자 의원 115명 체포 명령
	마리 앙투아네트 혁명법원 재판 회부
16일	마리 앙투아네트 처형
20일	선서 거부 사제 기아나의 유배 논의 시작
22일	파견의원 카리에가 낭트에 도착
24일	지롱드파 의원 21명 혁명법원에서 재판 시작
29일	특별형사법원의 이름을 혁명법원으로 바꾸기로 의결
31일	지롱드파 의원 21명 처형